テキスト心理学

大石史博【編】
Ohishi Fumihiro

ナカニシヤ出版

はじめに

　近年，科学技術は加速度的に進歩していますが，現代の科学技術をもってしても，なかなか，うかがい知るのがむずかしく，謎に満ちているのは宇宙と深海であり，今，ひとつは「人間のこころ」でないでしょうか。第1章「脳とこころ」を執筆されている清水先生は，「脳の物理的状態（神経伝達物質の働き等）に関する研究は急速に進んでいるが，脳すなわち物質の営みがなぜ視覚，聴覚等のさまざまな主観的な意識体験を生み出すのかについては，最も答えることの困難な問題で，チャマーズはハード・プロブレムとよんでいる」と述べておられます。宇宙や深海と違い，「こころ」は最も身近な存在でありながら，「こころ」については，まだまだ未知で，謎が多いことも事実です。私たち執筆者はこの「人間のこころ」を探究していきます。

　ところで，前著『スタディガイド心理学』刊行から8年が経ちましたが，今回，執筆者を大幅に入れ替えて，『テキスト心理学』を企画・編集しました。この種の心理学教科書はふつう，基礎・実験心理学研究者による執筆が多いのですが，本書の執筆者は脳生理学，比較行動学，高齢者心理学，パーソナリティ心理学，臨床心理学，障害児心理学や家族心理学等の多岐にわたる研究者や臨床家で，それぞれの領域での最新の研究成果も取り上げています。さらに，こころの病や障害についても多く記述し，類書にみられない「発達障害心理」や「家族心理」という章を設け，ユニークな心理学教科書に仕上がりました。

　本書の刊行にあたり，お世話になりましたナカニシヤ出版の宍倉由高編集長，山本あかね様，ならびに編集に携わっていただいた方々に心より感謝いたします。

2015年5月

編者　大石史博

目　次

はじめに　*i*

第1章　脳とこころ *1*
第1節　はじめに　*1*
第2節　脳のミクロの構造　*2*
第3節　脳のマクロの構造　*7*
第4節　機能からみた大脳皮質の分類　*9*
第5節　神経心理学的症状　*10*
第6節　記憶と情動　*11*

第2章　比較心理 *17*
第1節　はじめに　*17*
第2節　行動とは何か　*18*
第3節　行動の生得性と獲得性：遺伝か環境か　*19*
第4節　行動の生得性について考える　*23*

第3章　知覚心理 *29*
第1節　形の知覚　*29*
第2節　知覚の恒常性　*32*
第3節　対比効果　*34*
第4節　奥行き感覚　*34*
第5節　運動の知覚　*36*

第4章　学習心理 *39*
第1節　「学習」とは　*39*
第2節　古典的条件づけ　*40*
第3節　道具的条件づけ　*43*
第4節　社会的学習　*45*

第5章　思考・記憶心理 *49*
第1節　演　繹　*49*
第2節　帰　納　*51*
第3節　問題解決　*52*
第4節　意思決定　*53*

　　　　　第5節　記　憶　55

第6章　動機づけ・感情心理　61
　　　　　第1節　なぜ感情があるのか　61
　　　　　第2節　感情を分類する　62
　　　　　第3節　感情をどう捉えるか　63
　　　　　第4節　感情の主観的経験　64
　　　　　第5節　感情の判断　65
　　　　　第6節　感情はどのようにして起こるのか　65
　　　　　第7節　動機づけ　68

第7章　生涯発達心理　75
　　　　　第1節　生涯発達とは　75
　　　　　第2節　発達段階と発達課題　78
　　　　　第3節　発達段階論　80
　　　　　第4節　高齢期への適応　87

第8章　パーソナリティ心理　91
　　　　　第1節　パーソナリティとは　91
　　　　　第2節　類型論と特性論　92
　　　　　第3節　パーソナリティ理論　95
　　　　　第4節　パーソナリティの構造と防衛機制　100
　　　　　第5節　パーソナリティ・アセスメント　101

第9章　ストレス心理　105
　　　　　第1節　ストレス　105
　　　　　第2節　ストレス性障害　109
　　　　　第3節　トラウマ性障害　111

第10章　発達障害心理　119
　　　　　第1節　発達障害とは　119
　　　　　第2節　知的障害　121
　　　　　第3節　自閉症スペクトラム　122
　　　　　第4節　注意欠陥／多動性障害　125
　　　　　第5節　学習障害　128
　　　　　第6節　発達障害への支援　130
　　　　　第7節　特別支援教育　132

第11章　家族心理 — 137

第1節　家族とは　137
第2節　婚姻・離婚　140
第3節　子育て　144
第4節　家族と労働　145
第5節　家族の危機・葛藤　148

第12章　対人心理 — 153

第1節　他者に向けての「自己」　153
第2節　対人魅力　155
第3節　非言語的コミュニケーション　157
第4節　対人不安　160
第5節　社会的勢力　161

索　引　164

ボックス

1　睡眠と精神機能　13
2　適応行動としての子殺し　26
3　錯視　30
4　学習性無力感：あきらめたら，おしまいです。　46
5　信じる？　信じない？　血液型と性格の関連性　54
6　バイオフィードバック　68
7　愛着の発達とタイプ　84
8　加齢と知能　88
9　交流分析とエゴグラム　97
10　パーソナリティ障害　98
11　統合失調症　112
12　拒食症と過食症　114
13　サヴァン症候群・直観像・共感覚　123
14　情緒障害　126
15　世界の結婚事情　142
16　セックスとジェンダー　146
17　児童虐待　150
18　こころの中の光と闇：ジョハリの窓　158

1 脳とこころ

第1節 はじめに

1.1.1. 脳にこころは宿るか？

　脳は臓器の1つ，すなわち，体の一部分です。ですから，脳にこころは宿るか？との問いは，こころと体は別物か（二元論），それとも，同じものか（一元論）という問題に還元されます。死後にも魂があるとの考えは，当然，こころと体は別のものという二元論の立場に立脚しています（心身二元論）。一元論には唯心論と唯物論の2つの考え方があります。唯心論の立場に立てば，こころの働きが体を含む世界をつくり出す，ないしは世界の知覚をもたらす，ということになります。逆に，唯物論の立場に立てば，こころは脳の働きがその都度生み出すものに過ぎない，ということになります。

　残念ながら，こころと脳の関係についての上述の問いに対する正答はありません。ただ，脳科学の進歩によってこころの営みに並行する，あるいは，こころの営みをもたらす脳の活動について，急速にその理解が進行していることは強調されるべき事実です。精神医学者のあいだでは，「こころは脳の機能に立脚するものの，こころの働きは高度の分化を遂げており，こころはこころそれ自体の法則に従って働く」という側面をももっているという経験的二元論の立場が優勢です。

1.1.2. 動物にこころはあるか？

　言葉をもたない動物に人間と同じ水準の精神活動を求めることはできません。また，動物の体験を動物に語ってもらうことはできないのですから，動物の精神活動は行動を通してしか推し量ることはできないのです。ただし，野生のチンパンジーが石を使ってヤシの種を割ることなど，動物にも「道具」を使う行動が見られることがわかっています。また，チンパンジーは9までの，サルは5までの数の概念をもてるとの研究結果も報告されています。したがって，動物にもある程度はものを考える力がありそうです。それどころか，「チンパンジーにこころの理論があるか」（Premack & Woodruff, 1978）との論文が，こころの理論（theory of mind）という言葉を世に広げるきっかけとなったように，チンパンジーが他の動物や人間の意図を読むことができるのではないかという可能性すら，まじめに論じられているのです。

　イヌやネコにも喜びや怒りなどの感情があることは動物を飼った経験のあ

こころの理論
ヒトや類人猿などが，他者のこころの状態，目的，意図，知識，信念，志向，疑念，などを推測するこころの機能のこと。その前提として，他者が自分とは異なる意識をもつと考えることができる必要があります。そのうえで他者のこころを推測・想定するものです。

る方なら，誰でも感じていることでしょう。しかし，それを「こころ」とよぶことができるかという点は難解です。こころを意識経験であると暫定的に定義した場合にも，「それはサーモスタットにすら存在する」という考え方から，「脳という物質が意識経験を生み出す過程は永遠の謎かもしれない」との考えまであります。

1.1.3. 脳の働きがこころを生み出す？

さまざまな知覚・認知や判断を行うときに働く脳の部位やその働き方（個々の神経細胞の発火パターンなど）に関する研究は急速に進んできています。とりわけ，脳すなわち物質の営みが，なぜ痛覚の，視覚の，聴覚の，においの，味のなど，さまざまな主観的な意識体験を生み出すのかという点は非常に魅力的なテーマであり，多くの研究者がさまざまな仮説を提唱しています。しかし，「脳の物理的状態」と「主観的な体験」の間に横たわるこの問題はこの世の中でも最も答えることの困難な問題なので，チャマーズ（Chalmers）はこの問題を「ハード・プロブレム」とよぶことを提唱したほどです。

意識を生み出す脳の活動に関する現在最も魅力的な仮説はウイスコンシン大学のトノニ（Tononi, 2008）が提唱する情報統合仮説です。この仮説によると，情報理論によって脳内の領野間における情報のやりとりと統合が行われている程度を定量化し，情報統合（Φ）が大きければ，意識の程度が高く，Φが小さければ意識の程度が低いことになります（図1-1）。

左の図1-1においては1つひとつの○がモジュールに相当します。それではここからは脳を構成するパーツ，それらによって構成されるモジュールについて簡単に紹介した後，大脳の解剖と機能について，トピックスを解説しましょう。

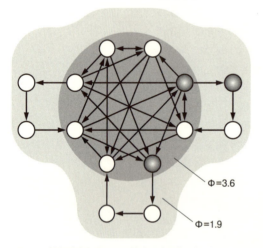

図1-1 情報統合仮説による統合の定量化の例 (Tononi, 2008)

第2節 脳のミクロの構造

1.2.1. 神経系とは？

神経系とは体全体にはりめぐらされた情報ネットワークです。神経系は脳と脊髄からなる中枢神経系と，脳神経，脊髄神経，自律神経からなる末梢神経系とに分かれます。末梢神経系は内臓を含む体の隅々にまで張り巡らされていて，その部位の情報を中枢神経系に送り込んでいます。中枢神経系はその情報を処理して，体の恒常性（第6章 p.68 の側注参照）を維持し，合目的的な運動や行動をとるように指令を送ります。その指令は末梢神経系を介して伝えられ，全身をくまなくコントロールします。この情報ネットワーク機能の中心を担うのが神経細胞です。

1.2.2. 神経細胞（ニューロン）

　神経細胞は脳と脊髄ばかりではなく，全身に存在します。もっぱら心理学に関わるのは中枢神経，とりわけ脳なので，ここでは脳神経細胞についてのみ解説しましょう。

　神経細胞は電気信号により情報の処理と伝達を行うように特異化した細胞です。

　ごく最近になって神経細胞の数を正確に数える定量的な方法が開発されました。その結果，人の脳には約860億の神経細胞が存在することが判明しました。そのうち，大脳には160億の神経細胞があります。高次の精神活動はもっぱら大脳皮質の役割であると考えられるのですが，意外なことに残りの約690億の神経細胞は小脳に存在することもわかりました。このことは，小脳の高次機能に果たす役割は従来考えられてきた以上に大きいことを示唆します。

　神経細胞の特徴は，電気的に興奮することができることと，細胞体から発する樹状突起および軸索からなる2種類の突起をもつことです。樹状突起は他の神経から送られてくる信号をキャッチするアンテナにもたとえられる部位であり，軸索は神経細胞に発する神経インパルスを他の神経細胞や，筋肉などに伝える出力ケーブルに相当する伝導路です（図1-2）。

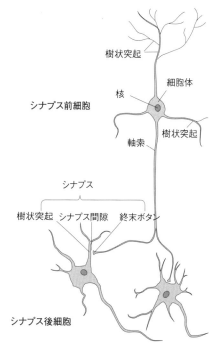

図1-2　神経細胞とシナプス(Squire & Kandel, 2000)

1）静止膜電位　神経細胞の細胞膜の内外では細胞内が約－70 mV［ミリボルト］の電位差があります。これを静止膜電位とよびます。この電位差は膜内外の正負イオンの濃度差によって維持されています。表1-1に神経細胞の膜内外のイオン濃度を示します。

表1-1　神経細胞内外の代表的なイオン濃度（mM［ミリモーラー］）

	カリウムイオン（K^+）	ナトリウムイオン（Na^+）	塩化物イオン（Cl^-）
細胞外	5.5mM	135mM	125mM
細胞内	150mM	15mM	9mM

　このように，細胞内のカリウムイオン濃度は細胞外よりも圧倒的に高く，ナトリウムイオンは逆に細胞外が圧倒的に高いのです。静止膜電位の状態ではナトリウムは細胞膜を通って通過することはほとんどできません。一方，細胞膜にはカリウムイオンチャンネルが存在します。カリウムイオンが濃度勾配に従ってそのチャンネルを通って細胞外に移動すると細胞内の陽イオンが減るので，細胞内は細胞外に比べてマイナスの電位を帯びます。このマイナスの電位は陽イオンであるカリウムイオンを引きつけるので，逆に細胞外のカリウムイオンは細胞内へと流入します。このようなカリウムイオンの濃度勾配による流出と，電位差による流入がちょうど釣り合い，見かけ上，細胞膜内外のカリウムイオン濃度が一定になる電位が静止膜電位です。この状態で平衡が保たれている理由は，ナトリウムは細胞膜を通過しにくいことと，細胞膜にあるイオンポンプが働いて絶えず3個のナトリウムイオンを細胞外へ汲み出し，2個のカリウムイオンを細胞内に汲み入れているためです。ち

なみに，このポンプはATP（アデノシン3リン酸）をエネルギー源としています。つまり，生きていてエネルギーを産生する細胞においてのみ，静止膜電位を維持することができるのです。

神経細胞の細胞膜を挟んで−70mV程度の静止膜電位が存在するということを別の言葉で表現すると，神経細胞は分極しているといえます。その電位差をキャンセルする方向に働く陽性方向の電位変化を脱分極，陰性の電位差をさらに深める陰性方向の電位変化を過分極とよびます。

2) 活動電位　神経細胞の細胞体から軸索が始まる部位を軸索小丘といいます。この部位の電位が脱分極（陽性）方向に一定の閾値を越えて上昇すると，「全か無か」の法則に従って膜電位が一過性（約1 msec［ミリ秒]）に約100 mVと非常に大きく上昇します。この電位を活動電位とよんでいます。活動電位は軸索を通じて減衰することなく軸索の末端まで伝播します。

活動電位は電位依存性ナトリウムチャンネルが開口することで始まります。細胞外には細胞内に比べて圧倒的に高い濃度のナトリウムイオンがあるので，このチャンネルが開口すると陽性のナトリウムイオンが一気に細胞内に流入し，静止膜電位をキャンセルします。ついには電位が逆転して細胞内が20mV程度陽性になります（オーバーシュート）。この状態が続くと電位依存性ナトリウムチャンネルは再び閉じて，遅れて開口する電位依存性カリウムチャンネルを通じて濃度勾配に従って陽性のカリウムイオンが細胞内から細胞外に移動します。したがって，膜電位は再び陰性に戻っていきます。細胞膜は一時的に静止膜電位を超えて過分極した（後過分極）のち，静止膜電位に戻ります（再分極）。

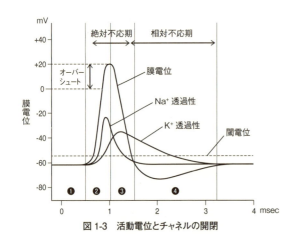

図1-3　活動電位とチャネルの開閉

活動電位の持続中には次の活動電位が生じることはありません（絶対的不応期）。また，活動電位が生じた直後には，しばらくの間閾電位が高くなり，活動電位が起こりにくくなっています（相対的不応期）。

3) シナプス　ある神経の軸索と，その信号を受け取る次の神経細胞の細胞体や樹状突起の接合部位をシナプスとよびます。軸索の終末には終末ボタンという膨らんだ構造があります。終末ボタンのある側の細胞膜をシナプス前膜とよび，受け手の細胞体や樹状突起の細胞膜をシナプス後膜とよびます。樹状突起は細かに枝分かれしますが，基本的には神経細胞の細胞質の延長です。樹状突起には非常に多くの神経終末が接合します。そのシナプスの樹状突起側には棘状の隆起があり，それは棘突起（スパイン）とよばれています。樹状突起にはきわめて多くの棘突起があり，他の数多くの神経から送られてくる入力を細胞体に伝える役割をもっています。シナプス前膜とシナプス後膜との間には空間があり，それをシナプス間隙といいます。軸索を伝わって出力（活動電位）が終末ボタンに到達すると，その部位にあるシナプス小胞という袋の膜がシナプス前膜に融合し，袋の中身である神経伝達物質がシナプス間隙に放出されます。シナプス後膜にはその神経伝達物質をキャッチする受容体が存在します。受容体に神経伝達物質が結合することにより，シナプス後膜付近に小さな陽性ないしは陰性の電位変化が生じます。

シナプス
発達中のマウスでは1日に20％ものシナプスが消失し，それ以上の数のシナプスが誕生しています。このように，脳の構造は日々ダイナミックに動いているのです。

シナプスでこのようにして生じる陽性の電位変化を興奮性シナプス後電位（excitatory post synaptic potential：EPSP）、陰性の電位変化を抑制性シナプス後電位（inhibitory post synaptic potential：IPSP）といいます。EPSPの電位は小さいので単独では活動電位を惹起する閾値には達しません。細胞体には多数の樹状突起からのEPSPとIPSPが伝わってきます。EPSPとIPSPは互いに打ち消し合います。遠い樹状突起からの電位は細胞体に到達するまでに減衰し、細胞体に近い部位からの電位はあまり減衰しません。また、時間的に近接した入力ほど、その効果が大きくなります。すなわち、樹状突起に生じる多数のEPSPとIPSPは空間的・時間的に加重して細胞体の電位に影響を与えるのです。その電位がある閾値を越えたときに初めて、軸索小丘の部位から活動電位が生じます。

4）神経伝達物質　前述したように、活動電位が軸索終末に到達するとシナプス小胞がシナプス前膜と融合して小胞内の神経伝達物質がシナプス間隙に放出されます。神経系には60種以上の神経伝達物質があります。異なる神経伝達物質は異なる効果をシナプス後細胞に与えます。シナプス後膜には各神経伝達物質に対応してさまざまな受容体が存在します。さらに、同じ神経伝達物質に対しても複数種類の受容体があります。したがって、シナプス後膜に存在する受容体の違いによって、同じ神経伝達物質であってもそのシナプス後細胞に与える効果は異なることになります。このように、シナプスでは電気的信号が化学的信号に置き換わって次の神経細胞に伝わるのです。

神経伝達物質には小分子のものから幾つものアミノ酸が連なった分子量の大きい神経ペプチドまで、多彩なものがあります。小分子のものの代表はモノアミンであり、モノアミンにはノルアドレナリン、ドパミン、セロトニン、ヒスタミンなどが含まれます。また、同じく小分子であるアミノ酸の神経伝達物質として、ギャバ（GABA）、グルタミン酸などがあります。最も分子量の大きい神経ペプチドには50種類以上のものがあります。

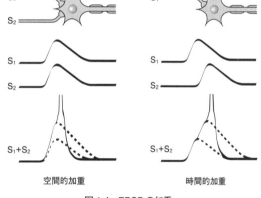

図1-4　EPSPの加重

受容体はイオンチャンネル型受容体と、代謝調整型受容体に大別されます。イオンチャンネル型受容体では神経伝達物質結合部位とイオンチャンネルとが一体となっているので、受容体に神経伝達物質が結合すると、イオンチャンネルが開口してシャープな短いEPSPあるいはIPSPが生じます。代謝調整型受容体に神経伝達物質が結合すると受容体の細胞質側にあるGタンパクを介してc-AMP（サイクリックAMP）、IP3（イノシトール3リン酸）、Ca^{2+}などのセカンドメッセンジャーが影響を受け、それがイオンチャンネルや細胞内のさまざまな機能に影響を与えます。イオンチャンネルは間接的に開口するので、生じるEPSPあるいはIPSPは立ち上がりが遅く持続の長いものとなります。また、セカンドメッセンジャーの中には細胞の核内にあるDNAに影響を与えて特定のタンパクやペプチドの合成を高めたり、抑制したりするものがあります。タンパク合成に関わるので受容体に神経伝達物質が結合したのち効果発現に数日以上必要な系も含まれます。

モノアミン
うつ病の患者ではシナプスにおけるノルアドレナリンとセロトニンの神経伝達物質が不足していると考えられています。抗うつ剤はノルアドレナリンand/orセロトニンがシナプス前膜へと再取り込みされることを抑えてシナプス間隙におけるそれらの濃度を高めて神経伝達を促進することがその作用機序であると考えられています。

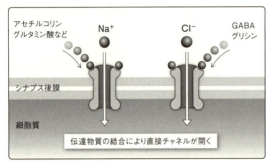
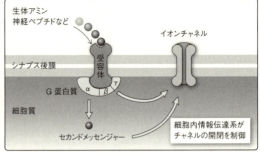

図1-5 神経伝達物質受容体の作用機序

1.2.3. グリア細胞

脳内には神経細胞以外に4種類のグリア（膠）細胞が存在します。グリア細胞は神経細胞相互の空間を埋め，神経細胞の保護，栄養，軸索の絶縁，免疫の機能などを担っています。星状膠細胞はその突起を毛細血管壁に伸ばして，神経細胞と血液との間の物質の流入をコントロールする関所の役割（脳血液関門）を担っています。そのほか，神経細胞外のイオン環境の調節，神経伝達物質の取り込み，神経細胞へのエネルギー供給などきわめて多彩な役割を担っていることがわかってきています。希突起膠細胞は神経細胞の軸索の周りに巻きついて，絶縁体の役割を担っています。小膠細胞は脳内の貪食細胞であり，脳以外の部位で働くマクロファージのように，異物や壊れかけた細胞などを見つけて貪食します。貪食する際にはアメーバ状の姿に変身します。上衣細胞は脳室の内表面を覆う細胞で，繊毛をもっています。最近ではグリア細胞の脳機能に及ぼす作用が多彩であり，グリア細胞は単なる脳組織の内部構造を保つ支持組織であるばかりでなく，高次の神経活動に重要な役割を果たすことがわかってきています。たとえば，貪食は不要なシナプスの刈り込みなどにも威力を発揮することがわかっており，この作用は認知や学習にも関与するものです。過去にはグリア細胞の数は神経細胞の約10倍であるとされてきましたが，最近の研究によるとその数は神経細胞のそれと大体同じであることが明らかにされています。

1.2.4. 大脳皮質の6層構造とカラム

大脳皮質の多くの部位（新皮質）は6層構造をしています。表面から内側に向かって①分子層（Ⅰ），②外顆粒層（Ⅱ），③外錐体層（Ⅲ），④内顆粒層（Ⅳ），⑤内錐体層（Ⅴ），⑥多形細胞層（Ⅵ）の順です。分子層はさまざまな部位からの入力が錐体細胞の樹状突起と連絡する主に線維からなる層です。錐体細胞は第Ⅲ層では同側の大脳皮質への出力（連合線維）を，第Ⅴ層では同側の皮質下核および対側の皮質脊髄路への出力を発します。さまざまな感覚を伝える視床からの入力は第Ⅳ層に達し，視床への出力は第Ⅵ層から発します。

不等皮質とよばれる発生学的に古い大脳皮質では3層構造，すなわち脳表から順に分子層，錐体細胞層，多形細胞層となっています。海馬や嗅脳はその代表です。

伝達効果発揮
シナプス間隙におけるセロトニンの増加はすぐに起こる現象なのに対して，抗うつ剤はその効果発現に最低1週間はかかります。このことから，抗うつ効果の発現にはセカンドメッセンジャーを介した機序，たとえば神経成長因子の合成，ステロイドホルモンであるCRH受容体の合成抑制などが関与するものと考えられています。

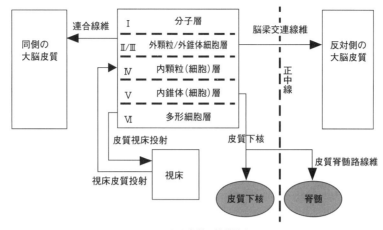

図1-6 大脳皮質の線維結合

皮質下核としては上丘（皮質視蓋路），下丘（皮質下丘路），橋核（皮質橋核路），線条体（皮質線条体路）などがある。

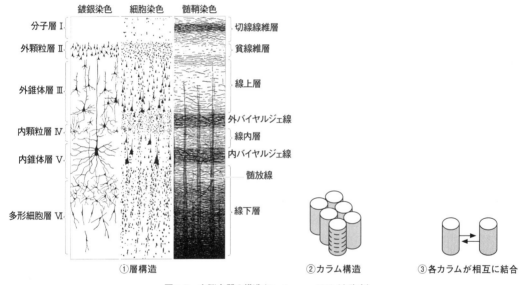

図1-7 大脳皮質の構造（Brodmann, 1910 より改変）

新皮質では前述の6層構造をもつ直径0.3-0.5 mm の円柱が1つの単位となって機能を発揮する，すなわち，モジュールとして振る舞います。

第3節 脳のマクロの構造

脳は5つの領域に分かれます。下から順に，延髄，橋・小脳，中脳，間脳，大脳（半球）です。延髄，橋・小脳・中脳を総括して脳幹とよびます。

延髄は脳と脊髄のつなぎ目の部分であり，頭部より下の全身からの入力とそれらへの出力がここを通ります。また，血圧や呼吸の中枢も存在し，生命維持に重要な役割を果たします。

橋は大脳から小脳へ至る経路の中継部位の役割を果たしています。

小脳は延髄と橋の後ろに乗っかるような位置に存在します。小脳は脊髄からの感覚情報，前庭系からの平衡に関する入力と，大脳からの運動指令のコピーを受け取っています。小脳でそれらの情報が処理されて，運動の円滑化，姿勢の制御，頭部や眼球の動きの協調，運動学習に貢献しています。最近，小脳には大脳皮質を上回る数の神経細胞があることがわかりました。このことからも小脳は運動や姿勢以外の高次の精神活動にも関与していることが推測されます。

中脳には聴覚と視覚の中継核があります。また，中脳は眼球運動や骨格筋の筋緊張の制御を行っています。

間脳は大脳半球と中脳の間に位置することからこの名があります。間脳は視床と視床下部からなります。視床には大脳半球のほぼすべての部位への感覚情報を中継する120もの神経核があります。核とは神経細胞の塊のことです。視床から大脳皮質の第IV層に至る線維を視床放線，その経路を視床皮質路とよびます。視床の諸核は，特定の感覚を特定の大脳皮質に送る中継核，大脳皮質に広汎に線維を送る非特殊核，後述の皮質連合野に線維を送る連合核に分類されます。また，大脳半球から発する多くの出力も視床に情報を送っています。視床の下に位置する視床下部には自律神経，内分泌，食欲や性欲などを司る神経核が多数存在します。

大脳半球の表面は前述の大脳皮質からなります。その内側は大脳皮質への出入力線維からなる大脳髄質です。大脳皮質の表面積が非常に広くなった結果，大脳半球は折りたたまれた形状をなしています。そのたたみ目が表面から見ると皺，あるいは溝として現われ，それは脳溝とよばれます。この脳溝を目標として左右の大脳半球はそれぞれ前頭葉，頭頂葉，側頭葉，後頭葉に分かれます。さらに，各葉の表面は脳溝によって肉眼的に，たとえば側頭葉では上側頭回，中側頭回，下側頭回のように分かれるのです。左右の大脳半球は脳梁によって結合されています。脳梁は神経線維で構成されます。脳梁には左右の大脳半球の対応する部位をつなぐ神経線維や，それ以外の皮質との連絡をする神経線維があります。

大脳半球の皮質は前述の皮質の6層構造の特徴から分けることもできるでしょう。このような細胞構築による大脳皮質の区分は脳のその部位の機能を反映すると思われます。そのようにして大脳皮質を区分したものの代表はブ

小脳と認知
小脳が障害されると遂行機能（後述）の障害，空間認知の障害，感情鈍麻や抑制の欠如などの高次の機能の変化が生じることが知られています。

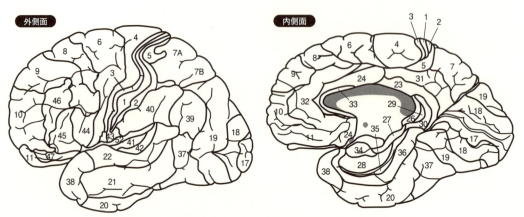

図1-8　細胞構造に基づく大脳皮質の領野(Brodmann, 1909)

ロードマン (Brodmann, 1909) による脳地図です。ブロードマンは脳に52の番地（野）をつけました。たとえば，ブロードマンの4野は前頭葉の運動領野をさします。

3層構造をとる発生学的に古い脳（原皮質）に属する大脳辺縁系は，大脳の内側で脳梁を包み込むような形をしています。大脳辺縁系には中隔，帯状回，海馬傍回，海馬，歯状回，扁桃体，乳頭体などがあります。大脳辺縁系，とりわけ扁桃核は情動に関係します。また，海馬は記憶の要となっています。

第4節　機能からみた大脳皮質の分類

　前頭葉のブロードマン4野には一次運動野があります。運動野には身体の各部に対応する部位があります。同様に，頭頂葉のブロードマン1–3野には一次体性感覚野があり，そこにも身体の各部に対応する部位が区分されます。精緻な運動を行う顔面や手，発声咀嚼嚥下に関与する舌や咽頭，口唇に対応する部位の面積は大きく，粗大な運動に関与する体幹に対応する脳部位の面積は狭いのが特徴的です。後頭葉のブロードマン17野には第一次視覚野が，側頭葉のブロードマン41, 42野には第一次聴覚野がそれぞれ存在します。第一次の体性感覚野と同様に，第一次の視覚野，聴覚野でも視野の特定の部位，特定の周波数の音に対応する部位が存在します。第一次の領野の近傍には体性感覚・視覚・聴覚のより高次の情報処理を行う部位が存在します。それらは体性感覚連合野，視覚連合野，聴覚連合野とよばれます。それら連合野ではもはや特定の身体部位，視野，周波数との部位的対応はありません。

　特定の入力・出力モダリティーとの関係をもたないその他の大脳皮質は連合野とよばれます。前頭連合野，頭頂連合野，側頭連合野がそれです。

　前頭連合野は人類で最も発達している部分です。いわば，人をそれ以外の動物と分かつ脳の部位といえるでしょう。前頭連合野の背外側部には遂行機能，すなわち，①目標を決め，②それを実現するための計画を立て，③計画に沿って行動を開始・継続し，④目標を達成できるように状況に応じて行動を調整する，という機能を担っています。それと関連してワーキング・メモリ（作動記憶）も主にこの部位の機能です。ワーキング・メモリとは，「理解，学習，推論など認知的課題の遂行中に情報を一時的に保持し操作するためのシステム」です。たとえば，情報を集めてそれを処理するための「作業台」のようなものです。前頭葉の底の部分にあたる眼窩部および腹内側部は，社会性，感情表出，人格に関係します。報酬と罰に対する感受性に関連した行動計画を制御しているのが前述の脳部位であるからです。

　側頭連合野はものの認知に変わる脳部位です。ここが障害されると，物を見てもそれが何かわからない（物体失認），熟知の人の顔を見てもそれが誰だかわからない（相貌失認）というような症状が現われます。また，側頭葉の内側部は記憶に関係しています。

　頭頂連合野は空間知覚や身体意識に関わる部位です。

　各連合野の間，特に前頭連合野とそれ以外の連合野の間には密接な線維連絡があります。

フィネアス・ゲージ症例
爆発事故により，鉄棒が頭にささり，前頭連合野に大きな傷を負った症例。元の善良な人物が，知性と衝動のバランスを欠いた不安定で衝動的で思慮を欠く人物へと変わってしまったといわれています。

第5節　神経心理学的症状

脳の特定の損傷部位と特定の精神機能の変化の関係を調べてその脳部位の機能を研究する学問が神経心理学です。その代表が失語・失行・失認に関する研究です。

失語症とはいったん獲得された言語機能が中枢神経系の損傷によって言語の理解と表出に障害をきたした状態です。大脳左半球は言語機能を担っています。それゆえ，優位半球とよばれることもあります。言語理解は比較的に良いが，発語が困難で，非流暢で言葉数が少なく，文法構造が失われる運動性失語と，言語理解が障害され流暢で言葉数は多いが錯語が多いために情報量の少ない発語を特徴とする感覚性失語に大別されます。運動性失語は左前頭葉の一部であるブロードマン44, 45野（ブローカ野）の障害と関係が深いとされ，運動失語を初めて記載したブローカの名をとってブローカ失語ともよばれています。聴覚性失語は左側頭葉の一部ブロードマン22野の障害と関係が深く，聴覚性失語を初めて記載したウェルニッケの名をとってウェルニッケ失語ともよばれます。ちなみにブローカ野は発声器官の一次運動領野の付近に位置し，ブロードマン22野は一次感覚領野の近傍にあります。

失認とは視覚，聴覚，触覚などの特定の感覚モダリティーを介して対象物を認知することができない高次機能障害です。たとえば，目は見えているのに，コインを見ても貨幣であることを認知できない患者が，コインが床に落ちた音を聞くとそれがコインであるとすぐにわかる（物体失認）という具合です。視覚という特定の感覚モダリティーを介してコインを認知できない患者でも他の感覚モダリティーを介した情報（この場合は聴覚）を利用すれば正しく認知することができるのです。ただし，失認には左右の区別がつかない左右失認，片側の空間を無視する空間失認など，特定の感覚モダリティーとの関係がないものも含まれます。

失行とはリープマン（Liepmann, 1900）が「運動麻痺がないにもかかわらず合目的な運動ができない状態」と定義した高次機能障害の1つです。観念失行の患者では物品を使った時系列に沿った行動がとれません。そのような患者は物品の名前や用途を説明できるにもかかわらず使用ができないのが特徴的です。左あるいは両側の頭頂部の障害をもつ患者にみられます。観念運動失行を呈する患者は敬礼をする，十字を切るなどのしぐさや簡単な動作を意図してはできないにもかかわらず，上官と出会う，教会の前を通るなどの際には自動的にその行動をとれるといった特徴があります。両側の頭頂葉の障害で起こるとされています。構成失行は操作の空間的形態が障害される行為障害です。具体的には見本を用いた描画（図），平面的図形構成，立方体構成がうまくできません。

かつては脳の損傷部位を病理解剖，CT，MRIなどを用いた画像解析を用いて神経心理学的研究はなされてきました。しかし，最近では特定の精神活動を行うときに機能が変化する脳部位を描写するためのPET, fMRIなど脳機能画像的方法論がこの分野でよく用いられるようになってきました。

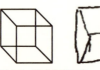

図1-9　構成失行の例
左の立方体を模写させたとき。

空間失認

右大脳半球障害における左半側空間失認の患者には，時計の絵を書くときに時計の左側を書かない，水平の線分を2等分する位置を示させると右1/4付近を指し示す，料理を盛りつけた皿の上の右半分のものしか食べない等の不思議な症状が現われます。

観念失行

たばこをくわえてマッチで火をつけさせると，たばこでマッチ箱をこすったりします。

脳機能画像的方法

生きている脳の各部の生理学的な活性（機能）をさまざまな方法で測定し，それを画像化することです。いくつかの方法があります。PETとは，生体内に投与された放射性薬剤が発する放射線を体外から検出し，それを局所濃度分層画像化する方法です。トレーサーとして酸素-15（^{15}O）という放射性同位元素で標識した水を利用して局所脳血流量を画像化することができます。MRIを用いて，課題を与えたときと与えていないときで血流の変化する部位を画像化すること(fMRI)もよく用いられる方法です。

プライミング効果

プライミング効果とは，先行する刺激（プライマー）の処理が後の刺激（ターゲット）の処理を促進する効果のことです。プライミング効果は潜在的（無意識的）な処理によって行われるのが特徴で，知覚レベル（知覚的プライミング効果）や意味レベル（意味的プライミング効果）で起こります。たとえば，連想ゲームをする前に，あらかじめ動物の話をしておくと，白いう言葉から「ウマ」や「クマ」が連想されやすくなります。

第6節　記憶と情動

1.6.1.　脳と記憶

　記憶は陳述記憶（宣言的記憶）と非陳述記憶に分かれます。陳述記憶とはイメージや言葉として意識の上に内容を想起でき，その内容を陳述できる記憶です。それに対し非陳述記憶は意識上に内容を想起できない記憶で，言語などを介してその内容を陳述できない記憶です。自転車の乗り方など，「体が覚えているやり方の記憶＝手続き記憶」などがそれです。手続き記憶はもっぱら小脳の機能と関係します。

　陳述記憶には2種類あります。1つはエピソード記憶で，「いつ，誰が，どこで，何をどうしたか」に関する記憶で，その人その人に固有のもので経時的に変化します。もう1つは意味記憶で，物事の意味にあたり，富士山の高さ，動物の名前，歴史的事実とその年号などがそれです。同じ時代の人なら共有する知識です。

　記憶をその持続に沿って分類すると，感覚記憶，短期記憶，ワーキング・メモリ，長期記憶の順に記憶の持続が長くなります。感覚記憶は，脳に絶えず流れ込んでくる視覚・聴覚・触覚・嗅覚などの情報がその都度もたらす記憶で，注意を向けない限り数秒程度で消え去るものです。ただし，その刺激に注意を向けると記憶は保持されます。しかし，その持続はせいぜい1分以内でしょう。たとえば電話番号のメモを見て記憶し，ダイヤルを回して電話がつながると，すぐに忘れてしまうという具合です。しかし，その情報を短期記憶・ワーキング・メモリ上で何度も繰り返しリハーサルすると，長期記憶として記憶は固定します。ただし，固定された記憶でも，長い期間リハーサルされない場合には忘れてしまいます。記憶のうち，短期記憶には大脳辺縁系，とりわけ海馬，海馬傍回，乳頭体が重要です。この部位の障害では記憶したものを長期記憶へと固定化することや，長期記憶として保存されたものを想起する機能が障害されます。長期記憶には脳の広範な部位が関与するものと考えられていますが，その詳細な機序は不明です。

　記憶のメカニズムにはシナプスの可塑性が関与しています。ものを記憶するということはシナプスの機能的・構造的な変化が生じることでもたらされるのです。その1つのメカニズムとして，長期増強（long term potentiation：LTP）があります。LTP は海馬で初めて見出された現象です。海馬の CA3 という部位にある錐体細胞は軸索から枝（シェファー側枝）を出し，海馬の CA1 という別の部位の錐体細胞の細胞体の部分にシナプスをつくります。シェファー側枝を電気刺激すると CA1 の錐体細胞に興奮性シナプス後電位（EPSP）が生じます。この EPSP の電位はシェファー側枝を数秒間高頻度刺激することで大きく

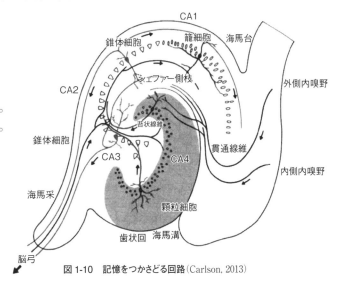

図1-10　記憶をつかさどる回路 (Carlson, 2013)

なります。しかもこの変化は高頻度刺激終了後も数時間にわたって維持されるのです。LTPが長く続くときにはシナプスをつくるためのタンパクが合成されてシナプスの強化が起こったり，新たなシナプスがつくられてCA3とCA1の間のシナプス伝達効率が長期間にわたって向上します。つまり，終末ボタンが高頻度で発火することにより，シナプス後膜の機能と構造が変化したことになります。

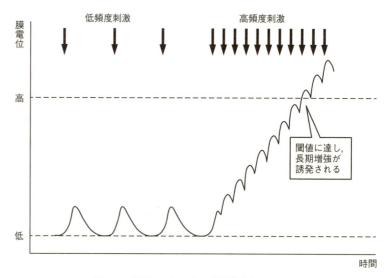

図1-11　記憶のメカニズム：長期増強（Carlson, 2013）

1.6.2. 大脳辺縁系と情動

記憶に加えて情動も大脳辺縁系の働きに負うところが大きいのです。特に，扁桃体と不快な情動，および快感をもたらす脳内報酬系と側坐核に焦点を当てて説明します。

情動とは身体の反応をともなうような強い感情で，不快なものとしては恐怖，怒り，悲しみ，驚き，嫌悪などがあります。不快な情動を体験すると，行動反応，自律神経と内分泌系などの生理学的反応が起こります。さらに，認知処理的反応が現われ，知覚・注意・記憶・意思決定が変化します。たとえば，突然目の前に大蛇が現われたとき，驚いて表情が変わり，身はこわばり，脈拍と血圧は上昇し，瞳は拡大します。スリラー映画の恐怖場面を思い出してください。最後に恐怖感がくるでしょう。その後には，何を見ても大蛇に見える，大蛇と遭遇した直前直後の記憶が鮮明に残り，夢にまで見るなどの認知処理的な機能の変化が生じることもあるでしょう。音や光などの情報はまず大脳新皮質へ中継する視床へ到達します。情動をもたらすような感覚情報は視床で2つの経路に分かれます。一方の経路は大脳皮質の各感覚野に送られます。情報は感覚野から連合野に送られてそこで細かく分析されます。その後に分析済みの情報が海馬に送られ，記憶されます。また，その分析済みの情報が扁桃体に到達します。扁桃体でその情報が評価・判断されてその結果に基づき情動行動を引き起こします。他方の経路では，情報は直ちに扁桃体へ送られ，扁桃体で感覚情報が広い意味で私たちの生存にとって危険なものであるかどうかの評価，価値判断が行われます。つまり，扁桃体には原初的な情動に関連した記憶が蓄えられていて，この記憶と関連した情動

クリューバー・ビューシー症候群
サルの扁桃体を両側とも破壊すると，食べられないものでも手当たり次第に口に運んだり（精神盲，口唇傾向），同性に対しても交尾行為を仕掛けたり（性行動の亢進），以前恐れていたヘビやヒトに平気で近づく（情動反応の低下）ようになります。クリューバー・ビューシー症候群とよばれています（Klüver & Bucy, 1937）。

刺激がやってくると記憶と照合されて危険なものと判断されると直ちに情動行動を引き起こすのです。恐怖を引き起こすような刺激を受けたときは、まず、自律神経機能と内分泌の中枢である視床下部に指令が送られて、自律神経反応を引き起こして瞳孔は散大し、鼓動が早くなり、末梢の血管が収縮して顔色は青ざめます。同時に、消化管の運動は抑制されます。また、中脳へ情報が伝達され、恐怖の表情とすくみ上がるといった行動が惹起されます。さらに、扁桃体からは、大脳の帯状回や海馬のような大脳辺縁系の他の部位へも刺激が伝わり、長期的な記憶にも大きな影響を及ぼします。

　動物で両側の扁桃体を破壊すると、情動反応が低下して本来恐怖をもたらすようなもの（例：ヘビ）を眼前に突きつけても平気で、逆にそれをつかもうと手を伸ばしたりします。ヒトの場合には他人の顔を識別することはできるにもかかわらず、恐怖や怒りなどの表情の区別ができなくなります。

　扁桃体は不快な情動のみに働くのではありません。扁桃体で喜びや幸福のような快と判断された刺激に対しては扁桃体から視床下部を経由した刺激が中脳の腹側被蓋野を刺激し、そこからの軸索が大脳腹側の深部に位置する側坐核で神経伝達物質であるドパミンの放出を促します。この側坐核内でのドパミン放出がもとになって、脳内に心地良い感情が生ずると考えられています。このシステムを脳内報酬系とよびます。脳内報酬系は、ドパミンの放出や取り込み阻害の作用をもつ麻薬や覚せい剤のような薬物による快感や、そのような薬物への依存の形成にも関わります。この快情動の神経回路の概略は図の右半分に対応します。

脳内報酬系
報酬系については、オールズとミルナー（Olds & Milner,1954）による脳内自己刺激の実験が有名です。彼らは、ラットがレバーを押すと、脳内の特定の領域に電気が流れる仕組みを作りました。腹側被蓋野と側坐核を結ぶ神経線維である内側前脳束に電極をおいたとき、ラットはレバーを飽くことなく何度も押し続けることが見出されました。

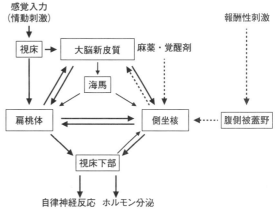

図 1-12　情動のメカニズム

ボックス　1　睡眠と精神機能

　寝不足で注意や作業能率、判断力が低下することはよくわかっています。ここではそれ以外の睡眠と精神機能の関係についてご紹介しましょう。

REM (rapid eye movement) 睡眠と NREM (non-REM) 睡眠
　睡眠を客観的に測定する方法として睡眠ポリグラフ検査があります。ポリグラフとはさまざまな種類の生体現象を同時に記録することです。睡眠ポリグラフの場合、脳波と電気眼球図（electro-oculogram：EOG）、おとがい筋筋電図（electro-myogram：EMG）の最低でも3種類の生体現象を記録します。脳波は頭皮上、EOGは左右の外眼角の外側の皮膚上、EMGはおとがい筋（口をへの字にしたときに下唇の真下の盛り上がる部位）の上の皮膚に何れも電極を貼りつけることで記録します。脳波とは大脳皮質の電位変化を頭皮上から拾ったもので、電位は数十mVであり、心電図に比べて10分の1以下と、小さなものです。EOGは眼球が眼球前面の角膜がマイナスの電位を、網膜がマイナスの電位を帯びていることで形成される電気双極子が眼球運動にともなってつくる電位です。筋肉も収縮にともなって電位を発生しますので該当の筋肉を覆う皮膚上においた電極からその電気活動を拾うことができます。

　目を閉じてリラックスした状態では脳波にα波とよばれる約10Hz前後の規則正しい波が連続

して出現します。眠り込むと、まずこのα波が消失し、脳波は低振幅で不規則になります（NREM睡眠段階1）。次いで、12-14Hzの紡錘波（持続1秒前後の輪郭が紡錘状の律動的な脳波）、高振幅の徐波（4Hz未満の波）に紡錘波が引き続くK複合という脳波で特徴づけられるNREM睡眠段階2に移行します。睡眠段階2は安定した眠りです。さらに眠りが深まると、脳波には高振幅の睡眠徐波（0.5-2 Hz）が連続して出現するようになります。これを徐波睡眠とよびます。最も深いNREM睡眠が段階4、段階2と4の中間の深さの眠りが段階3です。NREM睡眠では眠りが深まるにつれ、徐波が大量に出現するという特徴があります。このように脳波を記録することで眠っているのか目覚めているのかの区別がつき、眠りの深さが判定できるのです。最も深いNREM睡眠の時期にもおとがい筋のEMGは消失しません。また、EOGには寝入りばなに出現するゆっくりと左右に揺れ動く振り子様の眼球運動を除くと眼球運動は記録されません。

　眠り込んで徐波睡眠がしばらく続いた後、脳波は一見するとNREM睡眠の段階1のような低振幅の不規則なものへと変わります。段階1と異なるのは急速な眼球運動（REM）がEOGに現われ、おとがい筋EMGの活動が消失している点です。見かけ上には非常に浅い睡眠であるにもかかわらず、起こそうとすると案外深い眠りであることがわかります。ところで皆さん、目を閉じたままで眼球を左右にできるだけ早く動かしてください。予想外にむずかしいことがおわかりいただけると思います。ところが、このように睡眠中にREMが現われる状態があるのです。これをREM睡眠とよびます。この時期に起こすと、目覚めたときに夢を見ていたと語ることが多く、その内容も視覚的で複雑で活発であるというのも特徴です。例を挙げると、「猛獣に追いかけられて悲鳴をあげながら逃げていた」「友達とふざけてカンフーの真似をしていた」など、激しい運動をともなうものがよくあるのですが、実際に手足が動いたり、大声を出すことはありません。全身の骨格筋にブレーキが働いているからです。深いNREM睡眠でも失われることのないおとがい筋EMGが消失しているのがそのブレーキが働いていることの証拠です。

　一晩の眠りの最初のREM睡眠はNREM睡眠が1時間以上続いた後に出現します。数分から数十分REM睡眠が続いた後には再びNREM睡眠が現われ、以後REM睡眠とNREM睡眠が約90分の周期で反復して一晩に4-5回現われます。深いNREM睡眠は一晩の前半に、REM睡眠は明け方に近づくほど大量に出現します。私たちは一晩に4-5回REM睡眠を経験しているのですが翌朝憶えている夢は目覚める直前のものに限られることが一般的です。夢を見た後、再びNREM睡眠に入ると夢を忘却してしまうのがその理由です。

REM睡眠に関連する2つの病気

　1. ナルコレプシー　　昼間に突然耐えがたい眠気と居眠りに襲われることを特徴とするナルコレプシーという病気があります。ナルコレプシーの患者さんは笑ったり驚いたりするという情動刺激が引き金になって、全身の、あるいは膝、あごなど身体の一部の筋緊張が抜けてしまう発作が現われます。てんかんの発作と異なり、その際の患者さんの意識はまったく正常です。これを情動性脱力発作といいますが、この発作のメカニズムはREM睡眠の際に働く骨格筋へのブレーキが情動刺激によって覚醒状態で誤作動してしまうことにあります。また、ナルコレプシーの患者さんでは眠るとすぐにREM睡眠が現われることが多く、その際には患者さんはまだ起きていると自覚しているので、夢を幻覚として体験し（入眠時幻覚）、その際に働く筋肉のブレーキを麻痺（睡眠麻痺：金縛り）として体験します。ただし、健康な若者にも金縛りはときに幻覚をともなって現われることがあります。

　2. REM睡眠行動障害　　反対にREM睡眠の時に働くはずのブレーキが壊れて、夢の中の言動がそのまま表出されるという病気があります。その名もREM睡眠行動障害といいます。時にその行動によって転倒したり、家具にぶつかったりして負傷することや、傍らに眠る伴侶を傷つ

けることがあります。高齢者にみられる病態であり、脳の病気の前触れとして、あるいはその一症状として現われることもありますが、まったく心身の異常のない人にみられることも多いのが特徴です。私の診ていた患者さんは賊と戦う夢を見てタンスに背負い投げをかけようとして負傷しました。別の患者さんはクマに襲われている奥さんを助けようとしてクマと格闘していたつもりが、寝ている奥さんの上にまたがってその首を絞めようとしていたところを奥さんのあげた悲鳴で目覚めて事なきを得たとのことです。目覚めると異常な行動は直ちにやみ、意識は正常で見当識も保たれています。直前に夢を見ていたと語るのが一般的であり、その夢の内容は患者さんが示した異常行動とよく符合します。

睡眠と記憶

睡眠学習、すなわち、眠っている間に英単語の教材を聞くことで単語を覚えられるか、という点については、残念ながら無理なようです。しかし、睡眠は記銘と記憶の固定の両者に関わることがわかっています。

睡眠不足の状態で学習すると記憶力が大幅に低下します。しかも、その成績の低下には情動が関係するのです。38時間にわたって連続的に覚醒を続けさせた実験参加者と睡眠をとった参加者に言葉を記憶させる実験を行うと、睡眠剝奪群では全体として40%も成績が低下します。その低下には記憶課題である言葉に付随する情動によって大きく異なるのです。快い言葉(愛とか成功など)と中立的な言葉(新聞、ピルなど)の記憶は大きく障害されたのですが、不快な情動をともなう言葉(殺人とか飢饉など)の記銘はあまり低下しないのです。

学習後の睡眠は陳述記憶の固定に大きな影響を与えます。対にした言葉を記憶する課題では学習後の睡眠、とりわけ一晩の前半の睡眠が重要であることが報告されています。一晩の前半の睡眠には振幅が高く周波数の遅い「睡眠徐波」が多いことが特徴です。また、学習後に睡眠をとると、その後の妨害学習に対して抵抗性が高まることも示されています。そのメカニズムとして、学習中と同じような海馬と大脳皮質各領域との間の情報のやりとりが睡眠中に再生され、その結果関連する大脳皮質間の結合が確立して海馬の関与なしの記憶の固定が完成することが想定されています。

睡眠と情動

35時間にわたる睡眠剝奪を行った実験参加者と通常の睡眠をとった参加者でfMRIを使ってさまざまな情動負荷をともなう画像を見せる実験を行い、扁桃体の賦活の程度、前頭前野と扁桃体の結合の程度を比べる興味深い実験があります。その報告によると、睡眠剝奪群では前頭前野(前頭葉の一番前の部分)の活動が低下し、前頭前野の扁桃体を抑える作用が減弱することがわかっています。また、睡眠剝奪によって不快な情動にともなう扁桃体の賦活の程度が上昇することとが見出されました。すなわち睡眠剝奪によって扁桃体の暴走が起こり、不快な情動が著しく高まる可能性があります。

睡眠とアルツハイマー病

脳の水路は夜、眠っている時に開くこと、そして、脳の老廃物はその広がった水路を通って汲み出されるという可能性が高いことがわかってきました。汲み出されるものの中にはアルツハイマー病の脳に蓄積することが知られているアミロイドβも含まれるといいます。

脳細胞を取り巻く細胞間質液(interstitial fluid:ISF)にはアミロイドβ(Aβ)やαシヌクレイン(α-synuclein)などの細胞毒性を発揮するタンパクが含まれます。末梢組織ではリンパ系が発達していて、老廃物を静脈系へと運び出すことができるのですが、脳はこのリンパ系を欠いています。その代わりに脳脊髄液(CSF)が循環してISFとの間で老廃物をやりとりしています。

> CSFは動脈周囲から流入し，ISFは静脈へと灌流します。この循環系はアストロサイトにある水のチャンネル，アクアポリン-4（aquaporin-4：AQP4）の働きに大きく依存しているためグリンファティック系（glymphatic system）と名づけられています。
>
> ISFのAβの濃度は齧歯類でも人間でも覚醒時に高いことが知られています。これは覚醒時にAβの産生が増加することによるものと考えられてきました。米国ロチェスター医科大学とニューヨーク大学の研究者（Xie et al., 2013）らは，睡眠中にこれらの排泄が高まるという仮説を立て，それを検証したのです。
>
> このことは睡眠が不足することで脳の中で有害な老廃物がたまってしまい，アルツハイマー病のような認知症発症の危険が高まる可能性を示唆します。
>
> （清水徹男）

文 献

Chalmers, D. J. (1995). Facing up to the problem of consciousness. *Journal of Consciousness Studies*, **2**(3), 200–219.

Brodmann, K. (1909). *Vergleichende Lokalisationslehre der Großhirnrinde in ihren Prinzipien dargestellt auf Grund des Zellenbaues.* Leipzig : Johann Ambrosius Barth.

Brodmann, K. (1910). *Handbuch der Neurologie.* Berlin: Springer.

Carlson, N. R. (2013). *Physiology of behavior*(11th ed.). Boston, MA: Pearson. （泰羅雅登・中村克樹（訳）第4版カールソン神経科学テキスト　脳と行動　丸善出版）

Klüver, H., & Bucy, P. C. (1937). Psychic blindness and other symptoms following bilateral temporal lobectomy in rhesus monkeys. *American Journal of Physiology*, **119**, 352–353.

Klüver, H., & Bucy, P. C. (1939). Preliminary analysis of functions of the temporal lobes in monkeys. *Archives Neurology and Psychiatry*, **42**, 979–1000.

Liepmann, H. (1900). Das Krankheitsbild der Apraxie (motorische Asymbolie) auf Grund eines Falles von einseitiger Apraxie. *Monatsschrift für Psychiatrie und Neurologie*, **8**, 15–44, 102–132, 182–197.

西本武彦・大藪　泰・福澤一吉・越川房子 (2009). 現代心理学入門　川島書店

Olds, J., & Milner, P. (1954). Positive reinforcement produced by electrical stimulation of septal area and other regions of rat brain. *Journal of Comparative and Physiological Psycholgy*, **47**(6), 419–427.

Premack, D., & Woodruff, G. (1978). Does the chimpanzee have a theory of mind? *Behavioral and Brain Sciences*, **1**(4), 515–526.

坂井健雄・久光　正（監）(2014). 脳の辞典　成美堂出版

Squire, L. R., & Kandel, E. R. (2000). *Memory: From mind to molecules. Scientific American Library.* New York: W. H. Freeman.

Tononi, G. (2008). Consciousness as integrated information: A provisional manifesto. *The Biological Bulletin*, **215**(3), 216–242.

Xie, L., Kang, H., Xu, Q., Chen, M. J., Liao, Y., Thiyagarajan, M., O'Donnell, J., Christensen, D. J., Nicholson, C., Iliff, J. J., Takano, T., Deane, R., & Nedergaard, M. (2013). Sleep drives metabolite clearance from the adult brain. *Science*, **342**(6156), 373–377.

2 比較心理

第1節　はじめに

　比較心理学（comparative psychology）とは，動物の行動を体系的に研究する学問分野です（Hayes, 1994）。一般的には，心理学の対象は人間であると理解されていますが，それはそれで決して間違った理解ではありません。それにもかかわらず，なぜ心理学が動物を研究対象とするのでしょうか。それは簡単にいえば，動物を通して人間を知るためだからです。

　人間を知るには，人間だけを研究すれば足りるという訳ではありません。進化的には，すべての生き物は互いに何らかの繋がりを有しています。もちろん私たち人間も，他の生物との繋がりが切れている存在ではなく，他の生物と祖先を共有する一生物であるといえます。私たちは他の生物と共通する性質や行動を示す場合がありますが，それは単なる偶然ではなく，まさに私たちも進化的存在であることを示すものなのです。その意味で，私たち人間が有するいろいろな性質や行動について，進化的に追究することで，私たちがそのような傾向や行動を示すことの意味や役割を見出すための筋道を見つけることができるといえます。

　自分たちだけを見ているだけでは，特に現代的な視点だけでは，私たち人間を正しく理解することは困難でしょう。たとえば，富士山は美しい姿を見せる山ですが，遠くから眺めるからこそ，その美しさを知ることができます。一方で，富士山の山中にいてはその姿を眺めることはできませんが，富士山を成り立たせている土や岩や植物などの細かなものを見ることができます。つまり，木を見て山を見ない，山を見て木を見ない，ということです。たとえてみれば，人間だけしか視点にないのは前者であり，人間以外の動物にだけしか視点がないのは後者です。両者にはどちらともに優れた点がある一方で，足りない点もありますが，これは当然のことであるといえます。何かに焦点を当てることで，それ以外のものが見えなくなってしまいます。それは私たちの知覚行為においては当然のことですが，そうすることで，鮮明に見えてくるものがあります。この際，重要なのは，それぞれの足りないところを補い合う相補的な関係性を認識することです。

　比較心理学的視点というのは，特に人間と動物との間の優劣を問題とはしません。通常私たちは，人間の階層の下に動物をおいて考えるし，それは当たり前のこととして受け入れられていると思います。逆に人間と動物とを同

進化
生物における進化とは，必ずしも発展することを意味してはいません。進化するとは，当該の生物が与えられた環境にうまく適応することを意味します。その際，生物個体群の性質が世代を経るにつれて変化し，個体群内の遺伝子頻度が変化することとして定義されることもあります。成長や変態のような個体の発生上の変化は進化ではありません。進化過程である器官が単純化したり，縮小したりすることを退化といいますが，退化は進化の対義語ではなくて，進化の1つとされます。

じ次元で捉えることは、人間をおとしめることであるとされたりします。しかし、生物学的存在としての人間は、上述したように他の生き物と繋がっていますし、人間と他の動物との間にある優劣などしょせん人間が勝手に自分中心でつくり出したものに過ぎません。大事なことは、人間と動物との共通性や相違点を明らかにし、人間というものを解明していくことです。

このような視点で、行動というものを指標にして比較研究を行うことができます。行動は、人間にでも他の動物にでも発現する内的状態つまり心的状態の外的表象である可視的現象であるとされます。内的な現象を解釈するのではなく、客観的現象としての行動の分析を通した行動の比較研究というのが比較心理学の重要な手法であるといえるでしょう。その際には、比較行動学（ethology）の概念や手法が重要な役割を担っているといえます。以下、比較行動学の主要な観点に従って行動について順次述べていきます。

第2節　行動とは何か

適応
ある生物種が生活する環境に対して有利な形質をもっていることや生存や繁殖のために有利な形質をもっていることをさします。つまり、ある生物種がもっている形態や生態や行動などの性質が、その生物種を取り囲む環境下で生活していくのに都合よくできていることをいいます。現生の生物種の多くは、適応的であるといえますが、現生生物が適応した環境と、現在の環境とは必ずしも同一ではないので、現生生物種のすべてが現在の環境に対して適応的であるとは限りません。生物種が進化の過程において適応した環境のことを、進化的適応環境といいますが、現存の環境が必ずしも同じである訳ではありません。

ティンバーゲン
オランダ人動物行動学者で鳥類学者で、1973年、ローレンツ、フォン・フリッシュと共にノーベル医学生理学賞を受賞しました。ティンバーゲンは、当時のアメリカ心理学界で有力であった行動主義に対しては反発し、動物の行動は環境刺激への単なる反応ではなく、より複雑な内面の情動に起因すると考え、行動の生理的現象的側面だけでなく、進化的な側面の研究の重要性を強調しました。

行動とは、個体から種のレベル、ミクロからマクロのレベルといういろいろなレベルで生起します。行動を研究する分野は比較心理学や比較行動学に限りません。生態学や生理学においても行動を問題にします。どのレベルで行動を研究するのかは、それぞれの分野に従っておおよそ決まってくるといえます。図2-1は、カナダガンを例にとって行動のレベルと各レベルにおける具体的な行動の例とを示したものです。一口に行動といっても、個体の身体内での神経の電気的活動に代表されるミクロなレベルから種全体の活動を問題とするマクロなレベルまで、非常に多様なものであることがわかると思います。比較心理学においては、だいたい身体部位から家族集団のレベルの行動を取り扱っているといえます。またその中でも特に行動型から二者間のレベルの行動が主要な対象となっているといえます。

ティンバーゲン（Tinbergen, 1963）は、行動を進化、機能、個体発生、原因の4つの領域に分けて説明しました。

進化とは、ある動物種のある行動パターンが、なぜそのような型で発現するのかということを、進化的につまりその動物種の歴史的観点から捉え

図2-1　カナダガンにおける行動のレベルの例
（Lehner, 1996）
より上位のレベルでは、他の集団や他の個体との間で行われる種内および種間での相互作用が見られる。

ことによって理解することです。進化的変化を反映する違いを明らかにするために，近縁種間で行動を比較する系統発生的比較研究という手法がよく知られています。

機能とは，個体の適応度の向上に関わる行動の適応的意義をさします。つまり，ある行動パターンをある個体が示すことによって，なぜその個体は与えられた環境の中でよりうまくやっていけるのかという理由，つまりそのような行動をして一体何の役に立つのだという問いに対して，その行動を行うことによってもたらされる利益を示すことができれば，その行動の機能を説明したことになります。

発達（個体発生）とは，ある行動が個体において，どのように発達するのかということです。その際，どのような成熟と学習過程が，その行動の発達にとって重要なのかということを求めていきます。

原因（因果関係）とは，ある行動の基になるメカニズムは何か，その行動が生起する文脈は何か，その行動を誘発する外的ないし内的刺激は何かということを示すことです。

以上の4領域の内，進化と機能とは遠隔要因とか究極要因といわれるグループに分けられ，行動の進化を形成するうえで，どのように自然淘汰（選択）が要因として作用してきたのかを示そうとする仮説に基づいた説明を目指す領域とされます。これらは主として生態学などの生物学的な領域で取り扱われます。一方，発達と原因とは近接要因とか至近要因といわれ，行動の直接原因となる機構が結合して行動を調節する方式についての説明を目指しています。これらは主として心理学の領域で対象とされます。発達心理学における行動発達はまさにこの発達ですし，学習心理学における刺激－反応などについてもここでいう原因に相当します。

個体発生と系統発生
個体発生（ontogeny）とは，1つの個体が卵から完全な成体に成長し死亡するまでの過程をさします。また系統発生（phylogeny）とは，ある生物種が進化とともに形態を変え，家系のような1つの発展系統をつくりだすことをさします。ドイツの生物学者ヘッケルが著書『有機体の一般形態学』(1866) の中で，「個体発生」(Ontogenese) と対をなすものとして作った言葉で，ドイツ語では Phylogenie です。個体発生とは異なって系統発生は実際に目で確かめられるものではありません。断片的な化石の資料に基づいて古生物学的にこれを推定するのが比較的直接の方法ですが，実際には難しく，ウマ類の系統発生が稀な例として知られています。

第3節　行動の生得性と獲得性：遺伝か環境か

2.3.1. 行動を成立させる要因

行動というものを理解する手がかりとしては上述のように，大分して2つの筋道があります。1つは発達ないし個体発生的筋道で，これは個体の受精から死までの発生過程を問題にします。もう1つは進化ないし系統発生的筋道で，これは生物の進化の過程を問題にします。心理学では主として前者が問題となりますので，個体発生的な行動の理解について，以下に述べていきます。

行動を成り立たせている要因としては，生得的要因と獲得的要因があります。

まず，獲得的要因ですが，主なものは以下の2つがあります。

1つ目は，学習（learning）です。学習は練習あるいは経験によって生じる比較的永続的な行動の変容をさします。いろいろな学習があり，ここではその詳細は示しませんが，学習は私たち人間をはじめとする哺乳類においては，行動の形成に重要な役割を果たしています。

2つ目は，推理（reasoning）です。推理とは，知識を用いて知的機能（特に論理的操作）を働かせることによって，直接与えられていない情報を

引き出すことです。これも上の学習同様，私たち人間にとっては重要な役割を果たす要因です。

次に，代表的な生得的要因を以下に挙げます。

一般によく知られた現象ですが，夜間の街路灯に昆虫が集まってきているのを見かけることがありますが，これは走性という動物が有する生得的傾向によるものです。走性とは，特定の刺激（先の例では，光刺激）に対して，定位的な反応を行う生得的傾向をさします。これは種に特有で，光刺激に対して向かっていく（正の走光性といいます）種もあれば，反光源方向に向かっていく（負の走光性といいます）種もありますし，温度刺激に反応する種もあります。反応する刺激はこの他にも，化学的刺激や機械的刺激や電磁気的刺激など多様にあります。先の昆虫や蛾などの光刺激に対する定位が代表的で，「飛んで火にいる夏の虫」とはまさにこの走光性を言い表わした文句です。走性とは一度定位してしまった刺激対象がたとえ自身にとって危険な対象であってもその定位反応を止めることはできません。ですからこのような文句が成立するのです。植物においてもみられ，花はたいてい明るい方向に向かって咲きます。また夜間に行うイカ漁もこの性質を利用して光刺激を使ってイカをおびき寄せています。人間の走性は知られていません。

健康診断などで，膝の下の膝蓋腱を叩くと思わず下腿が跳ね上がりますね。あるいは，梅干しとかレモンとかの酸っぱいものを口に含んだり，想像するだけでも，口の中に唾液が出てきますよね。これらはみんな反射といわれる反応です。反射は，意識を伴うことを必要としない自動的・定型的かつ即決的な反応で，特定の刺激に対してなされる生得的反応とされます。走性は全身的運動ですが，反射は身体の一部の運動に限られるという違いがあります。また反射は意識の存在が（曖昧にではあっても）認められる脊椎動物に限られ，走性とは区別されます。

3つ目は，本能行動です。これは，一般に生得的に決定されている種に特有の行動の型について用いられる概念です。また，反射よりも複雑な反応の体系とされます。本能行動は，種内での個体差が少なく，訓練なしで形成されるとされます。本能行動の特徴ないし基準とされるものは，以下のようなものです。

①種に特有の普遍的特性であり，それは遺伝的に決定されており，近縁種においてもみられるものである。
②初発時から完全な型をしている。つまり初発時においてすでに完全に組織され何ら訓練を必要としない。
③行動型の恒常性が示される。つまりいつでも同じ行動型が示される。
④本能行動は，ある特殊な刺激（生得的解発刺激）によって引き起こされるが，いったん行動が引き起こされれば，刺激が持続しなくても行動は維持される。

このような基準を満たす行動がそれほど多くあるとは思えません。特に私たち人間の行動に本能行動といえるようなものを見出すのは困難であると考えられています。学術的用語としては，本能という概念自体の使用を避ける傾向にありますが，たとえそうでなくても，人間の行動において，本能概念

で説明され得るものは皆無といってよいでしょう。

2.3.2. 生得的行動という概念

本能概念や本能行動を使わない代わりに，現在では生得的行動という用語を用います。生得的行動とは，ある動物種の行動のうち，その種の系統発生の過程で遺伝的に組み込まれた行動であり，個体発生における学習・経験が原則として関与しない行動をさし，一般的には，獲得的行動（学習行動）に対するものとされますが，現実的には両者は明確に区別できるものではありません。また，学習や経験が原則的には関与しないとはいえ，それは上述の本能行動の基準にあるような初発時から行動型が完成されているとか恒常性が見られるといったことを意味しているのではなく，その行動を構成する運動型自体は遺伝的に備えているものであり，それ自体の学習を必要とはしないけれど，同じ機能をもつ行動ではあるが，個体によって性・年齢によって，あるいは文化や地域によって，多様性が示され得るという点で学習や経験が関与するというものです。たとえば摂食行動は，栄養摂取のために何らかの食物を口に入れて，それを歯で噛み砕いたり，すり潰したりして食道に嚥下するので，私たち日本人の場合はたいてい食物を箸で挟んで口に運びます。西洋ですとフォークに差したり載せたりしますし，別の文化圏ですと直接手掴みで口に運ぶというように食物を口に入れるという機能だけは共有していますが，それを構成する運動型や手法に違いが生じます。しかしいずれも摂食行動には違いありません。

生得的行動に限らず行動というものは，いわゆる生得か獲得か（nature or nurture）という二元論では捉えられません。あえていえば生得面も獲得面もということになります。遺伝子だけで決まるのでもなければ，学習だけで決まるのでもないということです。ところが，こういうものには決まって極論があって，一方の極論では，行動は遺伝の影響をほとんど受けず，学習や模倣によって発達するとされます。これは心理学でいうとワトソン（Watson）の行動主義に相当するような考えです。また他方の極論では，多くの行動パターンは生得的で，学習や模倣に関係なく発達するとされます。もちろん，両者の主張どおりに説明できる行動も確かにあるにはありますが，両者ともに行動一般を説明するに足りるものではありません。大部分の見解としては，すべての行動は，ある程度遺伝子の影響を受け，同時に発達過程で環境条件の影響を受け，遺伝や環境がどの程度行動に影響を及ぼすかは，種によって，また行動によって異なるというものです。

さて，これらの生得と獲得とに関連するいろいろな言葉がありますので，ここで整理しておきます。これら関連語はすべてが学術的な用語であるわけではなく，まったく同じ意味ではありませんが，類似する概念として広く用いられていますので紹介しておきます。

まず，生得と関連する用語ですが，遺伝，本能，先天性（的），ア・プリオリなどがあります。また，獲得と関連する用語としては，学習（経験），環境，文化，後天性（的），ア・ポステリオリなどが挙げられます。

2.3.3. 生得的行動を解発する刺激

かつては，行動を引き起こす刺激とその行動との関係は１対１的関係で

二元論
物事を相対立する２つの原理または要素に基づいて捉える立場をさします。神話や宇宙論における光と闇，陰と陽，哲学における形相と質料，現象と本体，宗教や道徳における善と悪など多くの思想領域に見出されます。西洋近代では，精神と物体を二実体と捉えるデカルトの物心二元論ないしは心身二元論が近代哲学を特徴づける枠組みを与えています。

ワトソン
20世紀初頭，ワトソンは『行動主義者の立場からの心理学』（Watson, 1919）で，意識を研究する学問としてではなく，行動それ自体を研究する学問としての心理学を主張しました。これは，当時の心理学の主流との決別を意味していました。ワトソンのアプローチは，古典的条件づけの現象を発見したソ連の生理学者であるパヴロフの研究に強く影響され，条件反射を誘発する刺激を重視したので，刺激－反応（S-R; stimulus-response）心理学ともいわれています。また，ワトソンの主張する行動主義の立場は，ワトソン以後の行動主義である新行動主義と対比して，古典的行動主義ともよばれている。

行動主義
心理学のアプローチの１つで，内的・心的状態に依拠せずとも科学的に行動を研究できるとする立場です。行動主義は，唯物論・機械論の一形態であると考えられ，ブラックボックスのような外からは観察ができない心を研究対象としては認めていません。多くの行動主義者に共通する１つの仮説は，行動は遺伝と環境の両因子の組み合わせによって決定されるというものです。行動主義に影響を与えた主な人物には，条件反射のパヴロフ，試行錯誤学習のソーンダイク，内観法を破棄し心理実験法を問い直したワトソン，オペラント条件づけのスキナーなどがいます。

ア・プリオリとア・ポステリオリ
ア・プリオリとは，経験的認識に先立つ先天的，自明的な認識や概念とされます。カントおよび新カント学派の用法で，ラテン語のa prioriに由来します。日本語では，「先験的」「先天的」「超越的」などと訳されます。またア・ポステリオリは，ラテン語のa posterioriに由来する言葉で，いわゆる経験則のことをさし，経験を通じて得られたというような意味をもっています。ア・ポステリオリとア・プリオリとは対語ですが，経験を通じて得られる知識は確実な知識とはみなされず，ア・ポステリオリな知識をア・プリオリな知識より格下と位置づける者もいます。

捉えられていて，それを行動の解発図式（releasing schema）といいました。行動を引き起こす刺激をリリーサー（解発刺激：releaser）といいます。解発図式とは，このリリーサーの組み合わせに対応し，それに基づいて行動の連鎖が発動する動因状態のことをさします。この解発図式が生得的な場合，生得的解発機制とよびます。一方，学習による場合は，獲得的解発機制とよばれます。

しかし，このような刺激-反応という単純な図式で行動を捉えられるものではありません。行動を引き起こす刺激とその行動との関係は，カギとカギ穴のような単純な1対1的定型的関係ではありません。また，従来リリーサーと捉えられていたものは，ある反応を引き起こす手がかりとなる信号刺激に過ぎないと，今では考えられています。信号刺激とは，その刺激特徴に対する反応を引き起こすような刺激で，たとえば，私たちは交通信号の赤・青・黄色のそれぞれの特徴に対してある一定の反応をします。場合によっては信号無視することもあるでしょうが，基本的にはそれぞれの信号特徴に対するそれぞれの反応が存在します。現代では，そういう広い意味でリリーサーという用語は使われています。

行動を解発する刺激はすべてが等質である訳ではありません。個体がおかれた状況に応じて，ある刺激に対しては，別の刺激よりも選択的に注意を払われていることは確かであるといえます。また，状況いかんにかかわらず，特にその刺激の存在が他を圧倒する場合もあります。ある刺激が自然にある刺激よりもリリーサーとしての効果が上回る場合，その刺激を超正常刺激といいます（図2-2参照）。超正常刺激に対する反応は，リリーサーに対する特定の大きさや形に対する好みよりは，むしろ，その生物が無制限の好みを有していることを示唆します。自然界においては，実際には選択肢が制限されている場合がほとんどなので，このように好みに制限をかけても無駄な機能を備えるだけですから，好みに制限を設けていないのはむしろ適応的であるともいえます。

3個の正常卵よりも5個の「超正常」卵を抱くミヤコドリ。

正常卵（前方）およびゼグロカモメの卵（左）よりも，巨大な「超正常」卵に反応するミヤコドリ。

図2-2　超正常刺激に対するミヤコドリの反応（Tinbergen, 1951）

私たち人間にも同様に無制限の好みがあります。たとえば，私たちは，甘さや辛さや脂っこさなどに対して無制限な好みを示します。しかし，このことで，必要以上の糖分や塩分や脂分を取り込むことになります。結果的には，健康に害をもたらしたりしますが，なかなかコントロールするのは困難で，どんどん甘さや辛さがエスカレートしていく傾向があります。そもそも超正常刺激に対する反応を制限する機能を備えていなかった人間に対して現代社

会が生み出した弊害ですね。皆さんも激辛とか大盛りとかに走っていませんか。

第4節　行動の生得性について考える

2.4.1.　性行動：交尾行動と子育て

　性行動でも特に交尾行動は，性成熟によって自動的に発現すると考えられていましたが，特に哺乳類では，学習を必要とする種が多いのが事実です。たとえば，生後すぐに社会的隔離飼育されたサルを性成熟後に異性と出会わせると，自然状態で生育した個体のように，スムーズな求愛・交尾ができないことが，1960-80年代の実験で検証されています（図2-3参照）。ただし，1980年代以降，実験動物の福祉に対する関心が高まり，この種の実験は現在では行われていません。

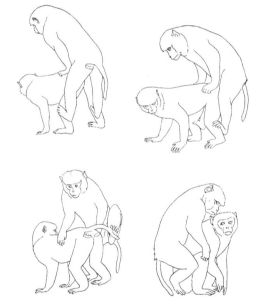

図2-3　社会的隔離飼育されたアカゲザルのオスの性行動の異常性（Mason, 1965）

上は通常のアカゲザルのオスに見られる交尾行動。下は社会的隔離飼育されたオスの交尾行動で，発情したメスに交尾姿勢をとろうとするが，上の正常オスのようにメスの後肢をうまく捉えてマウンティング（馬乗り）になり交尾可能な体勢をとることができない。

　交尾をすれば次は出産・子育てです。この子育てについては，私たち人間社会では，従来女性つまり母親が中心的な担い手であることは当然のことであると暗黙裡に認められてきたと思いますが，はたしてそうなのでしょうか。「母親＝子育て」という図式を成立させている根拠は"母性本能"の存在です。端的にいえば，女性には母性本能が備わっているから，女性が子育てに専念するのは当然であるといったところです。ところが，少なくとも人間においては"母性本能"など想定できません。当然のことですが，母親となったすべての女性が自動的に子育てをする訳ではありません。あるのは母性的行動つまり母親としての養育行動を生み出す生得的行動傾向です。母親となった女性は，母性的行動を引き出す刺激をうまく認知し，それに反応することができることが重要なのです。この傾向を引き出すためには学習する環境が必要です。必要な環境条件が整っていない場合，子育ての拒否や放棄が生じます。このような子育て行動の障害は，現代社会においてはある意味

霊長類

脊椎動物亜門・哺乳綱の1目で，霊長目とよばれます。約220種が現生します。生物学的には，ヒトは霊長目の一種ですが，一般的にはヒトを除いた霊長目を霊長類（primates）とします。霊長類の霊は，魂や幽霊というよりも，優れたもの不思議な力をもっているという意味が強いとされます。これはヒトや，ヒトを含むサルの仲間を，動物の進化の最終形態とする認識からつけられた名前です。英語名のprimateも，大主教や最高位を意味する単語であり，やはり同様の観点からつけられた名前です。ただし，霊長類が動物進化の最終形態とする認識は間違っています。

特別なことでもなく，新生児の遺棄や育児放棄などが残念ながら日常的な現象としてみられます。このような子育て行動の障害は，前述の1960-80年代の霊長類の隔離実験によって知られています。ただ，その実験においても救いだったのは，隔離飼育されたメスザルが生涯交尾出産して子育てができないかというとそんなことはなくて，初回はたとえ交尾出産できても子育てには失敗するのですが，2回目以降繰り返し経験することによって普通のメスと同様に子育てができるようになることも示されています。このような事例を見ても，やはり子育て行動には学習が必要であるといえます。

とはいえ，性行動そのものや子育て行動そのものの学習を，必ずしも必要とする訳ではありません。特に重要なのは，発達初期での社会的経験であるとされます。私たち人間を含めて多くの社会的な集団を形成して生活する動物は，社会的環境で育つことで，いろいろな属性の他個体との社会的関係を形成することができます。その中で，性行動そのものや子育て行動そのものを経験することもありますが，それよりも重要なことは，与えられた文脈にふさわしい社会的な行動（相互作用）を発現させる能力を培うことであるといわれています。

赤ちゃんは，一般的にかわいらしいですよね。この「かわいらしさ」は，母性行動の解発刺激の1つであるといわれています。哺乳類に限らず，鳥類にもみられる特徴として，幼体は成体に比べて体が丸くて，柔らかそうで，頭が大きく，目が丸くて大きいといった特徴を備えています（図2-4）。これをベビーシェーマ（幼児図式）といい，母性に限らず親の養育行動の解発刺激となるといわれています。この「かわいらしさ」は，もちろん今どきの若者言葉にみられる「かわゆい」とは同義ではありません。

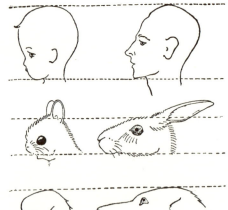

図2-4　幼児図式(Lorenz, 1943)

左はそれぞれ人間,ウサギ,イヌ,トリの幼児ないし幼体の横顔,右は大きさを左に合わせたそれぞれの大人ないし成体の横顔。いずれも左側は"かわいらしい"ので養育者に対して養育行動を引き起こさせる刺激となるが,右はそのような行動を引き起こさない。

2.4.2. 刷り込み

離巣性の鳥類（ガン・カモ類）が，孵化直後に初めて出会った対象（生物，無生物を問わない）に接近・追従する現象を刷り込み（imprinting）といいます。これは，個体発生のきわめて初期の学習現象であるとされます。通常

は孵化直後に出会う対象は母鳥ですが，人工的な環境下では必ずしも母鳥に限定されませんが，それでも母鳥に対する反応と同様の反応を示します。ですから，この反応自体は生得的行動でしょうが，接近・追従する対象はあらかじめ決まっている訳ではなく学習することになります。とはいえ，刷り込みは通常の学習とは異なる以下のような基準を有しています。

①**臨界期**（critical period, 敏感期；sensitive period）（図2-5）　個体の生活史のある特定の時期にのみ生じる学習現象である

②**無報酬性**　一度も解発されたことのない行動であっても，動物がある特定の刺激状況におかれただけで，きわめて短時間で発現し，しかもその時に一般の学習の成立に必要な報酬を必要としない

③**不可逆性**
・いったん刷り込みが成立すれば，接近・追従の対象は特定の個体に固定される
・一般の学習にみられる消去がなく，後から対象を変更することは困難

④**後続発展性**
・刷り込みされた刺激に対する何らかの反応は生涯を通じて保持される
・社会的反応は，刷り込みの過程では生じない
・性成熟に達すると刷り込みした対象と同種の個体とのつがいを形成しようとする（性的刻印づけ）

⑤**超個体学習**　刷り込みの過程で，ある種の動物は単に個体のもつ特徴に対してではなく，その種の仲間が共通に有している何らかの特徴に対して刷り込みされる

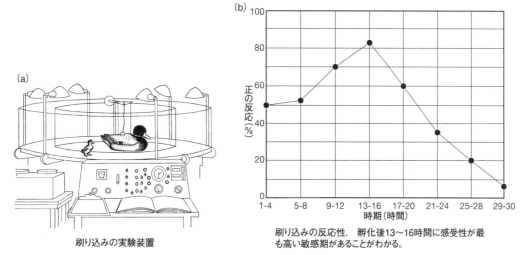

刷り込みの実験装置

刷り込みの反応性．孵化後13～16時間に感受性が最も高い敏感期があることがわかる。

図2-5　刷り込みの実験（Hess, 1959）

　この刷り込み現象は，ガン・カモ類を中心とした離巣性の鳥類から早熟性の哺乳類にまで認められる現象ですが，人間ではどうなのでしょうか？　人間は晩熟性の哺乳類であるとされますので，刷り込み現象が生じ難いと考えられますし，人間には刷り込み現象はみられないとするのが一般的見解です。
　人間の場合は，刷り込み現象のようなごく短期間に生じる現象よりも，

ボックス 2　適応行動としての子殺し

　子育てとはまったく逆の現象ですが，私たち人類を含めて，子殺しをする動物は少なからず存在します。また，子育て行動には何らかの学習が必要ですが，往々にして子殺しには学習を必要としないようです。

　インドに生息しているハヌマン・ラングールの子殺しは，1962年日本人サル学者杉山幸丸により発見されました（Sugiyama, 1965, 1966；杉山，1980）。同種内での子殺しなどということは今や常識となったことですが，当時の生物学の常識から外れていたため，なかなか認められるものではありませんでした。

　ハヌマン・ラングールは一夫多妻の群，いわゆるハレムを形成します。当然そこから外れるオス達がいます。彼らは，虎視眈々と群れを乗っ取る機会をうかがっています。乗っ取りの機会が訪れれば群れにいたオスを追い出します。そして，群れ内にいる授乳期中の赤ん坊を抱いているメスを発情させるために，残酷にもそれら子どもをかみ殺します。それら殺される子どもは，追い出したオスの子どもたちです。そして発情したメスと順次交尾して自分の子をつくるのです。自分の子を殺されるメスも黙って見ている訳ではなく抵抗したり，一時的に群から避難したりするのですが，そのような抵抗も空しく子どもはオスに殺されることになります。オスにとっては，次にいつ交尾できるかもわからない千載一遇の機会なのですから必死です。メスにとっては，前のオスとの子どもこそ失え，それよりも新たな強いオスとの子どもを残すことになるので，結果的には利益があるといえます。このように子殺しをすることは，一夫多妻の群を形成するオスにとっては適応的な繁殖戦略として理解されます。またメスの繁殖戦略にとっても，より優秀なオ

ハーロウ
アメリカのウィスコンシン大学でアカゲザルを対象にした実験研究で有名な心理学者です。WGTA（Wisconsin General Test Apparatus，ウィスコンシン汎用実験装置）を考案したことでも有名です。代理母実験では，子ザルにとっては母猿は生命維持装置を超えた愛着の対象であることを実証しました。一連の実験は今では動物倫理的に困難なものですが，日本語訳の『愛のなりたち』（ミネルヴァ書房，1978）や，『愛を科学で測った男』（白揚社，2014）で読むことができます。

もっと長期間にわたる学習現象である初期経験が重要であるとされています。初期経験とは，乳幼児期に生じる初期学習で，刷り込み現象と同様にかなり不可逆的でその後の行動や精神発達の重要な鍵となるものであるとされます。

　この初期経験の1つとして，乳幼児の養育者―特に母親―に対する愛着（attachment）の形成があります。愛着は，乳児の養育者（母親）との間にみられる永続的な愛情の絆とされ，社会生活の中で他者との関わりを通じて経験的に形成される社会的動機づけの1つであるといわれています。

　この愛着がどのような過程で形成されるのかは，ハーロウ（Harlow）らが，アカゲザルの幼体で行った隔離飼育実験で解き明かしています（Harlow et al., 1966；Harlow, 1971）。ハーロウ以前には，授乳等をしてくれる母親のそばにいることが乳児の飢餓動因解消と結びつき，すべての利益の源泉として母親に対する愛着が形成されるとする二次動因説が主流でした。これは，空腹というホメオスタシス性一次動因を低減することと母親の存在との連合形成によるとされました。これに対して，ハーロウは，母親との接触によって得られる接触的快感が原因となって愛着は形成されるとする接触やすらぎ説に至りました。乳幼児にとっては，栄養供給してくれる存在は，生命維持においてもちろん非常に重要な存在ですが，それだけで愛着というものが形成されるのではなく，愛着とは心地よいというまさに心的な要因により形成されるものであるといえます。

スと自身の遺伝子とを次世代に残すことができるという意味で，やはり適応的であるといえます。

　今日では，20種類以上の霊長類で同様の子殺しが報告されています。また，霊長類以外の哺乳類では，ライオンなどでも報告されています。いずれの場合も，ほとんどハヌマン・ラングールと同様な一夫多妻の群を形成していて，繁殖に参加できないオスが存在していて，群れ内のメスは授乳により発情が抑制されており，その授乳期の子がいなくなればすぐに発情を再開することができるという点で共通しています。

　私たち人類の場合ではどうでしょう。多くの社会においては一夫一妻制ですので，ハヌマン・ラングールと同様には議論できないようにも考えられますが，人類の婚姻形態はそもそも現行の一夫一妻であった訳ではなく，乱婚ないし一夫多妻が基本であったとされています。そのような形態が基本にあるとして，人類の繁殖における子殺しの機能について考えると，現代社会で問題となっている児童虐待や子殺しなどの多くの事例は，継父が連れ子に対する行為が多くみられます。この場合，前述のハヌマン・ラングールと同様の解釈が成り立ちます。自身の遺伝子を残すために，継父が前夫の子を排除することも，妻にとっても実子ではあるが新たに選択した夫とは血縁のない子を残すより，その夫との遺伝子を次世代に伝える方が，生物学的には適応的であるといえます。だからといって，私たちの社会において，許容されるべきことではありません。私たちは生物学的存在を基盤にはしていますが，文化的倫理的存在としての側面を強く有しています。生き物としての側面が時としてあらわになりますが，それをいかにコントロールしていくかが問われているといえます。

（武田庄平）

文　献

Harlow, H. F., Harlow, M. K., Dodsworth, R. O., & Arling, G. L. (1966). Maternal behavior of rhesus monkeys deprived of mothering and peer associations in infancy. *Proceedings of American Philosophical Society*, **110**, 58–66.

Harlow, H. F. (1971). *Learning to love.* San Francisco, CA: Albion．(浜田寿美男(訳)(1978). 愛のなりたち　ミネルヴァ書房)

Hayes, N. (1994). *Principles of comparative psychology.* Hove, UK: Lawrence Erlbaum Associates. (岩本隆茂（監訳）(2000). 比較心理学を知る　ブレーン出版)

Hess, E. H. (1959). Imprinting: An effect of early experience. *Science*, **130**, 133–141.

Lehner, P. N. (1996). *Handbook of ethological methods* (2nd ed.). Cambridge, UK: Cambridge University Press.

Mason, W. A. (1965). The social development of monkeys and apes. In I. DeVore (Ed.), *Primate behavior.* New York: Holt, Rinehart & Winston. pp. 514–543.

Sugiyama, Y. (1965). On the social change of hanuman langur (Presbytis entellus). *Primates*, **6**, 381–417.

Sugiyama, Y. (1966). An artificial social change of hanuman langur (Presbytis entellus) in the natural condition. *Primates*, **7**, 41–72.

杉山幸丸 (1980). 子殺しの行動学―霊長類社会の維持機構を探る―　北斗出版

Tinbergen, N. (1951). *The study of instinct.* New York: Oxford University Press.（永野為武（訳）(1975). 本能の研究　三共出版）

Tinbergen, N. (1963). On aims and methods of ethology. *Zeitschrift für Tierpsychologie*, **20**, 410–433.

3 知覚心理

　感覚は，外界の物理的刺激や自己内部の情報を感覚器官を通して受容する比較的単純な過程です。感覚は従来，視覚，聴覚，嗅覚，味覚，皮膚感覚に分けられ，五感とよばれてきましたが，最近では自己受容感覚（運動・位置感覚），平衡感覚や内臓感覚も加えて，8種類に分類されています。一方，知覚は，感覚情報が脳に伝えられ，そこでの高次な活動によって外界の事物や事象，あるいは自分の身体の状態を把握し理解する高次の情報処理過程です。ただ，感覚と知覚は連続的過程で，両者を厳密に区別するのは困難ですので，ここでは知覚という言葉を用います。また，「百聞は一見にしかず」ということわざが古くからありますが，視知覚の最も進化した私たち人間は，視知覚を通して外界の事物や事象を理解することが多く，感覚情報量の80％以上は視知覚からであるともいわれています。本書ではこの視知覚について述べていきます。

第1節　形の知覚

3.1.1. 図と地

　青空の中に白い雲が浮かんでいるとき，形をもって他と区別される部分（白い雲）を図（figure），それを囲む背景の部分（青空）を地（ground）とよびます。図はより明確に，あるいは手前に感じられたりします。このように図と地に分かれて見えることを図と地の分化といいます。

　図3-1はルビン（Rubin, 1921）の作製した「ルビンの杯」とよばれる有名な絵です。この絵を見ると，左右に向きあった黒い横顔，あるいは白い杯のいずれかに見えます。横顔に見えるときは黒い部分が図，白い部分が地に，逆に白い杯に見えるときは黒い部分が地，白い部分が図になっています。この絵では図と地の部分が交互に反転しますが，両方を同時に地として見ることはできません。このように図と地が入れ替わる図形を反転図形，あるいは，どちらにも見えるということで，多義図形ともよびます。多義図形としては，「若い女性と老婆」（Boring, 1930）や「アヒルとウサギ」（Jastrow, 1899）がよく知られてい

図3-1　ルビンの杯（Rubin, 1921）

(a)
若い女性と老婆（Boring, 1930）
若い女性にも老婆にも見えます。

(b)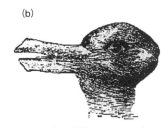
アヒルとウサギ（Jastrow, 1899）
アヒルにもウサギにも見えます。

図3-2　多義図形

ます（図3-2）。いろいろな見え方ができる「インクのしみ」図版を用いて，それが何に見えるかを答えさせることによって，その人の心の状態やパーソナリティを検査しようとするロールシャッハ・テスト (Rorschach Test) という投影法の心理検査もあります（第8章 p.102 の側注参照）。

ルビンは，図や地になりやすい要因として，①閉合の要因：閉じられた部分は図，開いている部分は地となりやすい，②内側の要因：内部になって見える部分は図，外部になって見える部分は地になりやすい，③狭小の要因：面積の小さい部分は図になりやすい，④相称の要因：相称と非相称の部分が交互にある場合，相称な部分が図になりやすい，⑤同じ幅の要因：同じ幅をもつ部分は図になりやすい，を挙げています。

図と地が分化する場合，図は形と輪郭をもつ必要があり，形と輪郭の知覚は密接に関連していますが，物理的に必ずしも明確な境界線がなくても輪郭を知覚できる場合があります。図3-3はカニッツァ（Kanizsa, 1976）の三角形とよばれている図形です。切れ込みのある黒い円とその間の折れ線の上に白い直立した三角形が浮かび上がって見えます。物理的には存在しない輪郭線が見える現象で，主観的輪郭とよんでいます。シューマン（Schumann,

---

ボックス　3　錯　視

　地平線近くの月は天頂にあるときの月よりも，15-30％大きく見えます。この月の錯視について，光学的解釈（光の屈折・拡散説），生理学的解釈（眼球，頭部，胴体の位置のような変数による）や幾何学的錯視解釈（見えの距離説：地平線の月は天頂の月よりも遠く見えるので錯視が生じる，大きさの対比説：天頂の月はその背景である空との間に著しい大きさの対比が生じ，月が縮んで見えるのに対して，地平線近くの空の大きさは視野の半分にしか過ぎず，空による月への対比効果は弱く，天頂の月ほどは縮まない）が唱えられましたが，決定的な立証はされていません。

(a) ミュラー・リヤー錯視
線分の両端に内向きの矢印をつけると短く，外向きの矢印をつけると長く見えませんか。

(b) オッペル・クント錯視
線分 ab と線分 bc は同じ長さですが，同じ長さを分割した線分 ab のほうが長く見えます。

(c) ツェルナー錯視
4本の縦線は平行ですが，右，左，どちらに傾いていますか。

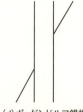
(d) ポッゲンドルフ錯視
2本の線分は一直線上にありますが，右上の線分は上にずれて見えませんか。

(e) ヘリング錯視
真ん中の2本の垂直線は平行ですが，湾曲して見えます。

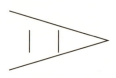
(f) ポンゾ錯視
2本の線分は同じ長さですが，右の線分が長く見えませんか。

1900）が最初に報告し，カニッツアによって取り上げられて以降，さまざまな図形が作成されました。主観的輪郭は面の形成，明るさの変化や重なり感が生じたりします。完結した図形のときには主観的輪郭は生じないので欠損している情報を補って完結化させようとする視覚系の働きと考えられます（石王，1997）。

図3-3　主観的輪郭（Schumann, 1904 ; Kanizsa, 1976）

3.1.2. 群　　化

図として知覚されるものは，まとまりをもったものとして知覚されることがあり，これを群化とよんでいます。特にできるだけ全体を簡潔なよい形として知覚する傾向をプレグナンツの法則（law of prägnanz）とよんでいます。ゲシュタルト心理学の創始者のヴェルトハイマー（Wertheimer, 1923）は群化の要因を次のように整理しています（図3-4）。

①隣接の要因　　距離の近いものは1つの形にまとまります。
②類同の要因　　色，形や大きさなどが似ているものはまとまります。
③閉合の要因　　閉じた領域をつくるものはまとまります。

このように錯視とは，視知覚された対象の性質や関係が刺激の客観的性質や関係と著しく食い違う場合をいいます。つまり月は地平線でも天頂でも同じ大きさですが，私たちは地平線と天頂の月の大きさを異なって知覚するわけです。錯視には，すでに紹介した反転図形，多義図形，対比効果や仮現運動以外に，勾配錯視（上り坂が下り坂に見えたり，逆に下り坂が上り坂に見えたりする現象で，屋島ドライブウェーが有名）や方向づけの錯視（空間の方角や位置の誤った知覚）や幾何学的錯視（平面図形の大きさ，長さ，距離，方向，角度，曲率，形態などの幾何学的性質が実際とは異なって見える現象）があります。ここでは代表的な幾何学的錯視を紹介しましょう。

（大石史博）

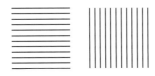

（g）ヘルムホルツ錯視
横縞の正方形と縦縞の正方形，横縞のほうが縦長に見えませんか。「縦縞の服のほうが細く見える」といわれますが，ヘルムホルツ錯視と矛盾するので謎です。

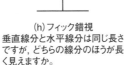

（h）フィック錯視
垂直線分と水平線分は同じ長さですが，どちらの線分のほうが長く見えますか。

（i）エビングハウス錯視
左右の中央の円は同じ大きさですが，左の円は大きく，右の円は小さく見えます。

（j）ジャストロー錯視
同じ扇形の図形ですが，右の方が大きく見えます。

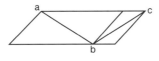

（k）サンダー錯視
線分abと線分bcは同じ長さですが，abのほうが長く見えませんか。

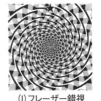

（l）フレーザー錯視
渦巻き模様に見えますが多重同心円です。
★の位置から指でたどってみると，もとの★の位置にもどります。

ゲシュタルト心理学

当時，優勢であったヴントを中心とした要素主義・構成主義の心理学に対する反証として，20世紀初頭，ドイツで提起された心理学派です。つまり，人間の精神を部分や要素の集合ではなく，全体性や構造に重点をおいて捉え，この全体性をもったまとまりのある構造をドイツ語でゲシュタルト（Gestalt，形態）とよぶことから，ゲシュタルト心理学とよばれました。知覚領域だけでなく，ケーラーは学習・思考領域でチンパンジーの研究を行い，『類人猿の知恵実験』を著しました。

④**よい連続の要因** 滑らかでよい連続を示すものはまとまります。

⑤**よい形の要因** 単純で，規則的で，対称的な形がよい形としてまとまります。

⑥**共通運命の要因** 一緒に動いたり変化したり，いわば運命をともにするものは1つにまとまって見えます。

①隣接の要因

②類同の要因

③閉合の要因

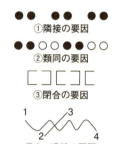
④よい連続の要因
1-4と2-3は連続して見えますが，1-3と2-4は連続して見えません。

⑤よい形の要因
3つの断片図形より，2つの図形（円形と正方形）と見てしまいます。

⑥共通運命の要因
3,4,5,あるいは9,10,11が同時に動くと，同じ動きの3つの図形はまとまって動いているように見えます。

図3-4 群化の要因

プレグナンツの法則によって，図形が平面図，あるいは立方体に見えることもあります。図3-5は4つとも立方体の図ですが，立体感には大きな違いがあります。Aは立体感をまったく感じず，Bはわずかに感じ，Cはかなり感じますが，Dは最も強く立体感を感じます。この違いもプレグナンツの法則によるものです。Aは平面として規則的で簡潔な形ですから平面に見え，Dは平面としては不規則な形であまりよい形でなく，立方体として見るほうがより規則的でよい形であるからです。BとCはその中間的性質をもっているため，平面にも立方体にも見えます。

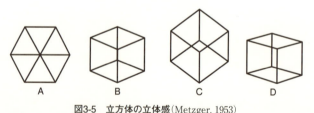

図3-5 立方体の立体感(Metzger, 1953)

第2節 知覚の恒常性

知覚対象はいつも同じ状態で存在しているわけではありません。現われたり消えたり，動いたり止まったり，あるいは明るさ，色や形も変化することもあります。また私たちが知覚対象に近づいたり遠ざかったり，真上，斜め，

あるいは，横から見たりすると，網膜に映る像は変化します。このような変化にかかわらず，私たちはいつも同じものとして知覚します。これが知覚の恒常性です。

3.2.1. 大きさの恒常性

眼から対象までの距離が大きくなれば，網膜に映る像の大きさは小さくなります。対象までの距離が2倍になれば，それに応じて網膜上の像の大きさも2分の1になりますが，実際はそれほど大きさが変化したとは感じません（図3-6）。大きさの恒常性は眼から対象物までの距離が変化しても，知覚さ

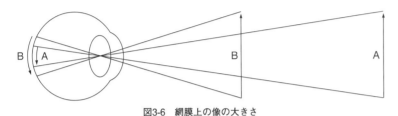

図3-6　網膜上の像の大きさ
眼から対象までの距離によって網膜像の大きさは変化します。
距離が2倍になると，網膜に映る像のAの大きさは1/2になります。

れる大きさはそれほど変化しない現象です。このような大きさの恒常性は対象までの距離がわかっている場合に起こり，対象までの距離が正確に判断できない場合には網膜像の大きさに基づいて知覚されやすくなります。たとえば，ある目標に向かって歩いている場合，もし目標までの距離が明確にわかっていると，目標は近くに感じられ，知らないと遠く感じることになります（図3-7）。

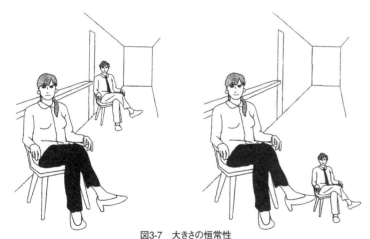

図3-7　大きさの恒常性
遠くにいる男性と近くにいる女性を見ていると，人物の大きさはほとんど変わらないと知覚します。ところが遠くの男性の画像を切り出して近くの女性の足もとに並べると，右図の男性のほうが非常に小さく見えます。

3.2.2. 形の恒常性

対象を見る角度が変化すれば，その変化にともなって網膜に映る像も変化しますが，対象を同じものとして知覚することができます。たとえば少し遠くから500円硬貨を見ると網膜像では楕円に映っていますが，やはり丸い円として知覚します。これが形の恒常性です。

3.2.3. 明るさの恒常性

　明るさは光の量に対する知覚で，光の量が多いと明るく，少ないと暗く感じます。ところが照明の強さ（光の量）に関係なく，白いものは白く，黒いものは黒く見えます。このような明るさの恒常性は，背景の明るさと対象の明るさの比率が変化しないために生じます。

第3節　対比効果

　私たちが知覚する対象は，その前に知覚した対象や周りを取り囲む刺激環境によって影響をうけます。刺激の特徴の差が縮小される方向で知覚される場合，たとえば灰色の紙片が少し黒い灰色のもとでは，黒っぽく見える現象を同化とよびます。反対に特徴の差が拡大され強調されて知覚される場合，たとえば同じ灰色の紙片が白地の上では黒っぽく，黒地の上では白っぽく知覚される現象を対比とよんでいます（明るさの対比，図3-8）。また緑の背景上の灰色が赤みを帯び，赤い背景上の灰色は緑がかって見える現象を色相対比といい，マグロの刺身に緑の大葉を添えて鮮やかな色に見せるのも対比効果を利用したものです。対比効果は視覚だけでなく，味覚，聴覚，触覚，嗅覚などのすべての感覚で起こります。たとえば甘みを増すために塩を加えるのも，味覚の対比効果を利用したものであり，静かな環境では大きく感じられた音も騒がしい場所では小さく感じられるのも聴覚の対比効果です。

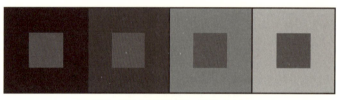

図3-8　明るさの同時対比（苧阪，1989）
真ん中の灰色の四角は同じ色ですが，周りの背景によってその色は変化し見えます。

第4節　奥行き感覚

　網膜に映される像は2次元の平面画像ですが，私たちは3次元の立体画像，すなわち，奥行きを知覚することができます。また，写真，絵画，映画，テレビなどの画像も2次元で表わされた平面画像ですが，奥行きを知覚できます。私たちが平面画像の中に奥行きを知覚することができるのは，何らかの情報を手がかりとして用いているからで，奥行き知覚の手がかりを，①単眼手がかりと②両眼手がかりに分類できます。

3.4.1.　単眼手がかり

　単眼手がかりは片方の眼だけで対象を見る場合にも利用できる手がかりで，網膜像の物理的要因で生じます。また，その多くは絵画で遠近感を出すために用いられていますので，絵画的手がかりともよばれています（図3-9）。
　①相対的大きさ　　大きいものは近くに，小さいものは遠くに見えます。
　②陰影　　陰影をつけると，立体感や奥行きを感じます。
　③重なり　　重なって覆われたほうが遠くに見えます。
　④きめの勾配　　きめが大きいと近くに，きめが細かいと遠くに見えます。

⑤線遠近法　　平行線は遠ざかるにつれてその幅は狭くなり，最後には1点に収束します。直線的な道路や線路の写真に見られるように，道路や線路の幅は距離に反比例して減少します。一般に平行線の映像が消点に集まること，および網膜像の大きさは観察距離に反比例することが，この線遠近法の基礎になっています。

⑥大気遠近法　　色彩や輪郭の鮮明なものは近くに，不明瞭なものは遠く感じられます。つまり遠景は近景よりも明瞭度が低下します。水墨画では山水の濃淡によって遠近感を表現します。

⑦運動視差　　動いている電車の窓から外の景色を見ているときに，立木を見たとします。その立木より手前にあるものは電車の動きと逆方向に，立木より遠方にあるものは電車と同じ進行方向に，動いているように感じられます（図3-10）。また映画やビデオ撮影でも同じ位置でカメラをズームするより，実際にカメラを移動しながら撮影したほうが奥行き感を表現できます。観察者や観察対象が動くときに生じる運動視差が奥行き知覚の手がかりになります。

図3-10　運動視差（八木, 1989）
真ん中の木を注視していると，それより遠方は電車の進行方向と同じ方向に，近いところは逆方向に移動します。

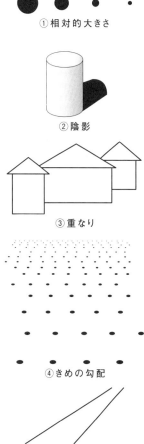

図3-9　奥行き知覚の絵画的手がかり

3.4.2. 両眼手がかり

両眼手がかりは網膜像以外の要因で生じます。また眼を動かすときの筋肉の緊張感，両眼網膜像の融合などの生理学的事象に関係しますので，生理学的手がかりともよばれています（図3-11）。

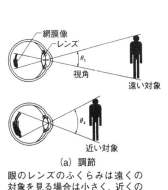

(a) 調節
眼のレンズのふくらみは遠くの対象を見る場合は小さく，近くの対象を見るとき大きくなります。

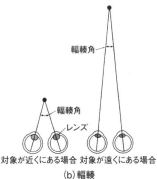

(b) 輻輳
輻輳角は，近くの対象を見る場合は大きく，遠くの対象では小さくなります。

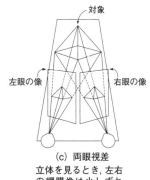

(c) 両眼視差
立体を見るとき，左右の網膜像は少しずれています。

図3-11　奥行き知覚の生理的手がかり

1) 調節　　カメラのピント合わせに相当します。カメラでは近くの被写体にピントを合わせるときには，レンズを前に出し，遠くのものにピントを合わせる場合にはレンズを後ろに下げます。人間の眼ではレンズに相当する水晶体の厚みを毛様筋の収縮によって変えて眼球の焦点距離を調節します。つまり，近くのものを見るときは水晶体の厚みが増し，遠くのものを見ると

きは厚みが薄くなります。この水晶体の厚みを変える毛様筋の収縮が奥行き知覚の手がかりとなります。ただ，この手がかりは単独では効果が少なく，また2mぐらいまでしか効果がありません。

2) **輻輳**　遠方を見るとき，両眼の視線はほとんど平行して前方に向かっていますが，近くのものを見るときは両眼の凝視点の方向に輻輳します。両眼の視線がなす輻輳角が大きくなるほど，目を動かす眼筋の緊張が強くなってきますので，これが遠近感の手がかりになります。ただ20m以上離れますと役立たなくなります。

3) **両眼視差**　両眼の瞳孔間の距離は約6cmで，それぞれの網膜に映る像はわずかに異なっています。これを両眼視差といいます。このわずかなずれを大脳で融合される際に立体感が生じます。一方の目を眼帯しますと，立体感をつかめなくなるのは，このためです。立体視できるステレオスコープや3D映画はこの原理を応用し，左右わずかにずれている像を見せることによって，立体感を生じさせます。

第5節　運動の知覚

カエルは飛んでいるハエを見つけて，すばやく舌をのばして捕らえます。動物は生存するために対象の動き（運動）に関する知覚は鋭敏です。ところがカエルは動かないハエに無関心，つまり形の知覚には鈍感で，運動の知覚と形の知覚は独立した過程なのです。

運動の知覚は実際運動と仮現運動に分けられます。実際運動は自動車のように動いているものを運動として知覚することですが，夜空の星や時計の分針のようにその動きがあまりに遅いとき，あるいは回っているコマや扇風機の羽根のように動きがあまりにも速いときも，運動を知覚することはできません。仮現運動は実際には動いていないのに動いたように感じられる現象で，狭義の仮現運動と，誘導運動，自動運動や運動残効といった広義の仮現運動とに分けることができます。

3.5.1.　狭義の仮現運動

仮現運動の研究がゲシュタルト心理学の出発点ともいわれ，ヴェルトハイマーは仮現運動を初めて実証的に説明しようとしました。

映画やアニメでは運動の諸段階を示す写真や絵をすみやかに，間を区切って継時的に示すと，連続的な運動が見られます。たとえば空間的に離れた2つの光点AとBを交互に点滅した場合，その時間間隔が極端に短ければ（約30ミリ秒以下）2つの光点は同時に見え（同時時相），長すぎる（約200ミリ秒以上）と2つの光点は別々に現われます（継時時相）。その中間の時間間隔（60ミリ秒程度）に調節すれば（最適時運動相），光点Aから光点Bへのなめらかな運動，すなわち仮現運動を知覚できます。この仮現運動をベータ（β）運動とよんでいます（図3-12）。また，その際に光点Bの光度を強くし，両刺激の中間点を凝視しながら観察すると，ベータ運動とは逆方向の運動が生じます。これがデルタ（δ）運動です。仮現運動にはこの他にアルファ（α）運動やガンマ（γ）運動があります。

アルファ（α）運動
ミュラー・リヤー錯視の外向図形と内向図形を同じ位置に交代に呈示すると，共通の主線部分はつねに同じ長さで，斜線部分だけが交代しているのに，主線部分も伸縮して見える運動。

ガンマ（γ）運動
輝度変化によって生じる膨張・収縮現象。たとえば暗室内で1つの光点を呈示すると，点灯時には中心から周辺部への光の拡散が，反対に消灯時には周辺部から中心への動きが見られます。

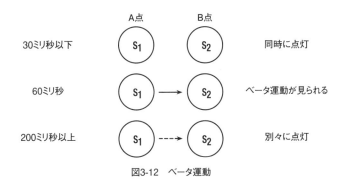

図3-12 ベータ運動

3.5.2. 誘導運動

誘導運動は，実際は静止している対象が運動している対象に誘導されて動いて見える現象です。雲の間を月が動いているように見えることがあります。この場合は実際に動いている雲が動いているように見えず，本当は静止している月が動いているように見えます。あるいは停車している電車に乗っているとき，隣の車線の電車が動くと自分のほうの電車が動いたと感じ，どきっとすることもあります。この場合，自分の身体が関係しているので，自己誘導運動とよびます。この原理を利用したのが遊園地のビックリ・ハウスです（図3-13）。実際は部屋のほうが回転しているのですが，自分がブランコに乗ったまま1回転したように錯覚します。

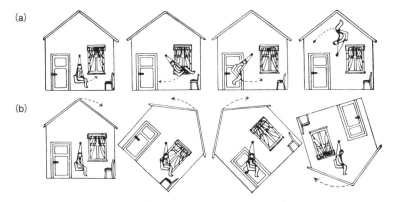

図3-13 ビックリ・ハウス（Metzger, 1953）
ビックリ・ハウスは，ブランコは静止し，家のほうが揺れて宙返りする仕掛けになっています。
(b)のように家全体をぐるっと回転させると，ブランコに乗っている人は(a)のように自分が回転するように感じます。

3.5.3. 自動運動

暗室内で静止している微小な光点をじっと見ていると，その光点は上下左右にいろいろの速さで動いて見えます。これを自動運動とよびますが，光点以外に何も存在しないことが前提条件です。光の線とか，点が近くに示されると，自動運動が減少し，さらに周囲の対象が見えるように照明すると，自動運動は完全に消えてしまいます。自動運動がどうして生じるかについては十分に解明されていませんが，眼球運動が関係しているようです。

3.5.4. 運動残効

　滝をしばらく眺めた後，滝のすぐ近くの木や岩に眼を移すと，木や岩が滝の流れとは逆の方向に動くように見えます。運動残効は動いている対象をしばらく眺めた後に，周囲の静止している対象を見ると，その静止対象が運動していた対象と逆向きに動いているように見える現象です。

文　献

綾部早穂・熊田孝恒 (2014)．スタンダード感覚知覚心理学　サイエンス社
Boring, E. G. (1930). A new ambiguous figure. *American Journal of Psychology*, **42**, 444–445.
ギブソン, J. L. (1985)．古崎　敬（他訳）　生態学的視覚論　サイエンス社
ホッホバーグ, G. (1981)．上村保子（訳）　視覚　岩波書店
今井四郎 (1986)．知覚の世界　北尾倫彦・小嶋秀夫（編）　心理学への招待
今井省吾 (1984)．錯視図形　サイエンス社
石王敦子 (1997)．知覚　北尾倫彦・中島　実・井上　毅・石王敦子（共著）グラフィック心理学　サイエンス社
Jastrow, J. (1899). The mind's eye. *Popular Science Monthly*, **54**, 299–312.
治部哲也 (2012)．知覚　美濃哲郎・大石史博（編）　スタディガイド心理学（第 2 版）　ナカニシヤ出版
Kanizsa, G. (1976). Subjective contours. *Scientific American*, **234**, 48–52.
カニッツァ, G. (1985)．野口　薫（訳）　視覚の文法　サイエンス社
鹿取廣人 (2013)．感覚・知覚　鹿取廣人・杉本敏夫・鳥居修晃（共著）　心理学（第 4 版）　東京大学出版会
リンゼー, P. H.・ノーマン, D. H. (1983)．中溝幸夫（他訳）　情報処理心理学入門Ⅰ　サイエンス社
リンゼー, P. H.・ノーマン, D. H. (1984)．中溝幸夫（他訳）　情報処理心理学入門Ⅱ　サイエンス社
メッツガー, W. (1953)．守永四郎（訳）　視覚の法則　岩波書店
宮本敏夫 (2002)．図解雑学：知覚と錯覚　ナツメ社
森敏昭 (2004)．感覚と知覚　無藤　隆・森　敏昭・遠藤由美・玉瀬耕治（共著）　心理学　有斐閣
中島義明（他編）(1999)．心理学辞典　有斐閣
仲谷洋平 (1993)．造形のための知覚論（Ⅰ）　仲谷洋平・藤本浩一（編）　美と造形の心理学　北大路書房
苧阪直行 (1989)．知覚　糸魚川直祐・春木　豊（編）　有斐閣
Rubin, E. (1921). *Visuell wahrgenommene Figuren: Studien in psychologischer Analyse.* Kopenhagen: Glydendalske Boghandel.
Schumann, F. (1900). Beiträge zur Analyse der Gesichtswahrnehmungen. Erste Abhandlung: Einige Beobachtungen über die Zusammenfassung von Gesichtseindrücken zu Einheiten. *Zeitschrift für Psychologie und Physiologie der Sinnesorgane*, **23**, 1–32.
Wertheimer, M. (1923). Untersuchungen zur Lehre von der Gestalt, Ⅱ. *Psychologische Forschung*, **4**, 301–350.
八木昭宏 (2003)．知覚　今田　寛・宮田　洋・賀集　寛（編）　心理学の基礎（三訂）　培風館

4 学習心理

第1節 「学習」とは

4.1.1. 心理学用語としての「学習」

1) **学習の定義**　皆さんは「学習」と聞くと何を連想されるでしょうか。学習塾や生涯学習なども含めて心理学の分野ではもう少し幅広い内容を含んでいます。毎日いろいろな刺激を受け経験をして、その結果私たちは新しい行動のしかたを身につけていきます。「学習とは、経験によって生じる比較的永続的な変化」のことをいいます。ここでの変化とは目に見える行動もあれば、目に見えない考え方や価値観、知識なども含まれます。

2) **学習と区別すること**　行動や考え方の変化が生じたとしても次のような事項は学習として扱われません。

①年齢的な変化：成長や成熟あるいは老化にともなって自然と生じるような変化

②生理的な変化：疲労や病気などによる体調や気分の変化

③飲酒や薬物による変化：摂取・服用による一時的な精神状態の変化

④精神的疾患による変化：うつ病や統合失調症などによる病的変化

3) **身近な学習の例**　それでは身近にありそうな学習の例をみてみましょう。

①クラブの先輩から繰り返し厳しく注意、叱責を受けた。するとそれまでとはちがって先輩の顔を見たり声を聞いたりするだけで恐ろしくなって逃げ出したくなるように変わった。

②これまではゼミ発表してもあまり評判はよくなかった。あるときパワーポイントを利用してゼミ発表をしてみると、たいへんわかりやすいと好評が得られた。そこで次からは必ずゼミ発表にパワーポイントを用いるように変わった。

また、学習は人間に限ったことではなく、イヌやネコ、ハトやタコなど動物についても認められています。イヌのしつけやイルカの芸なども学習の原理によっています。

4.1.2. 行動主義の心理学

心理学は心の学問とされますが、心そのものを直接的に見たり測ったりすることはできません。心の動き・変化を客観的な行動によって捉えるしかあ

りません。こうした観点からワトソン（Watson）は行動主義宣言を1913年に行いました。その要点は次の5項目にまとめられます。

①心理学は自然科学の1つとして，客観的，実験的な方法を重視すべきである。

②そのためには主観的な意識を自ら内観して分析するという方法を排除して，観察可能な行動（たとえば筋肉の運動や腺の分泌，心拍数など）のみを研究対象とすべきである。

③どのように複雑な行動であっても，刺激によって起こされた反応行動として理解される。

④ほとんどの行動は環境内の刺激に対して条件反射的に形成され，つまり学習されたものであり，生得的な行動はわずかしかない。

⑤人間と動物を区別する必要はなく，あらゆる動物行動に当てはまる図式を求める。

目に見えない心を客観的な行動に置き換えて解明しようという立場が行動主義です。さまざまな行動からパーソナリティまでも環境からの刺激とそれに対する反応という形で理解されます。ワトソンによれば，行動の単位は単純な刺激と反応の結合であって，繰り返された経験によって情緒的習慣，動作的習慣，言語的習慣が形成されることになります。たとえ思考のように行動としては観察できない精神作用についても，思考とは自分自身に話しかけることであり微小化された言語反応であるとして，ワトソンは行動に含めています。

第2節　古典的条件づけ

古典的条件づけと道具的条件づけ
スキナーは1930年代に自らの研究する条件づけがそれまでのパヴロフによる条件づけと異なるものであることを指摘してオペラント条件づけと命名しました。以前のパヴロフによるものはレスポンデント条件づけとよびました。「オペラント」は個体が自発的・能動的に環境に働きかける行為を，「レスポンデント」は刺激に対して受動的に応答する反射をそれぞれ表わすための言葉です。目的を達成するための自発的な反応を道具的反応といい，道具的条件づけとオペラント条件づけは類義語です。

4.2.1.　古典的条件づけの形成：刺激と反応の新たな結びつき

ワトソンの行動主義を成立させる背景にあったのが，パヴロフ（Pavlov）の条件づけの理論です。身近な事柄としては，梅干しのことを見聞きするだけで，実際に口に入れなくても唾液が出ることはよく知られているでしょう。この節の目的は，刺激−反応の関係を実験的に調べる方法や，ある反応とまったく関係のなかった刺激がどのようにしてその反応と結びつくようになるかを理解することです。

1904年，ロシアの生理学者であるパヴロフはイヌを用いて唾液分泌の研究をしていました。エサを運んでくる研究者の足音や食器の音が聞こえただけで，イヌが唾液を分泌することに気づきました。これを精神的な唾液分泌とよんで組織だった研究に取り組みました。実験の手続きは次のとおりです。

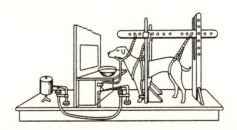

図4-1　古典的条件づけの実験状況（Yerkes & Morgulis, 1909；山内, 2011）

①まず準備として，防音室にイヌをハーネスで固定します。そしてイヌの口内の唾液腺に細い管をつないで分泌される唾液を取り出して唾液量を記録できるようにします。また肉粉を口中に送りこむ管もつけておきます。

②この通常状態でベルの音を聞かせると，イヌは耳をそばだてて音に注意を向けます。この状態では当然ながらまだ唾液は分泌されません。

③この音を聞かせることとは別に，イヌの口内に肉粉を入れてやると唾液が分泌されます。特殊な訓練がなくても肉粉は無条件に唾液分泌を誘発しますので，こうした肉粉を無条件刺激（unconditioned stimulus：US）とよびます。無条件刺激によって生じる反応を無条件反応（unconditioned response：UR）といいます。

④次に条件反応を形成する手続きに進みます。イヌにベルの音を聞かせながら，わずかに遅れて肉粉を口中に入れます。音とエサという2つの刺激をペアにして与えるこの手続きを対呈示といいます。

⑤音を聞かせて肉粉を口中へ入れるという対呈示を何回か繰り返し行います。

⑥いよいよ条件反応が形成されます。ベルの音と肉粉の対呈示を反復して受けたイヌは，やがてベルの音を聞くだけで肉粉がなくても唾液を分泌するようになります。

⑦こうなったとき，ベルの音は新たに唾液分泌を誘発する条件としての刺激となったので条件刺激（conditioned stimulus：CS）といいます。この条件刺激によって生じる唾液分泌は条件反応（conditioned response：CR）といいます。

無条件反応（UR）と条件反応（CR）はどちらも唾液分泌という同じ反応ですが，一方は生得的反応であり，他方は手続きの結果形成された反応であるため，厳密な意味では同一の反応ではないと考えられます。

整理すると，それまでは唾液分泌とまったく関連なかったベルの音ですが，条件づけの手続きによってベルの音による唾液分泌という新しい刺激と反応の関係が形成されたのです。新たな環境（刺激）との関連性を学習したものと考えられます。

行動療法
ワトソンは古典的条件づけの原理を行動異常に適用した例を1920年に報告し，その後1950年代初期に道具的条件づけの原理を精神病者へ臨床的に適用していたスキナーによって行動療法の定義がなされました。動物実験に基づいた学習理論を人間行動の修正に応用したものです。症状としての問題行動は誤った学習（条件づけ）の結果であるか，または必要な行動の不足のためであると考えます。よって内面の心理過程よりも表面の行動に焦点を当て，望ましくない行動を除去することが治療の目的とされました。

条件刺激（CS）と無条件刺激（US）の配置による古典的条件づけの種類
CSとUSの時間間隔や順序でつぎのような条件づけの種類が区別されます。
①遅延条件づけ：CSに遅れてUSが呈示される一般的な形式の条件づけです。
②同時条件づけ：CSとUSが同時に呈示されます。遅延条件づけに比べて条件づけは弱くなります。
③痕跡条件づけ：CSの呈示終了後，間隔をあけてUSを呈示します。
④逆行条件づけ：CSとUSの呈示順序を逆にします。条件づけの成立は困難になります。
⑤時間条件づけ：USのみが一定の時間間隔で呈示されます。CSなしでも条件づけが成立するのは，US呈示の時間間隔がCSとなっていると考えられます。

強化子の種類
呈示することで反応を増加させる，あるいは除去することで反応を減少させる働きをもつ「正の強化子」と，呈示することで反応を減少させる「負の強化子」とに分けて考えることができます。
　人間の場合には，食物など生理的満足をもたらすものだけでなく，同意や肯定を表わす身ぶりや，言葉によってほめることなども強化として機能します。

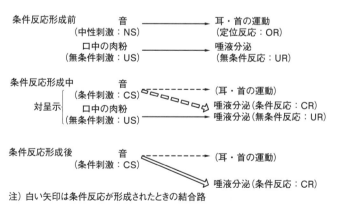

図4-2　古典的条件づけの形成過程（岩本・高橋, 1988）

4.2.2. 古典的条件づけに関連して
1）強化
古典的条件づけによって，新たな刺激と反応の結びつきが

形成されることがわかりました。この結びつきを強めるためにはどうすればよいでしょうか。つまり先ほどの例でいえば，ベルの音を聞かせてできるだけ肉粉の場合と同じような唾液分泌をさせるための方法です。このためには対呈示を繰り返せば繰り返すほど条件刺激と条件反応の結びつきを強めることができます。この対呈示のことを強化といいます。ただし，いくら強化を続けても本来の肉粉による以上の唾液を分泌させることは困難です。

2) **消去**　では次に成立した古典的条件づけを取り消すにはどうすればよいでしょうか。つまりベルの音を聞いただけで唾液を出すようになったイヌに対して，ベルの音を聞いても唾液を出さないようにする方法です。このためにはベルの音を聞かせても肉粉を与えなければよいのです。条件刺激のみを呈示して無条件刺激を中断するのです。この手続きを消去といい，これを反復すると徐々にベルの音に対する唾液分泌量は減少していきます。

しかし消去した後に，条件刺激を呈示したときに再び条件反応が出現する場合があり，これを自発的回復といいます。

3) **般化**　いったん条件づけが成立すると，そのときの条件刺激とよく似た刺激に対しても条件反応は生じます。たとえば，1分間に60回の拍子数のメトロノーム音を聞かせて条件づけを行った後に，それよりも回数を増減させた音を聞かせても唾液分泌は生じるのです。もとの刺激に近く似ているほど反応は強く，遠く異なるほど反応は弱くなります。

また図4-3には，イヌの太腿（図中の丸囲み数字㊿の箇所）に与える振動を条件刺激として条件づけをしています。条件づけが成立した後にイヌの各身体部位それぞれに条件刺激を与えたときの唾液分泌量が数字で示されています。はじめの刺激部位から離れるほど反応量の漸次的な減少が認められます。

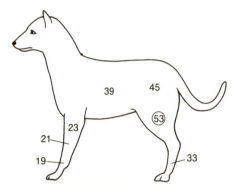

図4-3　イヌにおける刺激般化（Pavlov, 1927／邦訳, 1975）
CS：大腿への刺激　US：肉粉
図中の数字は唾液分泌量（CR）

4) **分化**　たとえ似たような条件刺激で般化が生じている状態であっても，そのうちの一方に強化の手続きを与え，もう一方には消去の手続き（無強化）を行うことを繰り返すと，無強化の条件刺激に対しては条件反応が生じなくなってきます。たとえば，1分間に60回のメトロノーム音に対して条件づけが成立しているとき，般化により90回の音に対してもある程度の反応は生じます。しかし無強化を続けると反応がほとんどなくなり，60回と90回の音に対する反応が弁別されたことになります。

5) **人間における古典的条件づけと般化の例**　実験的な状況で恐怖が条件づけられることをワトソンとレイナー（Watson & Rayner, 1920）が証明しました。9ヵ月になる幼児を対象にし，白いウサギを与えて慣れ親しませます。そうしておいてから，幼児が白ウサギに触れようとしたときに背後で鉄棒を金づちで激しく打ちつけます。幼児は突然の大きな音に驚き怖がります。この操作を何回か繰り返すと，幼児は今まで好きだった白ウサギを怖がり逃げるようになります。このようにして白ウサギと恐怖が結びつけられてしまうと，白い毛をもつ動物や白いひげ，白い綿など白ウサギと似た特徴をもつもの全般を怖がるようになります。これを刺激般化といいますが，私たちの好き嫌いや恐怖のルーツにはこうした般化が多くみられます。

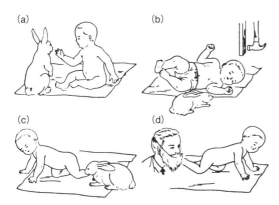

図4-4　恐怖の古典的条件づけと般化（Watson & Rayner, 1920）

味覚嫌悪学習
一般的にはCSの後にUSを対呈示することを反復することで条件づけは成立します。しかしある食物（CS）を食べた後にひどい嘔吐や下痢などの症状（UR）を体験すると，わずか1回のみの体験であってもその食物を避けるという学習が成立します。また，かなりの時間が経過してから症状が出たとしても学習が可能です。このことを味覚嫌悪学習といい，消去されにくい（その食物を長期間避け続ける）という特殊性をもちます。

意味般化
人間は日常生活で言語を使用するなかで単語の意味の類似性を学習して知っています。そこで大学生に「brown（褐色）」という単語を呈示して塩分を含んだスナックを食べさせて唾液の分泌を促します。この操作を反復してこの単語を見ただけで唾液が出るように条件づけます。そして「tan（黄褐色）」と「beige（ベージュ）」という単語を呈示します。すると「tan」を呈示したときのほうが「beige」呈示のときより唾液の分泌量は多くなります。「tan」は「beige」よりも「brown」に近い意味（近似した色）であるためだと考えられます。

セミを怖がる女性の話を詳しく聞いていくうちに，夏の森の中で不慮の事故に遭ったことが判明した事例もあります。事故の恐怖・苦痛とセミの鳴き声が結びついたものと考えられます。

なお，人間を対象とした研究ではイヌのように取り扱うことはできないので，眼瞼反応を無条件反応とすることがあります。イヤホーンからの聴覚刺激と，眼の角膜に吹きつけられる空気とを組み合わせて条件反応を形成します。

第3節　道具的条件づけ

4.3.1.　道具的条件づけの形成：特定の行動を強化する

　行動には，肉粉によって唾液を分泌するような生得的な行動と，自らの意思による自発的な行動とがあります。アメリカの心理学者スキナー（Skinner）は，自発的な行動に注目して，古典的条件づけとは異なるタイプの条件づけの研究を行いました。具体的な実験手続きは次のとおりです。
　①実験用のスキナー箱にネズミを入れて環境に慣れさせておく。
　②箱の壁面にレバーを取り付け，押し下げるとペレット状のエサが1粒食物皿に放出されるようにする。
　③空腹状態におかれたネズミはこの箱の中でさまざまな行動をとるが，やがて偶然にレバーを押し下げる。
　④するとエサが食物皿に与えられるので，ネズミはエサを食べる。
　⑤また偶然にレバーを押したときに，エサが出てきて食べる。
　⑥こうしてネズミのレバー押しのたびにエサを与えると，レバーを押す行動の頻度は実験当初よりも目立って多くなる。
　以上のプロセスを簡略に図示したのが図4-6です。レバー押し行動は以前からあった行動ですが，この条件づけによって以前より頻繁に生じるようになったのです。

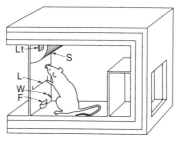

Lt：照明
L：レバー
W：水の出る口
F：食物皿
S：スクリーン

図4-5　ネズミ用のスキナー箱（Skinner, 1938）

実験神経症
イヌに完全な円形の刺激を呈示してエサを与え、楕円の呈示ではエサを与えないでおくと、イヌは円形と楕円の刺激を弁別できるようになります。そうしておいて楕円を徐々に円形に変形させていくと、やがてイヌは両刺激の弁別が困難になり、この実験状況で吠えたり暴れたりする興奮状態を示すようになります。こうしてつくられた情動的混乱を実験神経症とよびます。

図4-6 道具的条件づけの図式

4.3.2. 道具的条件づけに関連して

1) **強化** さきの例でのレバー押し行動のように、ある特定の行動の出現頻度を高めるためには、レバー押しの後に必ずエサを与えるというように、その行動に続けて報酬（強化子）を与えることです。つまり条件反応に無条件刺激を随伴させればよいのです。この手続きを道具的条件づけにおける強化といいます。

2) **消去** 条件づけされた特定の行動の出現頻度を下げるためには、レバーを押してもエサを与えないことです。レバー押しでエサをもらえなくなったネズミはだんだんレバーを押す回数が少なくなっていきます。つまり強化の逆で条件反応に無条件刺激を随伴させなければよいのです。ただし偶然にせよ本来からあった行動ですからまったく生じないようにすることはできません。

消去と表現されますが、実際にはさきの学習が消失したのではなく、レバーを押してもエサが出なくなったことを新たに学習したと考えるべきでしょう。

3) **道具的条件づけの応用** レバー押しでの条件づけの例を示しましたが、条件づけたい行動は実験者が任意に選択することができます。その動物にとって一般には低い頻度でしかみられない行動であっても、その行動をとったときに報酬を与えてやることで可能になります。図4-7は、ひもを引っぱると扉が開いて外に出られるようにしてある箱にネコを閉じ込めた場合の問題実験の例です。条件づけ初期では、ネコはさまざまな行動をとっています。ときおり偶然にひもを引いて外部への脱出に成功します。それを何回か経験すると、ネコはすぐにひもを引いてたやすく外へ出るようになります。同様にニャーニャー鳴いたときに扉を開けてやるようにしておけば、そのネコをよく鳴くようにできます。

強化スケジュール
道具的条件づけのプロセスで1回の反応ごとに強化を与えるという方法以外にも強化のやり方（強化スケジュール）があります。
①定率強化：毎回、あるいは5回目ごと、20回目ごとのように一定数の反応を繰り返すごとに強化を与えます。
②変率強化：それぞれランダムな反応回数後に強化を与えます。
③定時隔強化：ある反応をして強化を受けた後、一定の時間が経過してそれ以後になされた最初の反応に強化を与えます。
④変時隔強化：定時隔の設定時間間隔をランダムに変動させる強化スケジュールです。

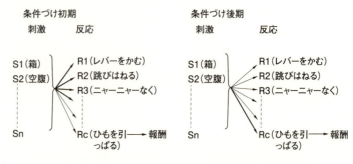

図4-7 道具的条件づけの初期と後期の行動傾向の変化（関口・岡市, 1987）

イルカやクマなどの動物の芸はこの原理に沿って訓練するわけです。しかし期待する行動を動物がいつ偶然にとるかを動物任せにしていては条件づけがなかなか進みません。そこでもっと積極的に条件づけを進める手法にシェイピング（shaping）があります。最終目標までの行動を段階的に細かく区切って，各行動ごとに強化をつないでいけば目標行動に到達しやすくなります。

4）人間における道具的条件づけの例　この原理に従えば人間も動物の場合と大きなちがいはありません。子どもが勉強や手伝いをして菓子をもらったりほめられたりすると，また同じように行動しようとするでしょう。スポーツで練習して勝利すると，また次の勝利を目指して練習に励むでしょう。いたずらをして厳しく叱られたりすればそれ以後そのいたずらをすることは少なくなるでしょう。人間の場合もこのようにある行動に引き続いて，快あるいは不快な刺激を与えることで行動傾向は変化させられるのです。

ある行動に続いていつもすぐに強化が与えられるとは限りません。社会生活の中では，一定の，あるいはランダムな時間間隔や反応回数によって強化が与えられることがしばしばです。

シェイピングの実際例
スキナー箱の中でネズミが自発的にレバーを押す行動を促進させる場合の手続きはつぎのようです。
①ネズミがまずレバーのある方向を向いただけでクリック音（エサの放出を知らせる）を聞かせてエサを与える。
②つぎに後ろ足で立ちあがった姿勢（レバーを押せる姿勢）をとったときにクリック音とエサを与えます。
③そうするとレバーの方を向いて後ろ足で立つ行動が増加してきます。
④その姿勢でレバーに近づいたときにクリック音とエサを与えます。
⑤やがて前足をレバーにのせて押し下げる行動が出現するので，エサを与えます。
このように段階的に，より短期間でレバー押し行動を強化するのです。

第4節　社会的学習

4.4.1.　社会的学習とは

これまでの2つの条件づけでは，対象が直接的に刺激・反応を経験するものでした。しかし自分自身が直接経験したことから学ぶだけではなく，他者の経験を間接的に見聞きすることで成立する学習もあります。直接経験に対して代理経験を通じてなされるもので社会的学習といいます。すなわち他者をモデルとしてなされる学習です。

ミラーとダラード（Miller & Dollard, 1941）はモデルと同一の行動をとったなら強化が得られるという学習の原則によって模倣が成立することを確かめました。模倣学習は，基本的な4つの要因として，動因，手がかり，反応，報酬が満たされれば成立します。

一方，強化とは無関係に，モデルの行動をただ観察するだけで成立する学習もあり，これを観察学習として，模倣学習とは区別することができます。

4.4.2.　観察学習

モデルの行動を見るだけで成立する観察学習の例をバンデューラとロス（Bandura & Ross, 1963）の研究からみてみましょう。図4-8の上列では大人のモデルが風船様のおもちゃに乱暴な行動をとっています。これらの場面を子どもに見せると，その後子どもにも同じような乱暴な行動が出現するようになります。この場合モデルとなるのが実際の人間でなくても，それを映したフィルムであっても，アニメーションであっても観察学習は認められます。また，イヌを怖がる子どもにテレビで仲間の子どもがイヌと遊んでいるところを見せると，その後イヌに触れたり遊んだりできるようになります。観察学習によって行動の習得と消去が可能になるのです。

ボックス　4　学習性無力感：あきらめたら，おしまいです。

　私たちがスポーツでも勉強でも就職活動でもがんばって行えるのは，能力や知識や体力が備わっているからだけではありません。「やればできるだろう，なんとかなるだろう」という見通しや期待・希望があるからこそがんばれるのです。このことをセリグマン(Seligman, 1975)の実験は示しています。

　イヌを用いた実験で，まずイヌをひもで固定して動けない状態にします。床には電気ショックを流すグリッドを設置しておきます。そうして電気ショックを流すとイヌは身動きできないので，ただ電気ショックを受けるしかありません。イヌにこの体験をさせる手続きを前処置とよびます。前処置によってイヌの足腰などの筋肉や神経には損傷は生じていません。

　次に，前処置を受けたイヌのひもを解いて，シャトル箱という2つの部屋に仕切られた装置に入れます。仕切りといっても低いものでイヌが楽々と越えられる高さしかありません。シャトル箱の2つの部屋にはそれぞれランプと電気ショックを送るグリッドが床に仕込まれています。一方の部屋のランプが点灯して数秒後にその部屋の床のグリッドに電気が流れショックが与えられます。その数秒間に隣の部屋にうまく移動すれば電気ショックを受けなくて済みます。

　前処置を経験したイヌは，簡単に移動して電気ショックを逃れられるシャトル箱の事態であっても，電気ショックの部屋にうずくまってしまい動こうとしないのです。そのイヌはまるで自分にはどうすることもできないと諦めてしまっているように見えます。

　一方，前処置を経験していないイヌの場合は，初めのうちはシャトル箱の中でランプ点灯と電

図4-8　観察学習による攻撃行動(Bandura et al., 1963)

4.4.3. 模倣学習

　観察するだけでなく自分自身も実際にまねて行いながら，望ましい動作や技能を身につける学習方法です。技能習得や問題解決の状況において，モデルと同一の行動をとって強化を受けることができれば模倣は成立します。

　また，単純にモデルの行動を追従するのではなく，モデルが習得や解決のために何を手がかりにしているかを学習することができれば，モデルなしの単独でよりうまく状況に適応可能となります。たとえば，目標地点までの経路を覚えるときに，モデルの後についていくだけでもたどり着くことはできます。一人になってもなんとか到達できるかもしれません。しかしモデルがコースを選択して進むときに何を目印にしているのか，どのような道筋の覚え方をしているのかという部分を模倣により学習しているならば，自分ひとりでも迷うことはなくなるでしょう。

攻撃性とテレビの影響
男女の幼児に対して，銃撃シーンなどの暴力的場面の多いテレビ番組と，陸上競技のテレビ番組を見せた後，その行動を比較した実験があります。結果は幼児の年齢，性別を問わず，暴力的場面のテレビを見たほうが，攻撃的な欲求や意図が高まることが確認されました。見たままの行動を直接そのまま模倣するのではなく，攻撃性という傾向が幼児の心に植え付けられたものと解釈されました (Liebert & Baron, 1972)。

気ショックの関連がわからないため電気ショックを受けます。しかしなんとか電気ショックから逃れようとして箱の中であばれ動き回ります。しかしやがて隣の部屋に移動すれば電気ショックを回避できることを学習して，ランプの点灯を見るとすぐに隣の部屋に移動して電気ショックを避けることができるようになります。

　前処置を受けたイヌは，電気ショックがきても自分の力ではどうすることもできないという無力感を学習したと考えられ，セリグマンはこのことを学習性無力感（learned helplessness）と名づけました。ここで留意すべき点は，前処置を受けた後のイヌも受けていないイヌも身体的な運動機能には差がないということです。前処置を受けて学習性無力感に陥ったイヌもシャトル箱の扉を開けてやるとイヌは歩いて外へ出ます。すなわち両者のちがいは心理的な要因によるもので，自分にはこの事態をどうしても解決する力がない，何をやってもダメだという無力感が学習されたかどうかに関わっているのです。

　また人間を対象にした実験からも，困難な環境・事態を自分の行為で変えられると信じている人は無力感に陥りにくいことが示されています。

　人間は失敗ばかり繰り返し経験し，その原因が偶然や他人のせいではなく，自分の能力や努力の不足にあると受けとめると学習性無力感に陥りやすくなります。失敗というほどでなくても，自分の発言や行動が無視されたり拒否されたりし続けると，自分の行為は何をやっても無効だと思い込むようになります。無力感は自発的・積極的な行動を抑制し，成功体験の機会を奪うことにつながります。失敗にばかり意識を集中しないで，小さく簡単なことであっても成功体験を積んで自分を信じることで無力感から抜け出しましょう。

〔吉川　茂〕

文　献

Bandura, A., & Menlove, F. L. (1968). Factors determining vicarious extinction of avoidance behavior through symbolic modeling. *Journal of Personality and Social Psychology*, **8**, 99–108.

Bandura, A., Ross, D., & Ross, S. A. (1963). Imitation of film-mediated aggressive models. *Journal of Abnormal and Social Psychology*, **66**, 3–11.

藤永　保（監）(2013). 最新心理学事典　平凡社

今田　寛 (2011). 学習の心理学　培風館

岩木隆茂・高橋雅治 (1988). オペラント心理学　勁草書房

実森正子・中島定彦 (2009). 学習の心理　サイエンス社

Liebert, R. M., & Baron, R. A. (1972). Some immediate effects of televised violence on children's behavior. *Developmental Psychology*, **6**, 469–475.

Miller, N. E., & Dollard, J. (1941). *Social learning and imitation*. New Haven, CT: Yale University Press.（山内光哉・祐宗省三・細田和雅（訳）(1956). 社会的学習と模倣　理想社）

西川隆蔵・善明宣夫・吉川　茂・西田仁美・大石史博・神澤　創 (2005). 新自己理解のための心理学　福村出版

能見義博（編）(1982). 学習心理学　大日本図書

Pavlov, I. P. (1927). *Conditioned reflexes*. London: Oxford University Press.（川村　浩（訳）(1975). 大脳半球の働きについて上・下　岩波書店）

関口茂久・岡市広成 (1987). 行動科学としての心理学　ブレーン出版

Seligman, M. E. P., & Maier, S. F. (1967). Failure to escape traumatic shock. *Journal of Experimental Psychology*, **74**, 1–9.

篠原彰一 (2011). 学習心理学への招待（改訂版）　サイエンス社

Skinner, B. F. (1932). On the rate of formation of a conditioned reflex. *Journal of General Psychology*, **7**, 274–286.

Skinner, B. F. (1938). *The behavior of organism*. New York : Appleton.

辰野千寿 (1994). 学習心理学　教育出版

VandenBos, G. R. (2007). *APA dictionary of psychology*. Washington, DC: American Psychological Association.（繁桝算男・

四本裕子（監訳）（2013）．APA心理学大辞典　培風館
ヴァツーロ, E. G.（著）住　宏平（訳）(1963)．パブロフ学説入門：大脳生理と精神活動　明治図書
Watson, J. B., & Rayner, R. (1920). Conditioned emotional reactions. *Journal of Experimental Psychology*, **3**, 1–14.
山内光哉（編）(1978)．学習と教授の心理学　九州大学出版会
山内光哉・春木　豊（編著）(2011)．グラフィック学習心理学　サイエンス社
Yerkes, R. M., & Morgulis, S. (1909). The method of Pavlov in animal psychology. *Psychological Bulletin*, **6**, 257–273.

5 思考・記憶心理

　私たちが考え判断することには，正しく妥当な場合もあれば，誤っていて不適切な場合もあります。人間の思考の特徴はどのようなところにあるのでしょうか。私たちはさまざまな問題を考えてなんらかの答えを出しますが，その過程については普段ほとんど意識を向けていません。ここでは，思考を推論と問題解決の2つに大別して考えていきましょう。それと意思決定についても解説します。

　推論とは，与えられた情報に処理を加えることで新しい情報を作りだすことで，演繹と帰納という2つの様式に分類されます。問題解決とは，今ある現状とこうなればよいという目標とが一致していない問題状況に操作を加えて解決を図ることです。意思決定は，いくつかの選択可能なものから1つを選び出す思考過程をいいます。

第1節　演　繹

　与えられた前提を正しいとしたときに，論理的に正しい結論を導くときの推論を演繹（deduction）といいます。三段論法と条件文について多くの研究がなされています。

5.1.1. 三段論法

　三段論法は，2つの前提と1つの結論による3つの文からなります。たとえば，次の例のようです。

　　例1：すべての生物には寿命がある。
　　　　　<u>ウサギは生物である。</u>
　　　　　したがって，ウサギには寿命がある。

　　例2：すべてのトラは肉食動物である。
　　　　　<u>どのヒツジもトラではない。</u>
　　　　　したがって，いくらかの肉食動物はヒツジではない。

　例1も例2も論理的に正しいです。しかし例2の理解はややむずかしく，内容を抽象的な語や馴染みのない話題にすると考えるのが困難になります。

思考スタイル

知能の使い方の個人的な好みを思考スタイルとしてスタンバーグ（Sternberg, 1997）はまとめています。性格的な要素も含まれます。

①機能に関して，立案型（創造，発明など個人独自のやり方），順守型（指示どおり，定形的なやり方），評価型（論評など人や物事を判断・評価する）。

②形態に関して，単独型（一度に1つのことに集中する），序列型（時間・労力の優先順位を決めて同時に取りかかる），並列型（優先順位は決めないで同時に取りかかる），任意型（制度や指針など制約を嫌い，順序なしに取り組む）。

③水準に関して，巨視型（全体や一般的，抽象的なことを取り扱う），微視型（詳細や特殊・具体例などを取り扱う）。

④範囲　独行型（内界に集中し独りで活動する）。協同型（外界に集中し他人と活動する）。

⑤傾向　革新型（従来とは異なるやり方に挑戦する），保守型（慣習に従った定着したやり方を保つ）（松村，2003）。

思考と外的資源

私たちが思考するとき，自らの脳だけを頼りに問題解決に臨むことは少ないでしょう。自分以外の外部の資源も活用するはずです。コンピュータなどの認知的人工物とよばれる道具を使ったり，頭の中の考えをメモや図を用いて思考したりします。複数の人間で取りかかる他者との協同も外的資源の活用です。

　さて他者との協同に関して，一人単独で問題を解決する「単独条件」より，複数の人間がそれぞれ独立して解決にあたる「独立条件」のほうが成績は良くなります。複数の人間が相互作用し協同しながら解決する「協同条件」では問題によっては好成績の場合もありますが，「独立条件」に劣ることが多いようです。ときには，取組み体制を考える必要があります（三輪，2006）。

5.1.2. 条件文推論

条件文の代表的な推論はつぎの4種類あります。

① 肯定式
　もしpならばq
　pである
　─────
　qである

② 前件否定
　もしpならばq
　pでない
　─────
　qでない

③ 後件否定
　もしpならばq
　qである
　─────
　pである

④ 否定式
　もしpならばq
　qでない
　─────
　pでない

4つの条件文のうち，正しいのは①，④のみで，②，③は誤りですが，人間はそれらも正しいと推論してしまうことがよくあります。

ウェイソンの選択課題という大学生でも正答率の低い有名な問題が図5-1にあります。

【問題】片面に文字,別の面に数字が書かれた4枚のカードがある。「もしあるカードの片面に母音が書かれているならば，別の面に偶数が書かれている」という規則が守られているか見るためには，どのカードを裏返して調べる必要があるか。

[A]　[K]　[4]　[7]

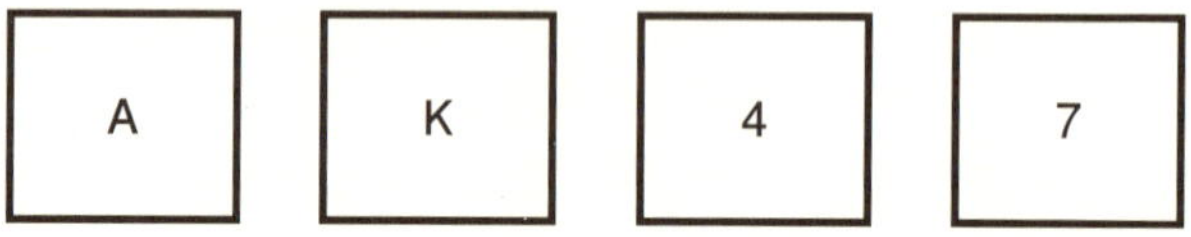

図5-1　ウェイソンの4枚カード問題 (Wason, 1966)

正解はAと7のカードを選択すればよいのですが，Aと4を選択したりAのみを選択したりする誤りが多く認められます。条件を「母音の裏が偶数かつ偶数の裏が母音である」という双条件文として解釈したための誤りであるとも考えられますが，それならば確認のため4枚すべてを選択しなければならないことになります。

論理構造は同じであっても内容が異なると正答率が上昇する場合が図5-2です。

「未成年はお酒を飲んではいけない」との社会的規範があるため，未成年（16歳のカード）がビールを飲んでいるかどうか裏返して調べる必要があると思いつきやすくなるのです。そして22歳であれば飲んでも飲まなくても自由ですから確かめる必要はないと気づきやすいのです。これを実用的推論スキーマ（Cheng & Holyoak, 1985）といいます。

【問題】片面に飲んでいるもの,別の面には年齢が書かれた4枚のカードがある。「もしビールを飲んでいるならば，20歳以上でなければならない」という規則が守られているか調べるためには，どのカードを裏返して調べる必要があるか。

[ビールを飲んでいる]　[コーラを飲んでいる]　[22歳]　[16歳]

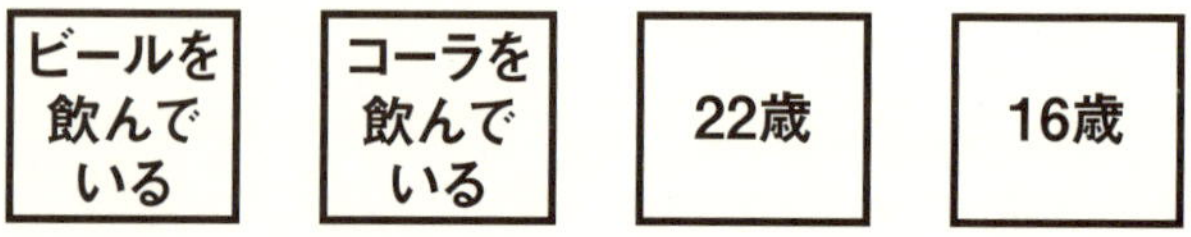

図5-2　内容を変更した4枚カード問題

特殊な4枚カード問題

人間の推論過程を理解するのがむずかしいことを示す例題が紹介されています（Johnson-Laird & Tagart,1969；服部，2006）。
【問題】ここに文字と数字が片面ずつに書かれたカードが何枚かあります。「もしカードの片面にAがあるならば，もう一方の面に3がある」という規則に照らし合わせて，それぞれ「真」，「偽」，「無関係」のどれになるか分類してください。
【解説】たとえば「A5」（Aの裏が5）カードは正しく「偽」に分類されますが，論理的には真の「K8」や「B3」では80％ほどの実験参加者が「無関係」と分類します。この2枚を「無関係」とすることも不思議ですが，特に「B3」を「無関係」とするのなら，なぜウェイソンの4枚カード問題において，4のカードを裏返して確かめようとするかを説明できなくなります。

第2節 帰　納

5.2.1. 帰納推論

　帰納（induction）とは，観察された事項（事実や属性）をもとにしてそれらの類似点や共通する特徴をまとめあげて，カテゴリー全体に当てはめて一般化することです。具体的な例は次のようです。

　　例　日本人の血液は赤い。
　　　　フランス人の血液は赤い。
　　　　ドイツ人の血液は赤い。
　　　　よって，世界の人々の血液は赤い

　帰納推論は3つの段階として理解できます。①いくつかの事例について観察したり情報を得たりする（日本，フランス，ドイツの人々の血液の色を知る）。②得られた事例の特徴から，一般的な仮説を形成する（3ヵ国の人々の血液が赤いことから，世界中の国の人々の血液は赤いという仮説を立てる）。③立てた仮説が正しいかどうかを，さらに観察して得られた情報と比較して検討する。その結果をもとに，仮説を保持するか，修正するか，棄却するかを判断する（インド人の血液も赤いという観察があった場合，仮説は保持される）。

5.2.2. 仮説の検証と確証バイアス

　人が仮説を検証する際に陥りやすい傾向が認められています。いったん立てた仮説を確かめるときに，それを支持する例にばかり注目し，支持しない例を無視しがちになるのです。ウェイソン（Wason, 1960）の「2-4-6課題」という有名な実験があります。

　ある規則で並べられた「2-4-6」という数列が，どんな規則で並べられたものかを推理して当てる課題です。解答の規則というのは単純な「増加数列（大きさの順に並ぶ3つの数）」なのですが，実験参加者はあれこれと自分で複雑な仮説（「真ん中の数が他の数の平均である」など）を立てて該当すると思う数列の例を考え実験者に申告します。そう考えた理由も書き留めておきます。数列の例が実験者の規則に合致しているかどうかだけの答えが参加者に返されます。このやりとりを繰り返して，規則についての確信がもてたときに今度はその規則を報告し，規則そのものが合致しているかどうか判定されます。誤りの場合は正解に至るまで，例の呈示と確信のもてた規則の報告を続けます。実験参加者は自分の立てた仮説を確証するような証拠ばかりを呈示して誤り続ける傾向がみられました。反証となるような，たとえば「6-4-2」や「4-4-4」を呈示してみることはなかなか表われませんでした。仮説を検証するときに，人は反証的な証拠よりも仮説にあった確証的な証拠を探し求めることがわかりました。別な見方をすれば，人間は自分に都合のよいことばかりに意識を集中しやすいといえるでしょう。

```
【2-4-6問題】
3つの数(2,4,6)の数列は、どんな規則をもった数列か。
数列の例をあげて、規則を検証せよ。
```

参加者の行動		実験者の反応	
例にあげた数例	理由	例が正しいかの反応	結論への反応
8 10 12	毎回同じ数をたす	イエス	
14 16 18	大きさの順に並ぶ偶数	イエス	
20 22 24	同じ理由	イエス	
1 3 5	前の数に2をたす	イエス	
結論:「スタートはどんな数でもよくて、毎回2をたして次の数をつくる」			(誤りです)
2 6 10	真ん中が他の数の平均である	イエス	
1 50 99	同じ理由	イエス	
結論:「真ん中の数が他の数の平均である」			(誤りです)
3 10 17	毎回7をたす	イエス	
0 3 6	毎回3をたす	イエス	
結論:「2つの数の差が同じである」			(誤りです)
12 8 4	毎回同じ数をひく	ノー	
結論:「同じ数をたして次の数をつくる」			(誤りです)
1 4 9	大きさの順に並ぶ何でもよい3つの数	イエス	
結論:「大きさの順に並ぶ3つの数」			(正解です)

図5-3 「2-4-6」問題と仮説検証例(女性:大学1年生)

5.2.3. 概念

私たちは外界や精神のさまざまな事物や現象に名前をつけて切り取って分類しています。分類したグループを概念（concept）といいます。分類の仕方により、概念には階層構造（たとえば、生物-哺乳類-イヌ-柴犬）がみられます。また概念の構造については多くの心理学的モデルが提案されています。

1) **定義的特性モデル** その概念の事例はすべてその特性をもち、かつその特性をもつ対象は必ずその概念の事例であると考えるモデルです。しかしこのモデルでは、イヌとオオカミやキツネを区別することが困難です。

2) **プロトタイプモデル** あるカテゴリー内の多くが共通にもっている特徴を典型（プロトタイプ）としてあらかじめ形成しておいて、それとの類似度によりその概念に含まれるかどうかを判断するというモデルです。

3) **事例モデル** プロトタイプモデルのように典型を想定することなく、その人が知っている個々の事例の総和がその概念を構成するというモデルです。「日本人」とは自分のこれまでの経験や知識としての「日本人」の総和であると考えます。

4) **理論に基づくモデル** 表面的な類似性によってカテゴリーは形成されるのではなく、なんらかの理論、意味づけなどが存在するというモデルです。イルカとサメは見かけ上は似ていて、イルカとネコは似ていません。しかし理論的な枠組みでもってイルカとネコは同じ哺乳類に分類されます。

私たちのもつ概念の形成や構造に多くの説があるということは、私たちの概念が完全に固定的なものでなく曖昧なところがあり、そのことによって柔軟に用いることができているのかもしれません。

第3節 問題解決

5.3.1. アルゴリズムとヒューリスティクス

問題解決とは、現状と望ましい目標事態とのくい違いを解消することです。問題を解決する際にその手順に従えば必ず問題が解けるものをアルゴリズム

(algorithm）といいます。四則演算のように手順さえ間違うことがなければ確実に解けますが，なかにはアルゴリズムのわかっていない問題も多くあります。どのようにして解いてよいかわからない問題に直面したとき，人間はうまくいきそうな大まかな方針を立てます。必ずしも正しい解決方法であるとは限りませんが，問題解決に向けて適切な方向に導く知識をヒューリスティクス（heuristics）といいます。ヒューリスティクスはある特定の問題にしか適用できないのではなく，あらゆる問題に適用可能です。問題が複雑であったり，膨大すぎたりしたとき，問題をより小さな部分に分けたり，目標から逆にたどって考える逆行作業などがあります。とりあえず目標に近づきそうなあたりに見当をつけてみるやり方です。

5.3.2. 創造的問題解決

通常の解決方法では解決できず，新たな方法を要する創造的問題解決について考えてみましょう。別の面から捉えると，これまでの解決方法に慣れ，こだわることが解決の妨げになるともいえます。図5-4 は「9点問題」とよばれるものです。4本の直線でこれら9点を一筆書きで結ぶ問題です。外側の点を正方形の枠として認知してしまうと解けません。この枠から延長してはみ出して線を引けば正解できます。自分の思考に枠をはめ制約を課すことで解決を難しくする一例です。正解に至るためには制約を緩和することが必要ですが，科学・芸術分野全般における創造性においても，意識的統制を緩める一時的部分的な退行が重要であるとされます。

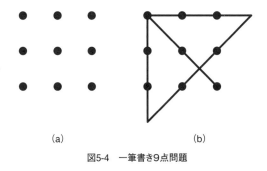

(a)　　　　　　(b)

図5-4　一筆書き9点問題

ヒューリスティックの例

私たちはコインを投げたとき裏表が出る確率は2分の1であることを知っています。しかし，「連続して5回オモテが出た。つぎに出るのはオモテかウラか？」と問われると「きっとつぎくらいにはウラが出そうだ」と判断しやすいのです。

少し長いですが，以下のように試合での勝ち負けが記録されたとします。続けて勝ったり，続けて負けたりしやすいと思いますか。

●○○○●○○○●○●●●
●●●○●●○○●●●

実際に数えればすぐにわかるのですが，○のあとに○の場合，●のあとに●の場合，○のあとに●の場合，●のあとに○の場合，すべて同じく6回ずつあります。勝ち負けの連続傾向（規則性）はないのですが，ある傾向を見出してしまいやすいことがわかります（中島，2005）。

機能的固着

【問題】以下の道具のみを用いてローソクを壁に立ててください。
「ローソク」「マッチの入ったマッチ箱」「押しピン」
【解説】直接押しピンでローソクを壁に固定することはできません。空にしたマッチ箱を押しピンで壁に固定して，その箱の底面にローソクを取り付ければよいのです。

私たちは，箱とは物を入れる容器であると固定した考えをもちがちです。道具の機能を過去経験により固定的に捉える傾向のために解決を難しくすることがあるのです（Anderson, 1980）。

第4節　意思決定

可能な候補の中から好ましい選択肢や行為を選ぶことを意思決定（decision making）といいます。私たちの日常での買い物から旅行先，進路や結婚まであらゆる場面で選択と向き合っています。人間の選択は期待値の大きさだけでは決まりません。フォン・ノイマンとモルゲンシュテルン（von Neumann & Morgenstern, 1944）は，数学的な期待値よりも人の主観的な価値である期待効用を最大化させる意思決定が合理的であることを証明しました。「確実に1万円を得る」選択肢と「確率0.5で2万円得られるが，確率0.5で何も得られない」設定では，前者が好まれます。反対に「確実に1万円を失う」選択肢と「確率0.5で2万円失うが，確率0.5で何も失わない」設定になると後者が選択されやすくなります。期待値としては同じ

であっても期待効用が異なる例です。これらのことから，意思決定において，利得の領域ではリスクを避け，損失の領域ではリスク志向的であることがわかります。

　また実際には同一の結果となるにもかかわらず，記述のしかたが異なることで選好に影響がもたらされる現象をフレーミング効果といいます。以下の2つの例（山岸，2006）の場合，あなたならそれぞれどちらを選択するでしょうか。

　　　例1：ある伝染病により，600人の命が危険にさらされているとします。
　　　　選択肢A：400人が死ぬ。
　　　　　　　B：確率1/3で0人が死んで，確率2/3で600人が死ぬ。

　　　例2：ある伝染病により，600人の命が危険にさらされているとします。
　　　　選択肢C：200人助かる。
　　　　　　　D：確率1/3で600人が助かって，確率2/3で誰も助からない。

　一貫性のある合理的な決定をするならば，例1でAを選び例2でCを選ぶか，あるいは例1でBそして例2でDを選ぶはずです。しかしながら実際には多くの人が選ぶのはBとCなのです。例1では，深刻な事態をどれだけ回避できるかとの視点からBが選ばれやすく，例2では，深刻な事態をどれだけ好転できるかとの視点からCを選ぶという意思決定がなされやすいのです。人間の心理としては，たとえ同じ量や額であったとしても，それを得た場合の喜びや満足感よりも，それを失った場合の苦痛や残念のほうが大きいということです。

ボックス　5　信じる？　信じない？　血液型と性格の関連性

　あなたの血液型は何ですか。そしてあなたは血液型と性格が関連すると信じていますか。血液型と性格の関連性についての初期の研究は90年近く前に古川（1927）による『血液型による気質の研究』によるものとされます。そして能見（1971）の『血液型でわかる相性』をはじめとする数多くの著書が出版され，日本社会に血液型性格判断のブームが広がっていきました。テレビでも特集が組まれ，娯楽的な要素も加わって血液型と性格との関連性はかなり定着したようです。

　心理学の立場からは，1980年以降，両者の間に一貫した関連性は認められないとする研究結果が相次いで報告されました。しかし科学的な証明が示されても非科学的な血液型性格判断を信じることを払拭することはできず，相変わらず世間では，特に年配女性の間では血液型と性格の関連は当然の真実であるかのごとく話題にされてきました。血液型を採用時の条件とするなど就職に関わる問題も生じてきました。また，自己の血液型と特定の性格との関連を強く信じ込んで生活していると，予言の自己成就の結果，信じていた性格傾向に近づくという可能性もあながち否定できません。

　そこへ縄田（2014）による論文『血液型と性格の無関連性』が発表されました。調査は2004年と2005年に日本とアメリカで実施されました。調査対象は日本で約3,000人，アメリカで約

第5節 記　憶

5.5.1. 記憶する過程

　記憶という言葉には，ものを覚えるだけでなく，覚えておくこと，思い出すことという，3つの意味が含まれています。一般にいう記憶力はいわゆる記憶の働きであり，それは記憶の機能だともいうことができます。その記憶の働きは，符号化（コード化）と貯蔵（保持），検索（想起・再生）の3つの段階に分けることができます。

　符号化は過去に経験したことを記憶として取り込み，覚える記憶の過程であり，コード化ともよばれます。感覚刺激として取り入れられた外部からの情報を記憶に貯蔵するまでには，情報を意味に置き換えて記憶に取り込める形に変換する過程を経なければなりません。覚えた情報を覚えたまま もっておくことを貯蔵（保持）といいます。貯蔵の過程では，覚えておいた情報は内部に貯蔵されているだけの状態で，この状態で外に現われることはありません。想起（検索）は，その貯蔵されていた記憶が一定の期間をおいて検索され，外に現われることをいいます。

　想起の方法には，再生と再認，再構成とがあります。再生はきっかけから連想して，以前の経験を貯蔵庫から取り出して再現することです。再認は以前経験したことと同じような経験をした時に，以前経験したことに気づくことです。そして，以前に得た知識やさまざまな情報を組み合わせて取り出すことを再現とよびます。

　5,000人という大規模な社会調査データをもとに，血液型と性格の無関連性が検討されたのです。68項目の結果を詳細に検討したところ，関連がみられないという強い証拠が得られました。
　血液型と性格の関連を信じている人は，両者間には関連性があるはずだとの仮説をもっている人とみなすことができます。そこで確証バイアスのため，自己の仮説に都合のよい事例ばかりに注目し，反する事例は無視するので，ますます血液型と性格は関連するとの仮説は強固になり信念になっていくのだと考えられます。
　草野（2001）や大村（2012）などをはじめ無関連性を説明する著書は多く出版されていますが，2008年からの『血液型自分の説明書シリーズ』のほうが圧倒的に売り上げ部数で上回っていたのです。人間の思考は，客観的，科学的な証拠に基づいてはなされない部分が大きいようです。思考の研究は論理学との対比・関連でなされることが中心的で，思考プロセスの解明を目指していますが，パーソナリティや深層心理からのアプローチも重要なものといえるでしょう。
　ちなみに吉川（1997）が大学生を対象に行った調査では「世の中には科学や常識だけでは説明できないこともあるものだ」を肯定する者が88%，否定する者は4.3%という結果が得られています。「現代の物質・合理性を中心とした価値観以外にも，精神・非合理性に基づいた価値観を信じる人がいてもよい」についても75.3%の肯定回答がみられています。文化が発達し教育程度の高い現代社会に暮らす私たちですが，その思考の側面にはまだまだ動物としての人間が存在し続けているのかもしれません。いや，それが人間なのでしょうね。　　　　　　（吉川　茂）

5.5.2. 記憶の二重貯蔵モデル

記憶は短期記憶と長期記憶とに大きく区分して捉えることができます。この短期記憶と長期記憶について，記憶の機能的な概念を記憶の貯蔵庫の理論モデルを用いて説明したものに，アトキンソンとシフリンの記憶の二重貯蔵モデル（多重構造モデル）があります（Atkinson & Shiffrin, 1968）。アトキンソンとシフリンは，記憶の貯蔵という考え方をもとに短期記憶貯蔵庫と長期記憶貯蔵庫を設定し，記憶の貯蔵と検索のシステムを説明しました。

彼らの理論では，視覚・聴覚・嗅覚などの感覚器官から入力された情報はいったん感覚登録器に入力されると説明されます。感覚記憶からの情報は自然に感覚登録器に入ります。その保存の期間はごく短時間であるため，ほとんどの情報が意識する前に減滅していきます。一方感覚登録器にある情報のうち，注意が向けられたものが感覚記憶として短期貯蔵庫に短期間保存されます。この短期貯蔵庫にある情報の保存容量や時間には限界があり，保存時間は長くても30秒程度だとされます。短期貯蔵庫に貯蔵された情報を反復したり何度も思い浮かべるなどでリハーサルされた情報が，長期貯蔵庫に転送され，長期的に貯蔵されることになります。リハーサルが行われない場合，その情報は短期貯蔵庫から消滅し想起できなくなります。長期記憶は短期記憶と異なり，容量に限界がなく保持される時間が数分からほぼ永続的にわたるまでと長いのが特徴です。

5.5.3. 短期記憶

初めての場所に電話をかけるとき，ダイアルを押すその瞬間には覚えていた電話番号をしばらく時間がたつとすっかり忘れてしまうというようなことがあります。しかし，同じ場所に何度も電話をかけているうちにいつの間にか番号を覚えてしまったということもよくあります。この情報を一時的に短い期間に保持する場合の記憶を短期記憶といいます。一方，何度もかけるうちに長期に保持される記憶が長期記憶です。

短期記憶で保持できる容量は限られており，成人が一度に保持できるのはおよそ7項目前後だとされています。ここでいう項目というのは，意味のある情報のまとまりをさします。このような情報のまとまりをチャンク（chunk）とよび，記憶の容量を把握する概念として用いられています。たとえば，「8, 7, 3, 9」は数字のまとまり4項目で，1つの数字を1チャンクとすれば4チャンクです。また「ライオン，シマウマ，オラウータン」は動物のかたまり3項目であり，1つの動物名を1チャンクとすれば3チャンクとなります。これらのようにランダムに並べられた項目を順序どおりに思い出せる数は，成人では平均して7±2チャンクだとされます。この7という数字に注目し，人が7項目以上の単語や言葉を覚えるのは難しいという意味から，マジカルナンバーセブン（magical number 7±2）とよばれることがあります。近年では，情報化社会の進展などを背景にこの数字が見直されており，意味のある情報について記憶が保持されるのは4項目程度であるという研究結果を反映して，マジカルナンバーフォーとよばれています。

このようなグループに属する項目数が多い場合，まとまりに分けてチャンク化すると覚えやすくなります。歴史的な年代や電話番号の語呂合わせなどで，記憶する対象をまとめて塊にするのがチャンク化です。「8, 7, 3, 9」と

忘却

長期記憶に保存された情報が失われることを忘却といいます。忘却の実験から導かれた結果により，この忘却の速度をグラフにして表わしたものでは，エビングハウス（Ebbinghaus）の忘却曲線が有名です。エビングハウスは，無意味な文字の羅列を覚え，その後一定の時間をおいて再学習した場合，どの程度の記憶が残っているかを調べました。そしてこの再学習に要した時間が，はじめに文字を記憶した時間より何パーセントが節約できたかを測定した結果が忘却曲線です。忘却は，はじめに記憶した直後から1日のうちに急激に進み，以後は一定の水準で保たれます。

忘却の要因

人間の脳の記憶容量は膨大で，140テラビット，DVD240万枚にも及ぶという説もありますが，なぜ忘却が生じるのでしょうか。
①減衰説：その記憶の未使用などで時間の経過にともなう減衰によって記憶が失われる。最も素朴な考え方です。
②干渉説：記銘から想起までの期間に行われるさまざまな活動による干渉が生じて忘却する。たとえば明日のテストで夜遅くまで勉強した場合，し終えれば，すぐ寝たほうが忘れないが，何か活動する（テレビや雑誌を見る，携帯を使用する）と忘却してしまう。
③検索失敗説：適切な検索手がかりが見つからないため，記憶内の情報にアクセスできないことによる。最も有力な考え方で，中高齢期で多くなる度忘れもこれです。
④抑圧説：不快な情動の想起に防衛的な抑圧が働き，忘却が生じる。被虐待児にみられる解離性健忘（虐待されている時の記憶がない）がこれに該当します。

いう数字の羅列では，覚えにくくすぐに忘れてしまいそうです。しかしこれを「ハナサク（花咲く）」というように意味のある1つの言葉にチャンク化すると，もともとは4チャンクであったものが1チャンクになり，貯蔵できる情報量を増やすことができます。

5.5.4. ワーキング・メモリ（作動記憶）

短期記憶を発展させた記憶の考え方にワーキング・メモリ（working memory）があります。ワーキング・メモリは，学習，推論などのさまざまな認知活動を遂行するときに使われる記憶の機能であり，認知活動の遂行と並行して，情報を一時的に保持し操作するための過程や構造を意味します。ワーキングメモリは課題の解決に向けた認知活動のための未来を志向した記憶であり（Osaka et al., 2007），読み書き等の日常の生活を送るうえで，そして特に学習とも関連の深い重要な機能です。ワーキング・メモリのメカニズムとして，これまで多くのモデルが提唱されています。その中でも，現在において広く用いられているモデルを提唱したバドレー（Baddeley, 2000）は，ワーキング・メモリが音韻ループ，視空間スケッチパッド，エピソード・バッファとよばれる3つの情報の保持システムと，中央実行系という制御システムにより構成されるとしました。音韻的情報と視空間的情報は，それぞれに音韻ループと視空間スケッチパッドのシステムにより保持され操作されると考えられています。

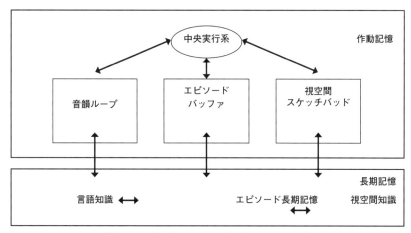

図5-5　ワーキング・メモリのモデル(Baddeley, 2000)

音韻ループは，単語や文章などの音声で伝わる情報の保持や言語的な情報処理の機構です。視空間スケッチパッドは，言語化されないイメージや絵などの視空間情報を視覚イメージとして保持し，視覚イメージで想起する機能です。視空間スケッチパッドには，視覚情報と空間情報を扱う部分が独立して，それぞれに貯蔵部と保持機能，処理機能が存在するとされます。エピソード・バッファは，音韻情報と視空間情報を統合した多次元的なイメージや意味的情報を一時的に保持し，長期記憶との調整の役割を担います。上記の3つが記憶の保持の場であるのに対して，中央実行系は課題を達成するための注意の制御や配分，処理資源の確保を行う場として位置づけられています。

> **認知トレーニング**
> 高齢期のワーキング・メモリを活性化する学習法として認知トレーニングがあります。認知トレーニングは，簡単な音読や計算を中心とした学習を学習者と支援者とのやり取りを通して行う予防的介入法です。認知トレーニングの効果は，健康な高齢者だけでなく認知症，軽度認知障害(mild cognitive impairment: MCI)の高齢者にも示されています。また，認知機能だけでなく，コミュニケーション能力の向上にも効果が確認されています(松田, 2013)。

　以上のようにワーキング・メモリは，情報の短期的な保持の機構でもあるとともに，情報の選択や統合，操作を行う情報処理の役割も担います。そのため，日常生活での会話や計算，読書などの認知活動の遂行と深くワーキング・メモリが関わっていることがわかります。これらの認知活動には，外界のさまざまな情報の同時的で継時的な処理が求められます。その際に，情報処理の処理資源である注意のエネルギーを制御し配分することにより，認知活動が実現されると考えられます。この処理資源には容量制限があるため，認知的課題の処理と速度にも限りがあります。たとえば，複雑なストーリーの小説を読んでいるときに，友人に話しかけられて適切に受け応えするのが難しいということがあります。これは読書と会話に必要となる処理資源の合計が，個人の処理資源の容量を超えていることから起こります。このように複数の認知課題を同時に実行して処理資源の容量の限界に達する場合，取り組むべき課題の選択や意思決定が必要とされます。

　ワーキング・メモリは脳の前頭前野がつかさどる高次脳機能と深い関わりがあることがわかっています。加齢の影響を早い段階で大きく受けるのが前頭前野です(Raz, 2000；Park & Schwarz, 2000)。そのため，前頭前野における加齢による影響を減じることができれば，高齢期の認知機能の低下を遅らせることが可能となるという考えから，中高齢の認知機能低下の予防や維持にワーキング・メモリを活性化する学習法や介入法が開発され活用されています。

5.5.5. 長期記憶

　短期記憶の情報は，何度も繰り返し復唱したり，情報に意味づけをして体系化するなどを通して長期記憶へと移行します。短期記憶は時間が経つと忘れられてしまうのに対し，長期記憶に移った情報は長期間にわたり保持され続けます。長期記憶には，多種多様な情報が貯蔵され，その容量に限りがないことから，膨大な量の情報が記憶されていると考えられています。

　記憶の分類法はさまざまですが，代表的なものにスクワイア(Squire, 1987)による，記憶される情報の内容から記憶を宣言的記憶(declarative knowledge)と手続き的記憶(procedural knowledge)とに区分するものがあります。

　1) 宣言的記憶と手続き記憶　宣言的記憶は，情報を意識的に言葉にして説明したり，言葉によってイメージすることができる事実や経験についての記憶です。意識して言葉によって説明できる記憶であることから，陳述記憶といわれることもあります。手続き記憶は宣言的記憶とは対照的に，言葉やイメージで説明することが難しい記憶です。歩く，服を着る，自転車に乗る，楽器を演奏するなどのように，日常の基本動作から高度な技能に至るまで，動作として体で覚えている記憶が手続き記憶です。たとえば，自転車に乗るときに，言葉として考えなくても自然に足がペダルを回していることがあるように，手続き記憶は無意識的に行うことができるのが特徴です。一度身につけられたこれらの記憶は，長期間使われなくても忘れにくいのも特徴の1つです。

　2) エピソード記憶と意味記憶　宣言的記憶はさらにエピソード記憶(episodic memory)と意味記憶(semantic memory)とに区分されます。

エピソード記憶とは，「昨日の夕方，本を返しに図書館に立ち寄った」というような，自分が体験したことについての出来事の記憶です。エピソード記憶の特徴として，記憶の内容が時間的・空間的に体制化されていることが挙げられます。すなわち，出来事の記憶の内容が，自分がいつ，どこで，何をしたかという，時間や空間（場所）の文脈に位置づけられている記憶がエピソード記憶だといえます。

意味記憶は，言語や概念などに関する一般的な知識の記憶をさします。たとえば図書館で本を借りるときに必要とされる情報のうち，「この図書館で本を借りるのには，2週間の期限があり，一度に3冊までと決められている」といった図書館での本の借り方に関する知識の記憶が意味記憶にあたります。意味記憶は，蓄積されたエピソード記憶から時間や空間の記憶が抜け落ちて一般化し，ある意味をもつ情報になると考えられています。

5.5.6. 記憶の加齢変化

年をとると記憶が衰えるというのは，一般によく聞かれることです。しかし，ここまでに概観してきただけでも記憶にはさまざまな次元があり，多面的に分類することができ，数多くの機能を果たしていることがわかります。加齢の影響の受け方もその記憶のシステムによって異なります。そのため，一概に歳をとると記憶が衰えるとはいえないことが近年の多くの研究から示されています。

加齢の影響が大きい記憶として，エピソード記憶が挙げられます。エピソード記憶の中で，情報の符号化の過程やワーキング・メモリの中央実行系を用いた課題の遂行は，比較的若い時期から低下傾向が認められることが明らかにされています（Craik, 1994）。高齢者が「最近，物覚えが悪くなった」というときには，概してこのエピソード記憶の低下の自覚によることが多いと考えられます。一方，手続き的記憶や意味記憶は晩年になるまで保たれやすいことがわかっています。いわゆる「昔とった杵柄」としての技能や一般知識は高齢になっても保持されやすいといえます。また，エピソード記憶のうち，自伝的記憶の想起に関しては生涯を通して低下がみられないことが明らかにされています（La Voie & Light, 1994）。自伝的記憶の想起は，個人の過去の記憶からいつどこでという時空間の文脈に位置づけられた個人の出来事を意識的に思い出すことであり，高齢期に人生をふり返るうえでも重要な機能です。機能の加齢変化による衰退がさまざまな機能で観察されたとしても，高齢者の日常生活にそれらの衰退の及ぼす影響が少ないというのは，多くの高齢者にあてはまります。加齢による衰退は，低下の著しくない機能や維持される機能を活かして補うことができると考えられます。

自伝的記憶
自伝的記憶の想起については，次のような特徴があります。
①最近の出来事に関する想起率が最も高く，新近性効果といいます。
②5歳以下の想起率が極端に少なく，幼児期健忘とよんでいます。
③10歳後半から30歳までの出来事の記憶の想起率が増加し，この現象をレミニセンス・バンプ（reminiscence bump）とよび，特に高齢者で顕著に生じます。

青年期は同一性確立の時期で，この時期に形成された生き方や人生におけるテーマがその後の生き方や自己のあり方に影響し続けます。そのため青年期での起こった出来事の記憶が鮮明で，よく思い出すと考えられます。

文　献

Anderson, J. R. (1980). *Cognitive psychology and its implications.* San Francisco, CA : Freeman.
Atkinson, R. C., & Shiffrin, R. M. (1968). Human memory: A proposed system and its control processes. In K. W. Spence, & J. T. Spence(Eds.), *The psychology of learning and motivation* (Vol.2). New York: Academic Press. pp. 89–195.
Baddeley, A. (2000). The episodic buffer: A new component of working memory? *Trends in Cognitive Sciences*, **4**(11), 417–423.
Cheng, P. W., & Holyoak, K. J. (1985). Pragmatic reasoning schemas. *Cognitive Psychology*, **17**, 391–416.

Craik, F. I. M., & Lockhart, R. S. (1972). Levels of processing: A framework for memory research. *Journal of Verbal Learning and Verbal Behavior*, **11**, 671–684.
服部雅史 (2006). 演繹 海保博之・楠見　孝（監）　心理学総合事典　朝倉書店
Johnson-Laird, P. N., & Tagart, J. (1969). How implication is understood. *American Journal of psychology*, **82**, 367–373.
草野直樹 (2001). 安斎育郎 (監修) 液型性格判断のウソ・ホント（講座・超常現象を科学する）かもがわ出版
楠見　孝（編）(2012). 現代の認知心理学3　思考と言語　北大路書房
La Voie, D., & Light, L. L. (1994). Adult age differences in repetition priming: A meta-analysis. *Psychology and Aging*, **9**, 539–553.
松田　修 (2013). 認知トレーニングのエビデンス（特集 老年精神医学領域におけるエビデンスを再考する，エビデンスに基づく非薬物療法）老年精神医学雑誌, **24**, 486–491.
松村暢隆 (2003). アメリカの才能教育―多様な学習ニーズに応える特別支援　　東信堂
三輪和久 (2006). 思考と外的資源　海保博之・楠見　孝（監）　心理学総合事典　朝倉書店
中島　実 (2005). 思考　北島倫彦他（著）グラフィック心理学　サイエンス社
縄田健悟 (2014). 血液型と性格の無関連性―日本と米国の大規模社会調査を用いた実証的論拠　心理学研究, **85**(2), 148–156.
大村政男 (2012). 新編血液型と性格　福村出版
Osaka, N., Logie, R. & D' Esposito, M. (Eds.) (2007). *The cognitive neuroscience of working memory.* Oxford, NY: Oxford University Press.
Park, D., C., & Schwarz, N. (2000). Cognitive aging: A primer. Philadelphia, PA: Taylor & Francis.（口ノ町康夫・坂田陽子・川口　潤（訳）(2004). 認知のエイジング：入門編　北大路書房）
Raz, N. (2000). Aging of the brain and its impact on cognitive　performance: Integration of structural and functional findings. In F. I. M. Craik, & T. A. Salthouse (Eds.), *Handbook of aging and cognition.* Mahwah, NJ: Erlbaum. pp.1–90.
Squire, L. R. (1987). *Memory and brain.* Oxford, NY: Oxford University Press.
Sternberg, R. J. (1997). *Successful intelligence.* New York: Plume.
von Neumann, J., & Morgenstern, O. (1944). *Theory of games and economic behavior.* New York: John Wiley.（銀林　浩・橋本和美・宮本敏雄（監訳）(1972). ゲームの理論と経済行動　東京図書）
Wason, P. C. (1966). Reasoning. In B. M. Foss(Ed.), *New horizons in psychology.* Harmondsworth, UK: Penguin Book. pp.135–151.
山岸候彦　(2006). 意思決定　海保博之・楠見　孝（監）　心理学総合事典　朝倉書店
吉川　茂 (1997). 超常現象を信じることについての基礎的研究　阪南論集　人文・自然科学編, **32**(3), 73–80.

6 動機づけ・感情心理

第1節 なぜ感情があるのか

　私たち人間には，なぜ感情があるのだろう。喜んだり，悲しんだり，笑ったり，泣いたり，怒ったり，他人を恨んだり，憎んだり，人を好きになったり，嫌いになったり……といそがしい。感情なんてなければ，平穏な日々を送れるかもしれません。

　なんで感情なんて面倒なものがあるのでしょう。感情も，他の身体機能や精神機能と同様に，私たち人間が進化の過程で適応・獲得し，現代に至るまで維持してきたものの1つなのです。ということは，感情も私たちが生きるため，つまり生命維持のために，私たちに備わっている精神機能ということになります。

　では，どのように感情が生きることに繋がっているのでしょうか？　デカルト（Descartes）は，その著『情念論』（1649）において，精神の働きを能動と受動の2つに分けました。能動とは，精神自らの働き—たとえば意志とか，想像とか—であるとされました。受動とは，外界もしくは身体内部からの刺激を受けることによって生じる精神であるとされ，具体的には触・味・嗅・視・聴覚などの感覚や飢えや渇きなどの生理的欲求であり，それらは能動的精神とは無関係なものであるとしました。そして受動的精神が生じたときに，それに能動的精神が加わったものが情念（passion）であるとしましたが，これは現代的には情動（emotion）といわれるものに相当します。

　デカルトによると，情念の自然的効用は，身体の保存に役立ち得る行動あるいは何らかの仕方で身体をより完全にするために役立ち得る行動に対して，精神が同意と協力を与えるように精神を促すことであるとされ，情念は身体の保全あるいは健全化に有益なものとされました。また，基本情念は身体に対して有用なものであるが，悲しみはある意味で第一のもので，喜びよりも不可欠であり，憎しみは愛よりも不可欠であるとされました。その理由は，身体に害を与え，破壊するおそれのあるものを退けることの方が，なくても済ませられるような完全さを与えるものを獲得することよりも，いっそう重要だからであるとしています。そしてそれらの順番は，驚きを別にして，悲しみ，憎しみ，欲望，喜び，愛の順に並べられるとされています。

　要するに生命維持活動を支える基本的な情動とは，悲しみ・憎むことであるようです。現代に生きる私たちにとっては，意外かもしれませんが，喜び

とか愛など生命維持にはなくても十分だということです。感情あるいは情動に限らず，進化的に適応・獲得した諸機能というのは現代的に説明しようとしてもうまく説明がつかないものが多々ありますが，それらの機能はその時代の環境に適応させた結果なので，その時代での説明が必要です。かつては私たち人間も他の動物との間での捕食-被捕食関係にあり，そこでの生命維持活動とは捕食者に食べられないことで，仮に仲間が捕食されたとしたら，そのことを悲しみ，仲間を捕食した相手を憎むことで，自分たちに迫ってくる危険から身を守ったり立ち向かったりする行動を喚起する機能を有していたと考えられます。現代ではこのような機能はあまり必要ではないし考えにくいことですが，私たちはずっと昔に獲得した機能をいまだに有して生きているというわけなのです。現代では，憎んだり悲しんだりすることよりも愛したり喜んだりすることが，私たちの生活においては大切なこととして強調されるようになってきているといえるでしょう。

第2節　感情を分類する

　一概に感情といっても，一言で済まされるほど単純なものではありません。感情といわれるものは，実際には以下のように分類され，その総体として感情という概念があるといえます。

　まず，「感情（affect）」です。これは，人があらゆる事物や事象に触れたときに生じる情感つまりこころの総称と定義されます。また，以下に挙げる項目のすべてを含む一般語でもあります。

　以下に，感情と関連する代表的なものを挙げていきます。

　1つ目は，「好み」という概念で表現されるものがあります。これは，快・不快を表わす比較的マイルドな主観的反応とされます。

　次に，「評価」といわれるものがあります。これは，他者に対する単純な正ないし負の反応のことをいいます。たとえば，対人魅力とか対人嫌悪や偏見などのことをさします。

　さらに，「ムード（雰囲気）」といわれるものが挙げられます。これは，この状態を喚起する対象が特定されがたく，現在の思考過程の文脈をかたちづくる感情とされます。何となくそんな気分といったものが該当します。

　最後に，「情動」です。これは，特定の事物や事象に触れることによって，身体的および精神的存在としての自己が脅かされたり，勇気づけられたりしたときに生じるこころであるとされます。それは，単に良いとか悪いとかといった感じを越えた複雑な組み合わせで，生理的喚起（覚醒）をともなった表出反応をしばしば含み，突然生じ一過性に終わる激しいこころの動揺であるとされます。また情動は，しばしば感情と同義に用いられることがあります。

　以上のように感情を構成する諸概念がありますが，本章では以下特別に断ることがなければ，感情を代表する情動を中心とした感情について論じていきます。

第3節　感情をどう捉えるか

　情動に限らず感情は主観的経験です。では，その主観的経験は，私たちの身体のどこから生じてきているのでしょうか。まず，その生理的な側面についてみていきましょう。一般に，感情の中枢は，私たちの脳内の奥深い部位にある視床下部や大脳辺縁系（中隔野，扁桃体，海馬，帯状回など）であるとされます。ただ，実際にはこれらの部位が何らかの変化を示していたとしても，それを私たちは直接的には意識できませんが，これらの中枢の変化は，たとえば心拍数や血圧や発汗（皮膚電気反応）や発熱や呼吸や唾液分泌などの末梢神経系の活動として捉えることができます。緊張したり興奮したりなどの情動経験に応じて，心臓の拍動が早くなるのが感じられたり，冷や汗をかいたり，手に汗握るような経験だとか，顔が火照ったり，逆に血の気が引いたり，鳥肌が立ったり，身体が震えたりといった，身体的な変化は一度ならず経験したことがあると思います。これらの身体的な変化と感情との関係は，必ずしも固定されたものではありませんが，ある感情と複数の生理的変化とが対応関係にあるとする考え方もあります。

　生理的活動の他に，特に視覚的・聴覚的に情動の変化を捉えることのできるものとして表出行動があります。この表出行動には，音声表出と表情表出の2つがあります。

　まず，音声表出における感情の変化は，発話内容の言葉自体のみならず声の調子にも現われます。つまり，怒ったときに，「こらッ！」とかと大声で怒鳴ったりする場合を想像するとわかりやすいのですが，この場合怒りを表現する発話としての「こらッ」という言葉と，それを大きく低く短く発するという声の調子で，その怒りを表出しているといえます。電話では相手の顔が見えませんが，たとえ顔が見えなくても，このように発話内容と声の調子とで相手の気持ちを捉えることが可能です。

　次に表情表出ですが，私たち人間は他の生き物以上に複雑な顔面表情を表出できる生き物です。複雑に顔面表情を表出できるだけでなく，顔面表情は身振り手振りの動作とともに，私たち人間にとってはとても重要なコミュニケーション手段です。先に説明した音声表出がともなわなくても，ちょっとした顔や身体の動きだけで相手に自分の意思を伝達することができます。だから，自分の感情を読まれないようにするために，サングラスやマスクをして顔の主要部分を隠したり，あるいはポーカーフェイスといわれるような無表情な顔をつくったりすることがあります。それほどに顔は情報に満ちているといえます。

　このような私たち人間にとって重要な情報伝達メディアである顔面表情表出とその認知には，文化や民族や地域などを超えて共通する通文化性が見られます。たとえば，エクマンとフリーセン（Ekman & Friesen, 1975）は，幸福，怒り，恐れ，嫌悪，驚き，悲しみ，軽蔑，羞恥，関心に対応した表情の写真に対する認知について，アメリカ，アルゼンチン，ブラジル，チリ，ニューギニア，日本などでの異文化間で比較調査した結果，表情の認知の通文化性を確認しました。また，アイブル＝アイベスフェルト（Eibl-Eibesfeldt, 1984）のアジアやアフリカのいわゆる未開社会における調査から

> **皮膚電気反応**（galvanic skin response：GSR）
> 皮膚を流れる電流の抵抗が皮膚の湿気で低くなることをいいます。心理的または生理的覚醒の指標として使用されています。長年うそ発見器にも応用されましたが，信憑性に乏しく，発汗レベルの計測に対し，ポリグラフを使用した装置には及ばないともいわれています。

も同様に，文化を超えた人間に共通する表情表出と認知とを実証的に示した一方で，身振り手振りを含めたいろいろな表情にはその表出される文脈や強度に文化差があることも示しています。これらのことから，表情の形態的特徴およびその判断は文化的普遍性をもつ，つまり私たち人類には生得的基本情動といえるものが備わっているのではないかと結論づけられます。ただし，表情表出の文脈における意味づけは文化により異なる側面があるといえます。

第4節 感情の主観的経験

　感情は主観的経験であることは前節でも述べましたが，その主観的経験を私たちはどのような形で認識しているのでしょうか。シェーラーら（Scherer et al., 1988）は，感情経験についての質問紙調査を行いました。その結果，感情経験をするきっかけの主なものは，知人との対人関係で，その感情経験の持続する長さは，数時間からせいぜい1日程度というものでした。また感情経験の強さを10段階で評価させたところ8程度のものでした。それぞれの感情の経験頻度は，怒りが最も多く，喜び，悲しみ，恐れがそれに続くものでしたが，これは必ずしも一定の傾向があったわけではありませんでした。また，個別の感情では，喜びを経験するのは，対人関係以外でも何かを達成したときに経験され，他の感情と比べて強く経験される傾向があり，その持続時間はおおよそ1日程度でした。悲しみは，死別に対して経験する報告が多くあり，喜びに次いで強く経験されるもので，1日以上持続するものでした。恐れは，見知らぬ人や何かを達成できないかもしれないような状況において経験されやすく，悲しみの次に強く経験されるものでしたが，1時間程度しか持続しないものでした。怒りは，対人関係や見知らぬ人，不正に対して経験され，強さは他の感情に比べて最も低いもので，持続時間は数時間という傾向が示されました。これらの結果をまとめてみると，私たちは友人知人との間で毎日繰り返し比較的長続きしない感情経験を比較的明確に経験しているということになります。皆さん，ご自身の経験ではどうでしょうか？

　では，他者の感情を私たちはどのように経験しているのでしょうか。シュロスバーグ（Schlosberg, 1952）は，愛・幸福，驚き，恐れ・苦しみ，怒り・決意，嫌悪，軽蔑の6つのカテゴリーに分類された感情を表出した表情の写真を，実験参加者に分類・評価させ，それぞれの表情表出の間の関係性について調べました。その結果，図6-1のように，それらのカテゴリーは，"快-不快"と"注目-拒否"の2次元からなる平面上に円環状に分布させることができました。また，この円環の近い位置に分布する感情の間では相互混同が起こりやすいこと，逆に離れて位置する感情の間では混同は起こりにくいことも見出しました。

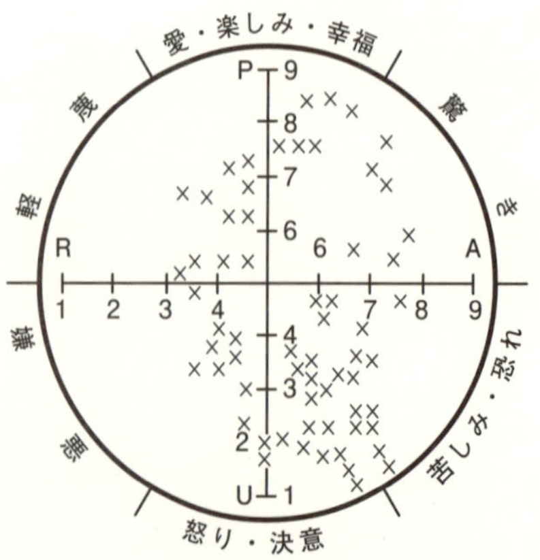

　さらに，幸福，悲しみといった感情を表わす言葉を分類・評価させても，多くの感情語が表情と同様に"快-不快"，"注目-拒否"の次元によって規定される平面に

図6-1　シュロスバーグの感情の評価次元 (Schlosberg, 1952)

円環状に分布することも見出し，表情や感情語といった刺激が変わっても，評価者の人種や年齢が異なっても，ほぼ一貫してみられることを示しました。

これらのことから，感情の主観的評価には人類共通の基盤があることを示唆しています。その後20年以上経過して，前節で述べたエクマンらの研究でも，同様に通文化的傾向が示されました。シュロスバーグの考えは正しいものでした。

第5節　感情の判断

相手がどのような刺激に対してどのような感情を引き起こしているかという刺激と感情に関する情報と相手の表出行動との関係を推論することにより，私たちは相手の感情を判断しています。このことを感情の認知といいます。一方で，このような相手の感情の状態を特に推論しなくても，相手と同じような感情を経験する感情の共鳴という現象もあります。これは，たとえばもらい泣きとかつられ笑いといった現象で，皆さんも一度ならずそのような経験があると思います。これら感情の認知や共鳴において，共通して重要な手がかりが，表情です。

ディンバーグ（Dimberg, 1982）は，実験参加者に怒り・喜びの表情を見せ，顔面筋の筋電図・自律神経系の活動を記録しました。その結果，自分が見ている相手がある特定パタンの表情をすると，自分も自動的にそれに対応した表情パタンをつくり出す可能性と，その表情を構成する顔面筋のフィードバックにより，自らも相手と同様な感情を経験する可能性とが示唆されました。つまり，相手の表情を見るだけでも感情を経験することができるということです。

表情や感情を喚起する刺激から相手の感情を判断するだけでなく，同時に相手の年齢・性別，状況，相手と自分との関係などの文脈情報といわれるものも感情の判断の手がかりとなります。

第6節　感情はどのようにして起こるのか

6.6.1.　ジェームズ＝ランゲ説とキャノン＝バード説（図6-2）

ジェームズ（James）とランゲ（Lange）とは，それぞれ別個に感情が生じるメカニズムについて同じような説を立てました。そのため2人の名前を併せてジェームズ＝ランゲ説といいます。一般にジェームズ＝ランゲ説は，情動の末梢起源説とか内臓説とかいわれます。

ジェームズによれば，身体の変化に合わせて私たちが感じるものが感情であるといえます。この説に立脚すると，感情を経験する私たちの身体的生理的変化がまず先にあり，感情経験はその後に来るものであるといえます。つまり「悲しいから泣くのではなく，泣くから悲しいのである」ということです。

一方，キャノン（Cannon）とバード（Bard）は，感情の中枢起源説（視床下部が感情の中枢），すなわちキャノン＝バード説を唱えました。この説

は，現代では主流となっている説です。この説によると，中枢神経系に状況にあわせてそれぞれ異なった反応を示す神経過程があり，その過程が興奮する，つまり感情を経験すると，身体的・内臓的変化が引き起こされることになるというものです。つまりは，「泣くから悲しいのではなく，悲しいから泣くのである」ということになります。

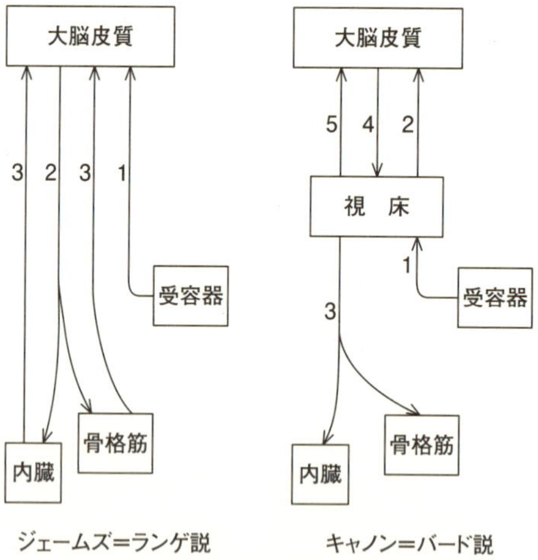

同情
他者の感情に対して共感する感情の同一性をさします。ただし，共感とは異なります。不幸な状況や，苦難に対しての感情共有のように主にネガティブな感情に用いられます。つまり，同情とは他者の苦しみに応答して，自らも苦しむような感情をもつことを一般的にはさします。

共感
他者と喜怒哀楽の感情を共有すること，もしくはその感情のことをさします。たとえば友人が辛そうな表情をしていれば，その人が「辛いのだ」ということが，またうれしそうな表情をしていれば，「うれしいのだ」ということが理解できるだけでなく，自分自身も辛い感情やうれしい感情をもつといったものです。通常は，人間に生得的に備わっているものであると考えられていますが，たとえば自己愛性パーソナリティ障害や自閉症やアスペルガー症候群では，共感の欠如がみられます。精神医学的にはまだ正確には定義されてはいませんが，生得的に極端に共感性が低いサイコパスとよばれる人たちの存在も知られています。

図6-2　ジェームズ＝ランゲ説とキャノン＝バード説
各矢印の横の数字は情報の流れの順番を示す。

現代では，キャノン＝バード説が主流であると述べましたが，もちろん多くの感情経験は，中枢神経起源であろうと考えて差し支えないでしょうが，必ずしもこのルートのみで私たちが感情を経験しているわけでもありません。上述のディンバーグの実験や感情の共鳴などのようにジェームズ＝ランゲ説のルートで経験される感情もあります。ですから，両者ともに間違ってはおらず，通常はキャノン＝バード説的に中枢起源で経験するが，場合によっては別のルートつまりジェームズ＝ランゲ説的末梢起源でも感情は経験されているといえます。共鳴や同情とか共感などというものが経験されるのは，まさしくこのような末梢から中枢への流れがあるからこそかも知れません。

6.6.2. シャクターの2要因説

同じ刺激状況でも，その刺激状況に対する評価が異なれば，喚起される感情も大きく変化するといわれています。感情を感じるために必要な要因としては，生理的な覚醒とその覚醒を評価する認知過程であるとされます。生理的覚醒が感情経験の前提となりますが，何らかの刺激によって引き起こされた生理的な覚醒状態は感情的には中立であると考えられます。そこに，覚醒評価の認知過程というものが想定され，過去経験や，その時に自己の置かれている状況などの知覚・認知的判断が，この生理的覚醒を解釈し感情を決めると考えました。その評価過程は，図6-3に示されたような単純な図式です。2要因説（Schachter & Singer, 1962）では，実際に生理的覚醒状態になくても感情経験があるなどの問題点が指摘され，現在では評価されていませんが，その後の感情の認知的評価過程の研究の契機となったものです。

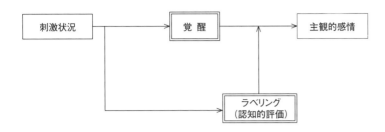

図6-3　シャクターの2要因説（Schachter & Singer, 1962）

6.6.3. 認知モデル

ラザラス（Lazarus, 1966）は，評価過程によって感情は生じるとし，感情経験には刺激を認知的に評価することが必要であるとしました。そして以下に示すような認知評価の過程のすべてをつねに経ることによって，私たちは感情経験をすると考えました。

①刺激状況が自分にとって有害であるか否かを自動的に（無意識に）評価する。

②有害であると評価されれば，有害さの種類や程度の評価が行われる。

③評価された有害さの種類や程度に応じた適応的な対処行動が発動すると同時に，感情を経験する。

この評価過程によると，私たちは何かの刺激に対して"恐怖を感じて逃げる"のではなくて，"逃げるから恐怖を感じる"のだということになります。つまり，刺激状況を評価して逃げる必要があると判断し，実際に逃げるという対処行動をとるのと同時に恐怖という感情を経験するという仕組みです。この説明は，どこかで聞いたような気がしませんか。そうです，ジェームズ＝ランゲ説の説明とほぼ同じですね。

一方，シェーラー（Scherer, 1984）は，刺激状況の情報の階層的評価モデルというものを提唱しました。これは，私たち人間は生き残りのために重要と考えられるいくつかの評価尺度をもち，その尺度を順に以下の階層に従って評価していくというものです。またすべての階層を経る必要はなく，どの階層までに進むべきなのかは刺激状況の内容によって異なるとされました。

①新奇性と非予期性
②快-不快の主要な性質
③目的との関連性
④対処の可能性と因果関係の帰属
⑤刺激状況の社会的規範や自己概念との比較

個別の感情は，このような階層的評価が行われた結果として経験されると考えました。

感情の認知評価の過程は，現時点ではあくまで仮説的なものですので，検証が必要です。しかし，私たちは生理的な過程だけで感情を経験するのではなく，生理的過程に意味づけする心的過程を有していることは明らかだと思います。その具体的過程については，なお今後の研究を必要とするでしょう。

第 7 節　動機づけ

6.7.1. やる気を起こす原理

「あいつはやる気のある奴だ」とか言ったり，「もっとやる気出せよ」と言われたり，「勉強しなけりゃならないのはわかるけど，やる気おきないんだよな」とか思ったりしたことがありますよね。やる気って何なんだって思いませんか。どうすれば，そのやる気が起こったりするのでしょうか。ここでいう「やる気」のことを，動機づけあるいはモチベーション（motivation）といいます。動機づけあるいはモチベーションとは，私たちが何らかの目標に向かって行動を起こし，その目標の達成のために行動を維持させる過程をさします。

この動機づけの過程は，私たちの内にある過程です。この過程には 2 つの機能があります。1 つは行動の喚起で，もう 1 つは行動の目標づけです。

まず行動の喚起についてですが，これは，動機とか動因とよばれるものに相当します。これらは，たとえば空腹とかのどの渇きとかの生理的な欲求とか，あの人と仲良くなりたいとかあの洋服を着たいとかといった欲求を意味します。これらは私たちが何らかの行動をする際のきっかけとなり，その行動を推し進める機能をもつものです。このような動機によって生じる私たちの行動の多くは明らかな目標対象と結びついています。これが行動の目標づけ機能です。これはたとえば，動機が空腹ならば，その目標対象は食物ですし，のどの渇きならば，もちろん飲み物となります。これら目標は誘因とよばれます。誘因は，当該の行動を行う主体を引きつける機能をもっています。目標があるからこそ私たちは何らかの行動を生起させ維持するのでしょうし，また行動を生起させるためには何らかの目標が必要であるともいえます。私

ホメオスタシス（恒常性）
生物がその内部環境を一定の状態に保ちつづけようとする傾向のことをさします。生物の有する重要な性質の 1 つで，生体の内部や外部の環境因子の変化にかかわらず生体の状態が一定に保たれるという性質，あるいはその状態をさします。生物が生物である要件の 1 つであるほか，健康を定義する重要な要素でもあります。生体恒常性ともいわれます。ホメオスタシスは，体温，血圧，体液浸透圧や pH，創傷の修復など生体機能全般に及びます。

ボックス　6　バイオフィードバック

現代社会はストレス社会であるといってよいほど，私たちはいろいろなストレス状況にさらされています。そんな厳しい社会の中では，私たちは心の癒しや心身をリラックスさせることができる時間や場所を求めています。そんななかで身体の緊張を取り除くリラクセーション訓練の 1 つとして自身で自身の生理的状態を制御するバイオフィードバックという方法があります。

バイオフィードバック（bio-feedback）とは，通常は知覚できず意識的には制御することができがたい自身の生理的過程についての情報を工学的補助を用いて知覚可能な信号に変換し，それを生体に呈示することによって，生理的過程を随意的に制御することを学習させる手法のことです。やや難しい説明ですが，要するに，意図的に制御することができない体温とか心拍数とかの生理的変化を，自分自身で制御することができるようになるといったものです。バイオフィードバックの手法によって，制御可能となる生理的反応には，粗大筋電位，心拍の増加・減少・安定化，心臓収縮期と弛緩期の血圧，末梢の血管運動，皮膚電気反応，脳波（α 波，β 波，θ 波）などがあります。

さて，リラクセーションのためのバイオフィードバックですが，よく知られているものには，前額部 EMG（筋電）法，指先皮膚温法，EEG（脳波）α 波法などがあります。特に前二者がよく

たちは，漠然と無目的に何かをしているのではなく，何らかの目的・目標を定めて行動しているといえます。皆さんも目標を定めての勉強なら，身が入ったりしますよね。

6.7.2. 生理的動機づけ

　主として生命や種の維持活動に関わる動機づけとしての食欲・渇き・睡眠・排泄・体温維持・性欲などは，生理的動機づけとよばれます。また生理的動機づけを構成する動機を，一次的動因ともよびます。この生命維持のための一次的動因は，基本的に生得的な動因で，身体内の生理的な欠乏状態が引き起こされることによって生じるとされます。生理的な欠乏状態は，たとえば空腹の場合，血中の糖分濃度が低下することによって引き起こされます。空腹に限らず，このような状態は生命維持にとってよくない状態ですから，このような状態を回復させるために，ホメオスタシスとよばれる働きが作動して生理的に均衡な状態を保とうとします。このことで，動因として食物を食べたいという行動が喚起され，食物という誘因に向かって食べるという行動を生じさせることにより，空腹という動機づけは満たされます。このようなことから，この動機はホメオスタシス性動機ともよばれます。私たちの身体の状態を安定的に保つための基本機能であるといえます。お腹がすいているのに何日も食事が摂れないとか，食事していても栄養に偏りがある場合とか，のどが渇いているのにずっと水分補給できない場合など，うまくこの機能を発動させることができなければ，生命が危機的状態に陥る場合もありますのでとても重要な動機づけであるといえます。

　これら動機の発動自体は上述のように生得的であるとされます。ただし性欲ないし性行動は，私たち人間を含めた一部の哺乳類においては，学習要因を必要とするとされています。基本的には，性行動は性ホルモン分泌により

性ホルモン
脊椎動物に作用するホルモンであるステロイドホルモンの一種です。この性ホルモンにより，第二次性徴において，生殖器以外でも外形的性差を生じさせます。性腺に作用して精子や卵胞の成熟，妊娠の成立・維持などに関与します。性ホルモンは，男性ホルモン（アンドロゲン）と女性ホルモンに分けられ，女性ホルモンはさらにエストロゲン（卵胞ホルモン）とプロゲステロン（黄体ホルモン）に分けられます。

哺乳類
動物界・脊索動物門・脊椎動物亜門に分類される生物群をさします。哺乳類は通称で，分類学的には哺乳綱とされます。私たち人間もそうであるように，哺乳類の多くが胎生で，乳で子を育てるのが特徴です。ヒトは哺乳綱の中の霊長目ヒト科ヒト属に分類されます。哺乳類に属する動物の種数は，大体 4,300～4,600 種とされ，動物界の約 0.4% にあたるとされます。

使われており，効果的であるといわれています。
　前額部EMG法や指先皮膚温法は，参加者の前額部の筋電位や指先の温度を測定し，その測定値を音刺激や視覚刺激に変換して実験参加者自身にフィードバックし，参加者はその刺激に基づいて当該の生理的反応を自分で随意的に調節しようとすることを訓練することで，随意的に当該の生理的反応を制御すること―筋電位を下げ，皮膚温度をやや上げることが，リラックス状態であるとされます―ができるようにする方法です。
　バイオフィードバックはリラクセーションだけでなく，医療分野でも使われます。高血圧症の改善のために血圧のフィードバック訓練が利用されていますし，心臓の不整脈の治療にも心拍のフィードバックは利用されています。緊張性の頭痛や斜頸の改善には，筋電位のフィードバックが，偏頭痛に対しては皮膚温や末梢血管運動のフィードバックが，てんかんや不安神経症に対しては脳波のフィードバックなどが利用されています。
　バイオフィードバックは，薬物や外科的治療などは行わないので，ある意味安全であるといえます。治療場面では，患者自身が積極的に自分自身の病態を改善しようとする強い意志を示すことになります。つまり治療に対する強い動機づけをもたらし，病気の改善に結びつけば，自分自身の意志による改善に対する自信をもたらすことになり，波及的に患者自身の心理的な状態にも強い影響を及ぼすことになります。

（武田庄平）

発動します。性ホルモンは，男性の場合にはアンドロゲン（androgen），女性の場合はエストロゲン（estrogen）が代表的で，これらのホルモン分泌が性行動の活性化をもたらしますが，私たちを含めた一部の哺乳類においては，それだけではなく社会的経験による学習や文化的制約などの影響を受けるので，単純に生理的な要因だけでは説明できません。

　生理的動機づけのように，生命や種の維持のために機能する動機は，その意味で重要ですが，私たちは生きるためにのみ行動しているわけではありません。生命維持のためだけに行動しているとするならば，遊びや趣味や余暇活動などは，生命維持に直接的には機能していないか，あるいは無駄なエネルギー消費なのかもしれませんから，本来そんなことすることは生物学的には意味がないはずです。しかし現実には私たちは遊びますし，趣味に対してそれなりに時間やお金を注ぎ込んでいますし，余暇活動をすることを求めています。直接的な機能は見出せなくても，間接的には生きることに役立っているはずです。また，私たち人間の社会において，生きていくことにそれなりに関わってくるものとして，出世欲とか名誉欲とか金銭欲とか物欲などがあります。これらの欲をほとんどもっていない人も稀にはいますが，たいていの人々は何らかの欲をもって生きているといってよいと思います。

　このような動機や欲求は，社会や文化の中での経験や学習によって形成され，また生理的動機つまり一次的動因が満たされてから生じるものであるとされるので，二次的動因といわれます。

6.7.3. 社会的動機づけ

　私たち人間は社会の中で生きています。社会の中で生きていくためには，その社会や文化的枠組みなどに必要な社会性が必要です。社会的動機もその1つとして認識されています。この社会的動機を，私たちは自身が身を置いている社会や文化において経験つまり学習することによって獲得するとされています。以下に，社会的動機の中でも代表的な達成動機と親和動機とについて概観していきます。

　達成動機とは，自分自身を今ある状態よりもさらに高めたいという動機です。一般的には，何か達成したい目標を立てて，その目標達成のための具体的な行動を実行することです。たとえば，大学受験などで入学したい大学や学部があれば，その大学に受験して合格するために受験勉強を頑張り，最終的には大学受験して合格を勝ち取ることによってこの動機は満たされます。もちろん大学入学が最終目標ではないので，入学後は次なる目標，つまり将来自分が就きたい職業などの目標を達成するためにさらに努力を続けるということになるはずです。さらにまた，その就きたい職業に就けたなら，それで終わりではなく，その職業に対して自分自身が目指す目標や，会社が設定する目標の達成のために，また頑張ることになるはずです。という具合に，人生における達成動機というものには，最終的なゴールはなく生きている間ずっと続いていくものかもしれません。

　すべての人々が，次々と途絶えることなくより高い目標に向かって邁進するわけではありませんが，この達成動機が強い人の特徴として，より難易度の高い目標設定を好み，自分の努力次第で成功すると信じ，自分で責任をもつことを好み，実行したことの結果を知りたがり，仕事などの同僚の選択は，

親しさよりはむしろ能力，つまり目標達成できるかどうかを基準にする，といった特徴があるといわれています。

仕事熱心な人物像が浮かび上がってきますが，人との関係性という面では社会性に欠ける場合があります。この意味で達成動機と対比的なものとして親和動機を捉えることができます。親和動機とは，他者との間に友好的な関係を成立させたい，またその関係を維持したいという動機です。知人もいない新しい学校や会社などで，誰かと親しくなりたいと思うことは，この親和動機のなせる業です。

達成動機と同じで，親和動機にも強い人と弱い人があります。強い人の特徴としては，他者との対面場面では相手と視線を合わせるアイコンタクトが多く，非対面場面でも電話やメイルなどの通信手段を使った他者とのコミュニケーションをより頻繁にとりたがり，仕事などの同僚の選択は，達成動機の強い人とは逆に能力よりはむしろ親しさを基準にするなどが挙げられます。

6.7.4. 外発的動機づけと内発的動機づけ

1) **外発的動機づけ**　私たちは，つねにやりたいことだけをしているわけではありません。嫌なことだけど，生活のために仕方なくする仕事もありますし，やらなければ先生や親や上司に怒られるからやることもあります。このような，他者からの叱責，罰，報酬などのその人の外部にある要因によって動機づけられることを外発的動機づけといいます。また，自分自身から能動的に進んで行うのではなく他者的な方向づけによるという意味で，他律的な動機づけであるといえます。他人から動機づけられるので，能動的ではありませんが，このような動機づけによって，やりたくもない仕事を行うよう動機づけられますし，嫌いな勉強もすることになりますから，結果的には生産的であるともいえます。とはいえ，外的に動機づけられていれば，つねに作業を行うことができる訳でもありませんし，外的に動機づけられているだけである限り，その外的要因がなくなれば，つまり叱責されなくなるとか報酬が得られなくなるといった状況では，当該の作業をしなくなる可能性が非常に大きいといえます。つまり，良い成績をとると親からご褒美をもらえるので頑張って勉強するけれど，ご褒美が出なくなるとかご褒美が気に入らないとかとなると，途端に勉強する気がなくなってしまうということが起こりえます。

一般的には外発的動機づけによる作業は，当該の外的動機が存在しなくなれば動機づけの継続は困難で，その作業内容も期待された水準を上回ることは難しく，そのような意味で発展性が乏しいので創造性も期待できないと考えられていますが，私たちの多くの目的的な行動は，外発的動機づけにより形成されるとされています。

2) **内発的動機づけ**　外発的動機づけに対して内発的動機づけとよばれるものがあります。この内発的動機づけは，そのことを行うこと自体が目的になったり報酬になったりするもので，他者的な，つまり外的な要因による動機づけではなく，自分自身の内的な要因による動機づけをさします。外発的動機づけが，他律的であったのに比べると，内発的動機づけは自律的で能動的な動機づけといえます。

内発的動機づけは，たとえば趣味や興味に没頭することや，先生や親や上

目的的行動
一般的には目標指向的行動とほぼ同義とされます。特定の目標への到達を目指してそれに向って行われる行動のことをさします。その際，行動は目の前にある刺激状況だけに直接規定される訳ではなく，将来の望ましい目標についての観念や目標への到達の期待によっても少なくとも部分的に制御されていると考えられています。

司に褒められるからではなく自分自身が勉強や仕事を面白いと感じてすることなどです。いわば，勉強しないと親に叱られるから勉強するのが外発的動機づけですが，内発的動機づけの場合は勉強すること自体が面白いので勉強する，ということになります。

　内発的動機づけの原動力の1つは，好奇動機（知的好奇心）であるとされます。自分自身が興味をもっていることに対しては，外的に動機づけられなくても報酬がなくても自分自身が知りたいという動機から自らすすんで調べたり学んだりして深めていくことができます。一般に好奇心を誘発するのは新奇性であるとされます。目新しい物事，珍しい物事には注意が向きがちですが，あまりにも新奇性が高いとむしろ回避されたり恐怖を引き起こしたりしますので，程度問題です。また，新奇性は恒常的ではなく，慣れをともないます。いくら新奇でも何度も繰り返し同じ状況にさらされていると新奇性は薄れていき，次第に興味が薄れていきます。

　好奇動機と同様に操作動機というものも内発的動機づけの原動力となります。操作動機は，自身を取り巻いている環境に対して能動的に関わり操作することを通じて環境を探索する動機です。この動機も，好奇動機同様，その行為自体が目的となります。現代的な例を引くと，各種のテレビゲームをどれほど上手にできたところで，また難しいステージをクリアしたところで，大した社会的意味はありませんが，本人自身はそれをすることそれ自体にのめり込んで熱心にゲームに取り組んでいます。つまりゲームという環境を操作しその環境と関わりをもち電子的バーチャル環境を探索しています。もちろん，操作動機のみで説明され得るものではありませんが，操作動機はこのような人々がゲームに没頭することの大きな役割を果たしているといえます。

　最後に，環境刺激を求める感性動機も内発的動機づけの原動力として知られています。私たちは，視覚，聴覚，触覚などの感覚刺激が乏しい何もなくがらんとした無音な空間では不安を感じる一方，ある程度感覚刺激が存在している空間では落ち着きを感じます。あまりにも刺激が乏しい場合は，自身で作り出して，幻視とか幻聴とかの幻覚を経験したりします。

　好奇とか操作とか感性などの動機による内発的動機づけには，外的な報酬がなく，むしろ見たり，聞いたり，動いたり，知ったりなどや感覚器官などを働かせることそれ自体が報酬であるといえます。つまり自発的であるということです。またそれに加えて，外発的動機づけに比較して持続性が高く，作業内容もより高い水準に達することができ，創造性にも大きく貢献し得るとされています。

幻覚
対象のない知覚，つまり実際には外界からの入力がない感覚を体験してしまう症状をさします。実際に入力のあった感覚情報を誤って体験する症状は錯覚とよばれます。幻視は視覚性の幻覚で，実在しないものが見えることです。単純な要素的なものから複雑で具体的なものまで程度はさまざまで，多くの場合は意識混濁という意識障害時に起こることが多いとされます。幻聴は聴覚の幻覚で，実在しない音や声がはっきりと聞こえることをさします。聞こえるものは要素的なものから人の話し声，数人の会話と複雑なものまで程度はさまざまであるとされます。

文　献

Descartes, R. (1649). *Les passions de l'âme*. （谷川多佳子（訳）(2008). 情念論　岩波書店）
Dimberg, U. (1982). Facial reaction to facial expressions. *Psychophysiology*, **19**, 643–647.
Eibl-Eibesfeldt, I. (1984). *Die Biologie des Menschen Verhaltens: Grundriß der Humanethologie*. München: Piper Verlag. （日高敏隆（監修）桃木暁子ほか（訳）(2001). ヒューマン・エソロジー：人間行動の生物学　ミネルヴァ書房）
Ekman, P., & Friesen, W. V. (1975). *Unmasking the face: A guide to recognizing emotions from facial clues*. Englewood Cliffs, NJ: Prentice Hall.
Lazarus, R. S. (1966). Psychological stress and the coping process. New York: McGraw-Hill.
Schachter, S., & Singer, J. (1962). Cognitive, social and physiological determinants of emotional state. *Psychological Review*,

    69, 379–399.

Scherer, K. R. (1984). Emotion as a multicomponent process: A model and some cross-cultural data. *Review of Personality and Social Psychology*, **5**, 37–63.

Scherer, K. R., Wallbott, H. G., Matsumoto, D., & Kuddoh, T. (1988). Emotional experience in cultural context: A comparison between Europe, Japan, and the United States. In K. R. Scherer (Ed.), *Facets of emotion*. Hillsdale, NJ: Lawrence Erlbaum Associates.

Schlosberg, H. (1952). The description of facial experssions in terms of two dimentions. *Journal of Experimental Psychology*, **44**, 229–237.

7 生涯発達心理

第1節 生涯発達とは

7.1.1. 生涯発達の視点

1) 成人期の発達上の位置づけ　近年の人々の寿命の伸張は，発達研究における視点を大きく変換させるきっかけとなりました。今ほど平均寿命が長くなかった時代には，成人期の後期を余生と表現するなど，年を重ねることに社会から引退した非生産的なイメージがともないがちでした。また従来の伝統的な発達観においては，誕生から青年期までを成長の時期とし，それ以降は安定期，高齢期は衰退の時期と位置づけられていました。しかし現在では，実年齢に対応した発達の特徴としてこれまで考えられていたことが，実際の発達の様相と一致しないということが幅広い年齢段階においてみられるようになりました。こうした変化の背景には，先進国における就学期間の延長や生き方の多様化があります。現在では高齢になっても心身ともに健康で社会との関わりを維持しながら豊かな生き方をしている人は珍しくありません。また青年期の発達を特徴づけていた自分らしさの模索は，広く成人期全般にわたる発達的現象として認められるようになりました。成人中期から後期にかけての期間が，人生の中で最も長い時間を占めるようになると，成人期が青年期と高齢期をつなぐ過渡期としてだけでなく，青年期や高齢期の発達のあり方に影響を及ぼす重要な時期として捉えられるようになり，成人期のあり方そのものへの注目が発達研究において高まりました。成人期の発達上の位置づけの変化とともに，人間の発達は一生を通じて完成されるとする生涯発達の概念が構築されてきました。

2) 生涯発達的アプローチ　生涯発達の視点は，生まれてから死ぬまでの生涯という全発達過程を視野に入れ，その間に起こる成長・成熟・加齢といった変化は，すべて発達的であるとして理解する立場です。生涯発達の視点からは，一定の成熟をもって発達の頂点を仮定することはせず，人は生涯にわたり一貫した発達的変化を遂げる，すなわち生涯の過程が発達だとみなします。このような生涯的視点に基づいた発達の概念は，単に上昇的変化のみをさすだけではなく，下降的変化も含めたすべての変化の相互作用の結果を発達として捉えます。発達過程にはつねに獲得（成長）だけでなく喪失（衰退）も生じていて，どちらが発達においてプラスかマイナスかとはいえない，いずれも発達上の重要な事態として捉えられるのです。

生涯発達的アプローチの課題は，さまざまな人生段階における変化を体系的に把握し，その変化の形態と特徴を明らかにすることです。また，それらの変化の起こる時間的順序とその関連性を探求することにより，人間の発達を理解することも課題とされます。この発達的変化を捉える領域は，身体，運動，人格，知能，言語，情緒，社会性，自己意識など多岐にわたります。時間の経過にともないこれらの領域は変化し，その変化の過程が相互に影響を及ぼし合いながらさらに変化していきます。こうした変化の形成過程および，変化に共通する特徴の把握から発達の理論が構築されるのが生涯発達的アプローチです。

　生涯発達心理学では，各領域における変化を見る視点に加えて，発達の段階を区分しその段階に特徴的な変化に注目する視点があります。ただし，領域や段階は個別に独立しているのではなく，それぞれが統合され一体化された過程が発達として捉えられます。また，個人の生物学的な発達的変化だけを問題とするのではなく，個人を超えた多世代の人々との関わりなどの社会的・文化的要因，歴史的要因を含む環境との相互関連を含めて，包括的に人の発達的変化を捉えます。

7.1.2. 生涯発達に関する理論

　発達の理論を岡本(1994)は次の3つの立場に分類して説明しました。1つ目はワトソン（Watson）による行動主義的な学習理論を基礎とする環境主義的・機会論的立場です。ワトソンらによる環境優位説では，人の発達は環境における学習によって規定されると考えます。次に，人は環境に積極的に働きかける能動的な存在であるとして，有機体と環境との相互作用の視点を取り入れて発達を捉える有機体論的立場があります。ピアジェ（Piaget）の認知発達論やフロイト（Freud）の心理性的発達論，エリクソン（Erikson）の心理社会的発達段階論，コールバーグ（Kohlberg）の道徳性発達段階説などがこの立場に属します。3つ目の立場に，人の発達における環境的文脈を強調する文脈論的立場があります。発達研究の新たな展開として，この立場では個人の発達を捉える際に，社会的・歴史的・文化的な状況や文脈の相互作用を強調します。弁証法的発達論を提唱したリーゲル（Riegel）は，この文脈論的立場を代表する心理学者です。リーゲルは，人も環境も途切れることなく連続的に変化し続けており，それぞれが影響を及ぼしあう相互作用を繰り返して発達が進むと考えました。そして，内的（生物学的），個人的（心理学的），外的（物質的），文化的（社会的）の4次元の相互の葛藤と危機および，その葛藤の解決の努力が継続的に維持されるという弁証法的過程が，人の生涯にわたる発達過程だとしました。たとえば，就職は収入（物質的）と社会的な役割も得て安定する（社会的・心理的）出来事ですが，余暇の時間が少なくなり身体への負担がかかる（生理的）場合もあります。このような葛藤がうまく解決できない場合が危機となります。しかし，仕事の時間を調整して休息を効率よく取るなどの方法で，1次元かそれ以上の次元における葛藤を解決すれば再体制化に向かいます。発達はこのような危機と再体制化の繰り返しであるとするリーゲルの理論は，成人発達を多次元的に捉えるうえでの重要な視点を呈示しました。

7.1.3. 生涯発達を規定する要因

　生涯発達の視点の導入により，発達の概念は大きく変わりました。アメリカの心理学者であるバルテス（Baltes）は，発達は全生涯を通じてつねに獲得（成長）と喪失（衰退）とが結びつき起きる現象であるとしました。そしてすべての人に普遍的な発達に加え，社会文化的・歴史的文脈に注目することの重要性を指摘し，発達に影響する要因として次の3つを挙げました。

　①年齢に関連した影響力　　生活年齢による身体の変化や成熟にともない増減する生物学的な要因による影響力。

　②時代に関連した影響力　　世代に共通する時代背景や出来事（戦争や天災など）から受ける影響力。特定の社会や文化において共通する出来事を体験する人々の集団であるコホート（cohort）効果や，歴史的な出来事を考慮に入れることに留意します。

　③非標準的な生活の出来事による影響力　　多くの人に共通しているものではなく，個人の生活に起こるさまざまな出来事であるライフ・イベントの影響力。個人は生物学的な特性をもって生まれ，生活する環境も個々に異なります。個人と環境の相互作用だけでなく，これら3つの要因が生活や行動に影響し，個々の発達を方向づけます。

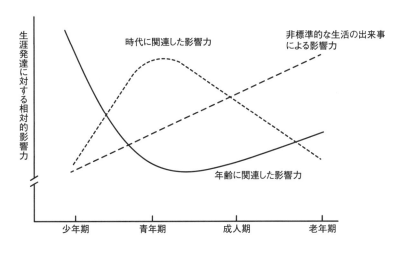

図7-1　生涯発達への相対的影響力（Baltes et al., 1980）

　バルテスらは，生涯発達の変化はこれらの3要因が相互に関連するダイナミズムであるとしました。3つの要因が及ぼす影響の大きさは，それぞれの発達段階によって異なります。年齢に関連する生物学的な影響力は少年期に高く，青年期，成人期にかけて低下します。そして老年期になって再びやや高い影響力を示すようになります。反対に成人期の発達における生物的・生得的な年齢に関連する影響は低いとされます。時代関連的な影響力は，青年期において最も強く，少年期と老年期には弱まります。個々人に異なる出来事などの非標準的な生活の出来事による影響力は年齢とともに高まるとされます。バルテスらの生涯発達の理論的観点をまとめたものが表7-1です。

表 7-1 生涯発達心理学を特徴づける理論的諸観点の要約 (東・柏木・高橋, 1993)

概　　念	各観点の内容
生涯発達	個体の発達は生涯にわたる過程である。どの年齢も発達の性質を規定する上で特別の地位をもたない。発達の全過程を通じて，また生涯のあらゆる段階において，連続的（蓄積的）な過程と不連続（革新的）な過程の両方が機能している。
多方向性	個体の発達を構成する変化の多方向性は，同一の領域内においてすら見いだされる。変化の方向は行動のカテゴリーによってさまざまである。さらに同じ発達的変化の期間において，ある行動システムでは機能のレベルが向上する一方で，別の行動システムでは低下する。
獲得と喪失としての発達	発達の過程は，量的増大としての成長といった，高い有効性の実現へと単純に向かう過程ではない。むしろ発達は，全生涯を通じて常に獲得（成長）と喪失（衰退）とが結びついておこる過程である。
可塑性	個人内での大きな可塑性（可変性）が心理学的発達において見いだされている。したがって個人の生活条件と経験とによって，その個人の発達の道筋はさまざまな形態をとり得る。発達研究の重要ポイントは，可塑性の範囲とそれを制約するものを追求することである。
発達が歴史に埋め込まれていること	個体の発達は，歴史的文化的な条件によってきわめて多様であり得る。いかにして個体の（年齢に関係した）発達が進むかということは，その歴史上の期間に存在している社会文化的条件と，その条件がその後いかに推移するかによって著しく影響される。
パラダイムとしての文脈主義	個々の発達のどの特定の道筋も，発達的要因の3つのシステムの間の相互作用（弁証法）の結果として理解することができる。3つの要因とは，年齢にともなうもの，歴史にともなうもの，そしてそのような規準のないものである。これらのシステムの働きは，文脈主義に結びついたメタ理論的な原理によって特徴づけられる。
学際的研究としての発達研究	心理学的発達は，人間の発達に関係する他の学問領域（たとえば人類学，生物学，社会学）によってもたらされる学際的文脈の中で理解される必要がある。生涯発達的な見方を学際的態度に対して開いておく理由は，「純粋主義的」な心理学的観点だけでは，受胎から死に至る行動発達のごく一部しか描き出すことができないからである。

第2節　発達段階と発達課題

7.2.1. 発達課題

　アメリカの教育学者のハヴィガースト（Havighurst）は，人の健全な発達には各段階で果たすべき課題があることを提唱しました。その課題は発達課題（developmental task）とよばれ，課題の達成が健全で幸福な発達につながり，次の発達段階の課題の達成を促すと説明されます。発達課題の源泉となる要因は大きく分けて，①身体的成熟，②文化・社会からの要請，③個人の価値観や要求水準の3つです。発達課題の中には，各段階で必然的に発生する普遍的な発達課題と，ある国や民族といった文化圏固有の課題である特殊な発達課題があります。身体的な成熟から生じる歩行の学習のような課

題は文化による影響が少なく，性役割等の個人への社会的な要請から生じるものや，職業の選択等の個人の価値観から生じるものは時代や文化の違いの影響を受けやすい課題です。歩行や言語の学習等の多くの発達課題には，それを学習するために適した時期があります。しかし，人生を通して達成すべき課題や，それぞれの段階やその移行期に繰り返し何度も取り組むべき課題も発達課題には含まれます。

表7-2　発達課題 (Havighurst, 1953)

乳児期	歩行の学習 固形食をとることの学習 話すことの学習 排泄の学習 性差と性的慎みの学習　　　　　　など	壮年期	配偶者の選択 新しい生活の学習 子供の養育 家庭の管理 就職 市民的責任の負担　　　　　　など
児童期	日常の遊びに必要な身体的技能の学習 同年齢の友達と仲良くすることの学習 各性別にあう正しい役割の学習 読み，書き，計算の基礎的技能の学習　　　　　　など	中年期	大人としての市民的・社会的責任の達成 一定の経済的生活水準の確保と維持 中年期の生理的変化の受け入れと適応 余暇活動の充実 高齢両親への適応　　　　　　など
青年期	同年齢の両性の友人との成熟した新しい関係 男性または女性としての社会的役割の理解 自己の身体的変化の受け入れ 両親や他のおとなからの情緒的独立 経済的独立に対する自信の確立 社会の中で責任のある行動の希求と達成　　　　　　など	高齢期	肉体的な強さと健康の衰退への対応 引退と収入の減少への対応 配偶者の死への適応 同年配の人達との親密な関係の形成 社会的・市民的義務の引き受け　　　　　　など

7.2.2. 発達段階

　発達には一定の順序と連続性があり，その発達の過程は新生児期，乳児期，幼児期，児童期，青年期，成人期，高齢期というように区分することができます。発達段階といわれるこれらの段階を明確に区分する基準はありませんが，おおむねの目安として月齢や年齢，学校教育制度，社会福祉制度での区切りが用いられることがあります。だいたいの年齢でいうと，出生から生後1ヵ月くらいを新生児期，生後1ヵ月から約1, 2年を乳児期，1, 2歳から6歳くらいまで（小学校入学以前）を幼児期，6歳から12歳頃まで（中学校入学以前）を児童期，12歳から22歳頃までを青年期（大学卒業まで），22歳から65歳頃までを成人期，それ以降を高齢期とする場合が多くみられます。近年では65歳から75歳ごろまでを前期高齢期，75歳以降を後期高齢期とよぶこともあります。また100歳以上の人口増を背景に，100歳以上の高齢者をさして百寿者という言葉も使われるようになりました。

　これらの発達段階は，年齢にともなう発達の特徴を把握する際に，ある時期特有の質的な特徴を他の時期と区別する区切りとして用いられます。それぞれの発達段階と次の発達段階との間の移行期間は，新しい段階で必要とされる準備と基礎づくりの期間です。この期間の身体的な変化と環境との相互作用の個別のあり方が発達の個人差となり現われます。

第3節　発達段階論

7.3.1. ピアジェの発達段階説

スイスの心理学者であるピアジェは，子どもの思考・認知の発達の観察から，児童期から青年期にかけての認知の発達理論を提起しました。ピアジェの発達理論では構成的な発達の捉え方が基盤となっています。ピアジェは，子どもは環境とのやりとりを通して知的発達をとげるとし，認知発達に関係する基本的な機能として，同化と調節およびシェマ（schema）を挙げました。シェマは，子どもが環境に適応する経験の中で体制化される認知的な枠組みであり，シェマを用いて子どもと環境とは相互作用（同化・調整）を繰り返します。人は外界からの情報と，それを理解しようとする自己の内的なシェマとの間の均衡を求めます。そのため，新たな条件をすでに現在もっているシェマに当てはめて外界を解釈します（同化）。しかし，その外的な条件と既存のシェマでは対処できない不均衡の状態に陥ると認知的な葛藤が起こるため，不均衡を回避して調和しようとする心的作用が働きます。これを均衡化といいます。調節は，シェマを変容させて外界の情報に適応するようにシェマを変容させたり新たなシェマがつくられたりすることを意味します。こうした心的作用を繰り返しながら，シェマの分化・協応・内面化が生じ，以前とは異なる新しい取り組み方でより複雑な外的な条件と関われるようになり，認識の発達が起こると説明されます。ピアジェは，子どもの外界への働きかけ方や認識の仕方の変化から，人間の思考の発達段階を乳幼児期の感覚運動段階と前操作段階，具体的操作段階，形式的操作段階の4つに区別しました。

1) **感覚運動段階**　0歳から2歳頃までの感覚運動段階は，言葉の機能が未熟な時期で，五感の感覚情報とそれに対する反射行動である運動が，適応のための重要な認識の手段となります。すなわち，見たり，聞いたり，触れてみたりという五感の刺激をともなう運動により，外界を知る時期です。この時期にはまだ心的イメージによる表象をつくりあげるには未熟で，対象の永続性を理解する能力も発達していません。しかし，動作と事象との関係を何度も繰り返して経験しながら，徐々に対象を心の中で考えるイメージ（表象）が可能となります。この時期の終わりには，見えなくなったものを探すなどの対象の永続性が確立されます。

2) **前操作段階**　2歳ごろから幼児期の終わりごろまでの，頭の中の表象を使った思考ができるようになる時期を前操作段階といいます。ここでいう操作は，言葉や記号を用いて思考することを意味します。この時期にはものや言葉を直接見聞したことによるイメージだけでなく，過去に見聞きした対象もイメージとして保持し，そのイメージを用いて外界の事物を処理するようになります。そのため，実際に目の前でやってみせるなどの行動で示さなくても，言葉で表象をつくり出し説明できるようになります。また，運動感覚的なシェマが内面化されて表象が生まれ，象徴的行動が見られるようになります。表象を使った「ふり」や「見立て」による象徴遊び（ごっこ遊び）は，この時期に盛んな遊びです。前操作段階における言語の発達は著しく，言葉や記号の組織的修得が進むとともに言語が思考に介入し始めます。そして思考の概念化が進み推論も生まれますが，まだ思考は知覚に支配

されて抽象的思考が未熟な段階です。この時期の子どもは，与えられた対象を中心に知覚してしまい，その基にある原則には推測が及びにくい直感的思考が特徴です。また，自分と同じように他の人も見たり感じたりして，他者の視点や立場があることに気づかない自己中心性も，この時期の子どもの認識に特徴的にみられます。自己中心性は，自己と他者の違いの意識が未分化で曖昧なために，自分だけの考えと他者の考えが同じと認識して，主観と客観の区別がうまくできていない状態を意味します。この自己中心性（egocentrism）の思考の形態として，すべてのものに自分と同じように生命や意識があるように考えるアニミズム（animism）や，考えたことや想像したものが客観的に実在していると考える実在論（realism）が挙げられます。前操作期から次の発達段階への移行期には，自己中心的な思考を発達的に乗り越える脱中心化が起こります。

3）**具体的操作段階** 具体的操作段階では，実際に見たり聞いたりする事物について論理的な思考ができるようになります。より多くの側面に注意を向けて得られた情報を組み合わせて，適切な推論を行うようになります。そのことで，これまでは1つの方向から見ていた状態であった前操作段階の自己中心性から脱却し，客観性の基盤となる脱中心化の過程へと進みます。事物の見かけが変わっても，本質は変わらないと認識する可逆性の理解が進みます。数・量，長さ・重さ，面積，体積，時間などの保存の概念をもつようになり，これらの概念を用いて外界の事物を理解し推論していきます。以前の段階のように知覚が認知の中心ではなくなりますが，現実にないものを操作する抽象的な思考は未熟な段階です。

4）**形式的操作段階** 形式的操作段階では，抽象的な思考が発展し，論理的な思考ができるようになります。具体的な事物がなくても，抽象的，仮説的に思考する能力が備わります。いろいろな事物から仮説を導き，それを現実にあてはめて確認する仮説演繹的思考が可能となる時期です。

ピアジェは発達段階の基準に，順序性と統合性，全体構造，構造化，均衡化の5つを挙げています。順序性は，発達の段階の出現順序は誰にも共通して一定した順序をたどるというものです。また，ある段階から別の段階への移行には，以前の段階で得られた行動型や認識が統合されるというのが統合性です。この統合された下部構造を基として次の段階で新たな行動型や認識が獲得できるようになります。各段階でみられる特徴は，相互に関連する全体構造として捉えられます。そしてそれぞれの段階は，前段階での発達が新

アニミズム
ラテン語のアニマ（霊魂・生命といった意味）に由来し，生物・無機物を問わずすべてのものの中に霊魂，もしくは霊が宿っているという考え方で，原始宗教や習俗の中で世界的にひろく存在。ピアジェは命のない事物をあたかも命があり，心があるかのように，擬人化して考える幼児期の思考特徴をアニミズムとよびました。たとえば太陽や花の絵に顔を描くのは，その典型です。アニミズムは4つの段階に分けることができます。①すべてのものを生きものとみる（4〜6歳），②動くものに生命を認める（6〜8歳），③自発的運動をするものに生命を認める（8〜11歳），④動物と植物のみを生きものとする（11歳以降）。

自己中心性と脱中心化
自己中心性は利己主義という意味でなく，自分と他者との違いの意識が未分化なために，他者の視点で物事を見たり，考えたりできないという幼児期の認知的特徴です。一方，脱中心化は対象の目立った知覚的特徴や自分の視点だけにとらわれなくなった状態で，前操作期から具体的操作期への移行段階で生じます。

表7-3 ピアジェの思考の発達段階

	発達段階	年齢のめやす	特徴
	感覚運動段階	〜2歳	言葉の使用が未熟な段階。感覚と運動の呼応が認識の道具となる。
表象的思考段階	前操作段階	2〜7, 8歳	象徴的思考段階（2〜4歳頃）外的な情報を表象や言語を用いた想起，関連づけに基づく象徴的行動が始まる。直感的思考段階（4歳頃〜7, 8歳）論理的な思考の枠組みが完成に向かうが，事物の分類や状況の理解が直感作用に依存している。
	具体的操作段階	7, 8〜11, 12歳	さらに理論的思考が進むが，具体的・日常的な事物に限られ，抽象的な概念の思考は未熟な状態。
	形式的操作段階	11, 12歳以降	抽象的な概念に関する思考が発達し，仮説演繹的な推論が可能となる。

しい段階に統合されていく形成期と，統合が完成した完成期とに構造化して区分できます。これらの5つの発達の段階基準をみたすことが，外界への働きかけ方や認識の仕方といった判断・推論を規定する知的操作において重要だとされます。

7.3.2. エリクソンの発達段階説

フロイトの自我の発達理論を発展させ，幼児期から高齢期までのパーソナリティの発達を8つの段階に分けて論述したのがエリクソンの心理社会的発達段階説です。フロイトの発達論は性的エネルギー（リビドー）が発達を促す基本的な力であるとする理論であり，心理性的発達理論とよばれています。エリクソンはフロイトの発達理論に，個人の環境との相互作用において解決すべき課題という社会的観点を加えて独自の発達論を示しました。

心理社会的発達段階説では，人は一定の生物学的なプログラムに沿いながら，社会との関わりあいを通して段階的に発達するとされます。乳児期から高齢期までの8つの発達段階には，それぞれに解決すべき課題と心理社会的な危機が存在します。そして各段階の発達課題の達成により，生きる力となる徳が獲得されます。

エリクソンは，『老年期―生き生きしたかかわりあい』（Erikson et al., 1986）を著し，70歳以上の高齢者のインタビューを基に高齢期のパーソナリティ発達について自身の発達段階理論を発展させました。そこでは，人はライフサイクルの各段階において，それ以前の段階に取り組んできた心理社会的課題をその年齢にふさわしい新しいやり方で再統合するという見解が示されています。成人期以前には，それぞれの発達課題に対して行動によって解決する試みがなされがちですが，高齢期に近づくにつれて個人的な感情による課題への取り組みを行うようになります。また，高齢期には今まで経てきたライフサイクルをライフレビュー（人生回顧）などによって再体験し，各段階の適応をもたらす力を得ながらパーソナリティの統合を果たしていくという特有の発達過程を経ます。

表7-4 エリクソンの漸成的発達図表（Erikson, 1959；Erikson, Erikson & Kivnick, 1986に加筆）

発達段階	心理社会的危機								適応をもたらす力	適応をもたらさない傾向	悪性傾向
Ⅰ乳児期	基本的信頼 対 基本的不信								希望	感覚的不適応	退行
Ⅱ幼児前期		自律性 対 恥・疑惑							意志	恥知らずなわがまま	強迫
Ⅲ幼児後期			自発性 対 罪悪感						決意	残忍性	抑制
Ⅳ児童期				勤勉性 対 劣等感					才能	狭い技巧	不活発
Ⅴ青年期					同一性 対 同一性拡散				忠誠	狂信	放棄
Ⅵ成人前期						親密性 対 孤立			愛	無差別	排他性
Ⅶ成人中期							世代継承性 対 停滞		世話	過剰な拡大	拒否
Ⅷ高齢期								統合性 対 絶望	英知	無遠慮	侮蔑

エリクソンの心理社会的発達段階説で区分された人生の8段階のそれぞれには，人が健康で幸福な発達をとげるために達成するべき発達課題と心理社会的危機（psychosocial crisis）が示されています。それぞれの段階における発達課題を解決したかしなかったかよりも，発達課題をどのように解決するかという解決の仕方に焦点を当てて発達段階の特徴が捉えられます。

1) **乳児期（基本的信頼 対 不信）**　人生のきわめて初期の段階の心理社会的危機は，基本的信頼と不信との間の対立です。乳児期には初めての対人関係である養育者との関係を通して育つ信頼の感覚を得て，希望の源を発達させていきます。たとえば授乳行動などの養育行動により，子どもは頼りになる支えと応答を周囲が与えてくれるという安定的な相互作用を体験します。そのことが，自己を肯定して信頼する効力感や，自分をとりまく環境全体への信頼感の獲得につながります。基本的信頼と不信の葛藤を経て獲得された希望の力は，その後のライフサイクル全体にわたる健全な心理社会的発達の支えとなります。

2) **幼児前期（自律性 対 恥・疑惑）**　自律性と恥・疑惑との対立は，自分の体や行動，そして自分の人生そのものに対するコントロールと関連しています。幼児前期には，身体発達にともない日常生活の中で自立できることが多くなってきます。できることが増えると，自分でやろうと思うことに従い行動する意志をもつようになります。社会からは個人に対して，自律への期待が向けられます。たとえば幼児前期のトイレットトレーニングは，子どもの意志で排泄をコントロールできることへの周囲から個人に向けられた自律への期待であり，子どもはこうした期待に対して自らの限界と向き合うことを経験します。この経験を通して意志の力が獲得されるとされます。自律性と恥・疑惑との間の緊張は，幼児前期だけでなく身体機能の衰退から自律の範囲が狭まる高齢期にも解決が必要な課題となります。高齢期には，これまでのやり方とは違う新しい方法で能力の限界を補ったり，意味のあることに変わるものを見つけて自律と恥・疑惑とのバランスを保つ経験から，意志に基づく自己決定が維持されます。

3) **幼児後期（自発性 対 罪悪感）**　幼児後期の発達課題は，自発性と罪悪感との間の対立の解決です。この時期の子どもは，遊びを通して自発的に行動の目標を設定し，それに向けて計画を立てて達成の努力を重ねます。子どもの遊びの中では，目標への意識づけが高まると，目標追求のために社会的規範を逸脱したり，安全を脅かす危険な行為をとってしまったりということが起こりがちです。そうした行為への大人からの禁止や罰により罪悪感を経験します。その結果，自らの目標の変更や計画の修正がなされます。このような自発性と罪悪感とのバランスをとりながら柔軟な目標追求を続ける経験により，自分が本当に大切だと自発的に設定する目標を追求するための決意の力が獲得されます。高齢期には，それまでの人生を方向づけていた目標を諦める傾向が現われ，決意の感覚を維持することが難しくなる場合があります。しかし，エリクソンが発達に必要な要素とする遊び心（playfulness）を発揮することにより，目標の探求につながる活動に再び参加し，自発性と罪悪感の対立を再調整することができるとされます。

4) **児童期（勤勉性 対 劣等感）**　児童期には，勤勉性と劣等感との間の対立が生じます。この時期の子どもは，学校教育での学習などを通して，

同一性
英語ではアイデンティティ（identity）で、「身元」「正体」「特定のある人・ものであること」「独自性」「個性」「国・民族・組織などある特定集団への帰属意識」などの意味。心理学では次の2つの意味をもっています。①自分自身の時間的連続性、不変性や独自性などの主観的自我意識：「他の誰とも違う個性や独自性をもった自分だ」「子ども時代の自分とは顔形は異なっているが、同じ自分だ」。②社会的存在として、すなわち自分の個性、地位、役割や職業などが家族、友だちや周囲から認められているという安定感や自信に基づく自己意識：「A家の長男で、B会社の社員で、こんな役割や仕事を任され、自分は周りから認められ、期待されているんだ」。

急速に知識やさまざまな技能、対人交流の能力を高めていきます。勤勉性は社会における知識や技能の行使とも関係しています。友人関係や学校生活での活動において勤勉性が示されて達成に向かう場合と、劣等感をもち愚かな行動に向かう傾向とのバランスをとることが、この時期の課題となります。成人期後期の長年携わった仕事からの引退は、勤勉性と劣等感の対立につながりがちです。生涯にわたる有能性の感覚は、自分の力を伸ばし発揮しようとする勤勉への取りくみと、劣等感を乗り越える際の重要な力となります。

　　5）**青年期（同一性 対 同一性拡散）**　青年期の発達課題は、同一性と同一性拡散との間の対立の解決です。青年期には第二次性徴による急速な身体的変化や、認知能力の発達が進みます。そうした変化から、自分とは何かという自分自身への関心が高まり、自分について考えるようになり、他者の

ボックス　7　愛着の発達とタイプ

　エリクソンによれば、乳児期の発達課題は基本的信頼感形成ですが、ボウルビィ（Bowlby）は愛着（attachment）という用語を用いて、愛着理論を構築しました。

　愛着は乳児と特定の養育者（多くは母親）との間に形成される情緒的絆です。乳児は何かを要求し、泣いたり、ぐずったり、発語すると、母親はすぐにその要求を感じとり、満たします。このような体験を繰り返すことによって、乳児は「母親は自分を愛してくれている」「母親は信頼できる」という感覚を抱きます。この感覚が母親への愛着で、基本的信頼感でもあります。

　「母親に愛されている、母親は信頼できる」という感覚は、母親以外の人々も信頼でき、情緒交流をもちたいという欲求に結びつきます。母親に対して健常な愛着を形成できた子どもは徐々に父親、祖父母、きょうだいといった身内の人へ、さらには幼稚園や学校に入ると仲間や先生へと愛着の輪が広がります。逆に健常な愛着を形成できなかった子どもは「母親から愛されている、母親は信頼できる」という感覚がもてなかったり、不十分ですから、他の人々にもその感覚をもてず、なかなか愛着の輪が広がりません。

　私たちは人と話をするとき、相手はうそを言っていない、私をだまそうとしていない、相手は信頼できるという前提があってこそ、会話が成立します。つまり、人間への信頼は社会生活を営むうえで不可欠で、人間関係能力の基盤なのです。以下、愛着の発達段階と子どもの愛着タイプについては詳述します。

　第1段階（3ヵ月以前）：人の識別をともなわない定位・発信行動　定位行動は人の声がする方向に顔を向けたり、人の顔をじっと見つめたりする行動で、乳児に先天的に備わった行動傾向で、出生後すぐにも見られます。発信行動は泣く、微笑や発語（喃語）という行動で養育者の関心を引き、世話を求めます。3ヵ月頃より急に増加します。この段階では人を識別できませんので、誰に対しても定位・発信行動を行います。

　第2段階（4〜6ヵ月）：特定の養育者（多くは母親なので、以下、母親とします）への識別された定位・発信行動　母親を識別できるようになり、母親やよく世話をしてくれる人への定位・発信行動が多くなります。

　第3段階（7ヵ月〜2, 3歳）：移動手段を用いての母親への接近の維持　はいはいや歩行によって接近行動が出現します。まず人見知り（8ヵ月がピーク）、その後、分離不安（1歳台がピーク）が出現します。母親が近くにいると安心して、母親を安全基地として探索行動を行いますが、母親の姿が見えないと不安になり、後追いします。人見知りや分離不安は母親への愛着を形成しつつある証拠です。

　第4段階（2, 3歳以降）：母親への確固たる信頼感の形成　この時期になると、幼児は目的を

目線から自分を多角的に捉えようとします。この同一性（identity）と同一性拡散の葛藤の解決により獲得される力が忠誠です。さまざまな社会的価値や役割に自分の能力をささげる忠誠に失敗すると，役割混乱が起こり同一性拡散（identity diffusion）に傾きます。同一性の確立の状態には，この他に親や社会から認められやすい価値観や役割を早くから受け入れて継承している早期完了，同一性を確立するために社会的義務や責任を猶予されている状態であるモラトリアム（moratorium）があります。

同一性の確立と同一性拡散との対立への積極的関与であるコミットメントは，職業選択や配偶者選択などの人生選択を契機に確立されていきます。いったん確立された同一性は，人生の中で繰り返し自己概念と新たに加わる社会的役割との調和を通して再構築されていきます。生涯学習や再雇用の機

モラトリアム
元来，経済用語で緊急事態での支払いの猶予を認めること。それが本来果たすべき義務・責任の執行をしばらく待つという意味に転用され，青年期をさし示す言葉になりました。つまりモラトリアムは同一性達成のために青年に与えられた猶予期間です。

もって行動し，母親も目的をもって行動しているのが理解できるようになります。たとえば洗濯物干しでベランダに，あるいは食事の支度でキッチンに行っても，母親の行動目的がわかるので後追いしなくなります（第3段階では母親の行動目的がわからないので，後追いをします）。母親は絶対，自分を見捨てたりしないという確固たる信頼感を抱き，長時間の母子分離がしだいに可能になります。以後，目に見える愛着行動は減少しますが，母親への愛着は永遠に持ち続けます。

エインスワースら（Ainsworth et al., 1978）は1, 2歳の子どもの愛着タイプを評価する方法として，ストレンジ・シチュエーション法（strange situation procedure：SSP）を考案しました。SSPは実験室で子どもを母親から分離したり，その後，再会させたり，見知らぬ人と対面させるなどストレスの強い場面を設定し，主に母親との分離時や再会時での子どもの行動から愛着タイプを調べます。

SSPによって，子どもの愛着タイプは安定型，回避型，アンビバレント型，無秩序型に分類できます。安定型（B型）は母親に対して健全な愛着が形成されているのに対して，回避型（A型）は母親を回避する行動をとります。アンビバレント型（C型）は母親に依存したいが，まだ十分に信頼できないというアンビバレントな状態（たとえば母親に抱かれながら，叩いたり，蹴ったりする）です。無秩序型（D型）はまさに混乱状態の子どもで，本来，両立しないような近接と回避という行動システム（たとえば顔をそむけた状態で母親に近づく。母親にしがみついたかと思うと，すぐに床に倒れこむ）が同時的，あるいは継時的に起こるタイプです。表は4つの愛着タイプと母親の特徴を示しています。

（大石史博）

表　子どもの愛着タイプと愛着対象（母親）の特徴　（大石, 2011）

子どもの愛着タイプ	SSPでの分離・再会時の子ども行動	愛着対象（母親）の特徴
安定型 （secure type）	分離では多少，混乱を示す。再会時，抱っこをされるとすぐに落ち着き，立ち直りが早い。親を安全基地として盛んに探索行動を行う。	子どもの要求に敏感で応答的な養育態度をとる。しかも，その態度は一貫している。
回避型 （avoidance type）	親との分離時でも平気，再会時でも無視。分離不安がなく，親を安全基地として用いない。	子どもの要求に対して無視したり，否定的な態度をとる。子ども嫌いでスキンシップも嫌悪することが多い。
アンビバレント型 （ambivalent type）	分離時に著しい混乱を示す。再会時，身体接触を求めるが，抱かれていても怒りは収まらず親を叩いたり蹴ったりのアンビバレントな行動を示す。親から離れず，親を安全基地として安心して探索行動をできない。	子どもの要求を無視しないが，鈍感。反応が遅かったり，意味を取り違えたり，自己中心的態度も多く，不適切な養育態度もとる。しかも，その態度は一貫性に乏しい。
無秩序型 （disorganized type）	近接と回避という本来なら両立しない行動が同時に（顔をそむけながら親に近づこうとする），あるいは継時的に見られる。不自然で矛盾した動きを示したり，場違いな行動や表情を示すなど，一貫性のない混乱した状態を示す。	精神的に不安定で，抑うつ傾向が高く，理解不能な行動や態度をとることもしばしばである。虐待したり，不適切な態度をとる。

会が増えた現在において，同一性の再構築を促す機会は，人生の折々に訪れるようになりました。そのため同一性の探求は青年期だけでなく，生涯にわたる課題だといえます。

6) 成人前期（親密性 対 孤立） 成人前期には，社会関係の広がりと結婚などを契機として，特定の他者との親密な関係を形成し維持することへの関心が高まります。この時期には，親密性と孤独との対立の解決が発達課題となります。親密性は，愛する相手や愛される相手との相互のかかわりを深め維持できることを意味しています。親密なかかわりの対象は異性か同性かにかかわらず，互いの人格成長に影響を及ぼしあうような真のかかわりあいをもつ特定の他者をさします。親密性と孤独との対立のバランスには，成人前期より以前の発達課題の解決の様式が影響します。そして親密性の確立が，世代継承性や統合性の感覚の獲得の基礎となります。

高齢期には，新たな人間関係の形成や，孤独に共感する他者との新たな関係から親密な関係が形成される場合もあります。また，たとえ親密な相手を喪失したとしても，真の親密性は死によって途絶えないという感覚は，高齢期に特徴的な親密性と孤独との対立の解決様式です。

7) 成人中期（世代継承性 対 停滞） 成人中期の発達課題は，世代継承性と停滞性との間の対立です。世代継承性は，自分自身がつくりだした子どもや仕事，物事を次世代に伝えていくという意味が含まれます。成人中期以前には，自分自身を育てていくことが関心の中心になりがちですが，成人中期になると自分がつくりだしたものを責任をもって次の世代に引き継ぐことに関心が向けられます。そのためこの課題に向き合う人は，次の世代の生活をよりよくするために，能力や技術，創造性を役立てようとする意識を持ちます。こうした意識が生まれやすい契機は，能力や生命に限界を認識したときです。自分の死後も物事がうまく運ぶように，自分を取り巻く家族や社会への貢献をしていかなければならないと感じます。たとえばボランティア活動への参加や各種アドバイザー，集団のリーダーなどの責任ある職務を果たすことは，次の世代の人々に対して将来の方向づけと明るい展望を示すモデルとなります。

世代継承性と対極にある停滞は，こうした課題に取り組めないか取り組んでもうまく達成できないことにより生じます。成長のエネルギーを個人的満足にのみ費やし，他者を育むことには満足を得られない場合に心理的な停滞感が生じがちです。またこの時期に，自分が社会に貢献できる能力や資質があるという自信をもてない場合は，自尊心が高まりにくく，社会に影響を及ぼす意欲も乏しくなりがちです。しかし，この感覚は永続的なものではありません。さまざまな出来事を通じて停滞の感覚が優位になったとしても，これまでの人生と現在の自己を見つめなおし今後の方向性を模索する過程で世話の力が獲得されていきます。

8) 高齢期（統合 対 絶望） 高齢期は，ライフサイクルの取りまとめを行う重要な時期です。死を意識すると，人はこれまでの人生を振り返り，さまざまな角度から総合的に自分の生涯を評価し，人生に意味を見出すことで肯定的に自分の人生を統合しようとします。高齢期の統合性は，現在と過去と未来をつなぐ永続的な包括の感覚です。死を目前に意識したときに，自分の人生という事実を受け入れ，死に対して大きな恐怖感をもたずに立ち向

かえる能力は，この統合の感覚から得られます。高齢期に体験されがちな身体的能力の低下，社会関係の減少や役割喪失は，高齢者にライフサイクルの終わりが近いことを認識させ，変えられない過去への後悔の気持ちを生み出しがちです。そして自分の人生をふり返り，後悔や挫折感を感じたときに，残された時間の少なさのためにやり直しができないことに気づき希望を失います。人生の意味に疑問を感じるこうした絶望の感覚は，避けがたい死を恐れずに受け入れることを困難にさせます。高齢期に抱かれがちなこの絶望の感覚に対し，現在の状況と生きてきた過去を連続したものと捉えて包括的に理解し，その結果に満足できる能力が統合性の確立です。統合性対絶望の葛藤は，人生回顧（ライフレビュー）によって人生をふり返りその意味を評価する過程によって解決されます。人生回顧によってライフサイクルを再体験し，各段階に得られる力である希望や意思，決意，才能，忠誠，愛，世話の成熟した形を取りまとめる知恵の力の統合することで，高齢期の葛藤の解決に向かいます。

統合性の達成は心理社会的な発達の頂点であり，その結果英知という力が得られます。高齢期には，知恵の力によってこれまでの人生をあるがままに受け入れ，身近に迫った死に対しても肯定的に臨むことができるとされます。

第4節　高齢期への適応

7.4.1.　幸福な老いとパーソナリティ

高齢期を豊かに過ごすためには，加齢にともなって起こる心身の状態の変化や環境の変化に適応していくことが必要です。高齢期のさまざまな変化への適応的な対処によって幸福な老いとしてのサクセスフル・エイジング（successful aging）が実現されるという観点から，適応のために望ましいと考えられる過ごし方について，多様な論議が展開されています。

成人後期以降の人生をよりよく生きることを表わす言葉として，生活の質（quality of life：QOL）や幸福な老いという言葉が用いられますが，これらに密接に関連しているのがパーソナリティです。パーソナリティは思考や情緒，行動のパターンを示していることから，現在の生活の主観的な評価である生活満足や幸福感と深く関係しています。パーソナリティに及ぼす加齢の影響は，さまざまな心理テストを用いたパーソナリティ特性の測定によって明らかにされてきました。

パーソナリティと幸福との関係について研究を行ったコスタとマクレー（Costa & McCrae, 1989）は，パーソナリティ特性と幸福感の関連を実証的に明らかにしました。彼らはパーソナリティ特性が，神経症性，外向性，開放性，協調性，誠実性の5つの領域に大きく分類できるという5因子モデルを提唱し，神経症性が不幸感に，外向性が幸福感に関係している可能性を示唆しました。この結果から幸福と不幸は対極にあるのではなく，パーソナリティの諸側面を反映していることがわかります。

また，パーソナリティ特性の加齢変化の検証からは，神経症性と外向性と開放性は加齢によって変化せず安定していることが明らかにされました。パーソナリティには年をとるにつれて変化していく側面がある一方，年を

サードエイジ論
英国の心理学者のラスレット（Laslett）は，人生を生き方の変化から4つの年代に区分しました。現在の中高年者とよばれる人の多くは，人生の完成期である第3世代にあるとされ，この時期をできるだけ長く過ごし，衰退と依存の時期である第4世代への移行を遅らせることが，長い人生を生きるうえでの課題だとするサードエイジ論を展開しました。このサードエイジ論は，これまでの人生の衰退期として否定的な捉え方がなされてきた高齢期を，人生の全盛期として捉える視点へと180度転換させた肯定的な加齢理論として，世界的に広く支持を集めました。

ボックス　8　加齢と知能

　知能は，成人後期から高齢期にかけて低下すると考えられていました。しかし近年の生涯発達研究からは，知能にはさまざまな側面があり，一概に加齢によって低下するとはいえないことが明らかにされています。

　知能は大別して，流動性知能と結晶性知能に分けられます（Horn & Cattell, 1966）。知能をこの流動性知能と結晶性知能に分類したところ，それぞれに異なる発達的変化を示すことがわかりました。流動性知能は新しい環境にすばやく反応する際に働く情報処理の能力をさします。一方の結晶性知能は，これまでの経験と深く結びついた知識や判断力，思考に関する能力です。流動性知能は 20 歳代をピークに加齢とともに低下しやすいのに対し，結晶性知能は高齢になってもあまり衰えずに維持されるか上昇が認められました。携帯電話の機種を変更したときに，新しい機種の操作に慣れてすぐに使えるようになるのは，流動性知能と関連した知能の働きと考えられます。一方，携帯電話が使えなくても，今ある通信手段や他者の援助を活用するなどで，これまでの経験を活かして柔軟に思考し，目的とする他者とコミュニケーションをとる方法を多面的に探ることができるのは，結晶性知能と関連する知能の働きです。加齢による個々の認知機能の低下が日常生活における課題の遂行に影響を及ぼしにくいのは，衰退する機能を維持し向上する機能が代替・補償していることによると考えられています。

　加齢にともなう顕著な知能の低下は，横断研究に基づく知能の研究からは認められた結果で

高齢期の適応理論
高齢期の適応的で成功した生き方を示すサクセスフル・エイジングの概念は，人口高齢化が急速に進展した 1960 年代以降の米国を中心に研究が進みました。老年社会学の分野では，サクセスフル・エイジングをめぐり適応のために望ましいと考えられる高齢期の過ごし方について，さまざまな論議がなされてきました。その中に，活動理論と離脱理論とよばれる退職後の生活についての相対する理論があります。活動理論は，退職後も職業に代わる社会的に意味のある活動に参加し，社会との関わりをもち続けることによって，高齢期の適応が可能となるという理論です。一方，離脱理論は高齢者への引退を求める社会の要請に逆らうことなく，社会的な役割からの撤退を受け入れることが自然で好ましいとする理論です。さらに，活動理論や離脱理論は，社会と関わり続けるか撤退するかの一方向のみで説明されてきたという批判から，高齢期の適応にはさまざまな方向性があるという連続理論が提唱されました。連続理論は，高齢者がどのような生活をおくるかといった行動の選択には個人差があり，長い人生経験を経て形成されてきた高齢者のパーソナリティによってそれぞれ異なった適応の形があるとする理論です。

とっても変わらず安定している側面があるのです。このようなパーソナリティの安定性は，たとえ年をとったとしても個人が一生を通じて変わらないその人自身であるという感覚をもたらし，幸福な老いに寄与すると考えられています。

7.4.2. 高齢期の心理的適応

　人口構造的な変化に加え，私たちの生活環境の改善や身体機能の向上は，成人中期から高齢期にかけてのライフスタイルを一層多様化させました。そして高齢者に対する社会的な価値観も変化するなど，人びとのライフサイクルは大きな変貌をとげています。その顕著な例は，定年退職や子どもの自立などの役割喪失を経験してからの人生が延長されたことでしょう。また，配偶者との死別後の期間も長期化しています。これらの現象を背景に，50 年近くに及ぶ人生の後半期をいかに過ごすかということに人々の関心が寄せられています。

　適応的な老いの考え方の 1 つとして，高齢になっても健康を維持し，社会活動に参加しながら生産的な生活を送るというプロダクティブ・エイジング（productive aging）が，主に欧米社会を中心に提唱されています。年をとっても何らかの方法で社会とのかかわりをもち続けたいと考える人は少なくありません。しかし個人の価値観は多様であり，一概にプロダクティブであることが人生後半の生活を充実させるとはいえません。また，身体的健康は幸福な老いの実現に重要であることは確かではありますが，絶対条件ではありません。高齢期の適応を環境の圧力と個人の能力の相互作用として説明したロウトン（Lawton, 1963）は，人生の意味は晩年に質的に変化すると

す。横断研究には，コホートの効果が年齢変化よりも大きく影響するという問題点があります。1960年代の研究において，就学率の低かった世代に生まれた高齢者と，高学歴化の進む世代の若者とを比較した場合に，若者の知能の得点が高いのは年齢よりもコホートの効果が大きいといえます。

　横断的研究法は，一連の調査の中のある時点で異なる年齢集団に属する対象を横断的に調査することで発達的変化を捉えようとする研究法です。横断的研究の長所は，研究時間や労力，費用の面で効率的で，短時間に多数のデータが得られることです。短所は，各段階の独立した異なる人や群が研究対象であることから，個別の追跡による発達の軌跡の把握や時間経過による変化の因果関係を明らかにするのがむずかしいことです。一方，縦断的研究は，同一の研究対象を長期にわたり継続的に追跡調査する方法です。縦断的研究法の長所は，個別の時間的な発達経過にともなう変化が把握しやすい点です。変化と環境の影響や歴史的条件等の関係を詳しく調査するのに適しています。短所としては，同一の対象を長期にわたり追跡するために，時間と費用，労力といった研究コストが大きくなることです。

　1956年から40年以上にわたり約6千人を対象に継続して知能検査を行った研究に，アメリカのシアトル縦断研究があります（Schaie, 1996；2005 他）。シャイエ（Schaie）は，横断的研究法と縦断的研究法を組み合わせた系列法を用いて，知能の加齢変化を分析しました。系列法は，複数のコホートを対象に，縦断的データを収集する方法です。系列法による分析から，年齢，コホート，時代の効果の測定が可能となりました。

（日下菜穂子）

し，健康状態がサクセスフル・エイジングを規定する最も重要な条件としては取り上げていません。そして環境，行動能力，知覚された生活の質と心理的ウェルビーイング（well-being）とが相互に関連し幸福な老いが規定されるとしました。個人が望む生き方を選択して幸福な老いを実現するうえで，変化する環境からの要請に個人がいかに応え，高齢者を取り巻く社会や環境全体が個人の発達をどのように支えるかが，今後の高齢社会における発達の課題だといえます。

ウェルビーイング
直訳すると，幸福で，身体的，精神的，社会的に良好な状態のことです。社会福祉用語では質の高い生活，すなわち，安全，自由や生存のための基本的条件（食料，住居，安定した生活を含む）が保障され，良好な健康（個人の健康や自然環境の健全性を含む）や良好な社会関係（十分で実感できるソーシャル・ネットワークやサポートを含む）が満たされている状態を意味します。

文　献

Ainsworth, M. D. S., Blehar, M. C., Water, E., & Wall, S. (1978). *Patterns of attachment*. Hillsdale, NJ: Lawrence Erlbaum.

Baltes, P. B., Reese, H. W., & Lipsitt, L. P. (1980). Life-span developmental psychology. *Annual Review of Psychology*, **31**, 77. （東　洋・柏木惠子・高橋惠子（編集・監訳）（1993）．生涯発達の心理学第1巻　新曜社　p.179．）

Bowlby, J. (1969). Attachment and loss. Vol. 1. *Attachment*. London: The Hogarth Press. （黒田実郎・大羽　蓁・岡田洋子・黒田聖一（訳）（1976）．母子関係の理論Ⅰ：愛着行動　岩崎学術出版社）

Costa Jr., P. T., & McCrae, R. R. (1989). *The NEO-PI/NEO-FFI manual supplement*. Odessa, FL: Psychological Assessment Resources.

Erikson, E. H. (1959). *Identity and the life cycle; Selected papers, with a historical introduction by David Rapaport*. New York: International University Press.

Erikson, E. H., Erikson, J. M., & Kivnick, H. Q. (1986). *Vital involvement in old age*. New York: W.W. Norton. （朝長正徳・朝長梨枝子（訳）（1990）．老年期：生き生きしたかかわりあい　みすず書房）

Havighurst, R. J. (1953). *Human development and education*. Oxford, UK: Longmans, Green.

Horn, J. L., & Cattell, R. B. (1966). Refinement and test of the theory of fluid and crystallized general intelligence. *Journal of Educational Psychology*, **57**, 253–270.

Lawton, M. P. (1983). Environment and other determinants of well-being in older people. *The Gerontologist*, **23**, 349–357.

Main, M., & Solomon, J. (1986). Discovery of an insecure disorganized/disoriented attachment pattern: Procedures, findings and implications for the classification of behavior. In T. Brazelton, & M. Yogman (Eds.), *Affective development in infancy*. Norwood, NJ: Ablex.

中村義行・大石史博（編著）（2011）．障害臨床学ハンドブック　ナカニシヤ出版

岡本祐子（1994）．生涯発達心理学の動向と展望：成人発達研究を中心に　教育心理学年報, **33**, 132-143.

Schaie, K. W. (1996). Intellectual development in adulthood. In J. E. Birren, & K. W. Schaie (Eds.), *Handbook of the psychology of aging* (4th ed.). San Diego, CA: Academic Press.

Schaie, K. W. (2005). *Developmental influences on adult intellectual development: The Seattle longitudinal study*. New York: Oxford University Press.

8 パーソナリティ心理

第1節　パーソナリティとは

8.1.1. 気　質

　気質（temperament）は，感情的側面で個人の反応の仕方や感情の表わし方をさし，生来的で生物学的（遺伝的）要因が強いといわれています。誕生まもない赤ちゃんでも気質に相違があり，この気質を中核として，その後，さまざまな環境要因の影響をうけてパーソナリティは形成されていきます。

　トーマスら（Thomas et al., 1968）は，乳児の気質を活動性，生理的リズム，順応性，反応の強さ，機嫌，気の散りやすさ，敏感性，注意の範囲と持続性，散漫性という9つの行動カテゴリーに分けて，その組み合わせから「扱いやすい子」「むずかしい子」「スローな子」という3つのタイプに分類しました（表8-1参照）。ただ，生物学的要因の強い気質であっても，その後，親の養育態度によっては子どものタイプも変容していきます。

表8-1　乳児期の3つのタイプ

タイプ	比率	特徴	問題行動の出現率
扱いやすい子（easy）	40%	反応の表わし方は穏やか，機嫌が良い，生理的リズムも安定，環境の変化にすぐ慣れる。育てやすく，愛着形成が容易。	18%
扱いにくい子（difficult）	10%	生理的リズムは不規則，反応を強く表わし，環境の変化に慣れにくい。母親が育児ノイローゼになりがち。	70%
時間のかかる子（slow to warm up）	15%	環境の変化に慣れにくいが，反応は穏やか，活動性が低い。おとなしいので，かかわり不足になりがち。	40%

＊比率については残りの35％は分類不能　　＊＊子ども全体での問題行動の出現率は31％

8.1.2. 性格とパーソナリティ

　人間の個人差を示す用語として，性格とパーソナリティがあります。性格（character）はギリシャ語の彫り刻む（karakter）が語源で，固定的・基礎的構造を示しています。パーソナリティ（personality）はラテン語の仮面（persona）が語源で，見かけ・役割・表面的行動を示し，知的側面も含みます。日本語で訳すと人格ですが，道徳的，価値的な意味合いが含まれるため，外来語のパーソナリティが好んで用いられますので，本章ではパーソナリティに統一します。

8.1.3. パーソナリティの定義

パーソナリティの定義は数多くありますが，オールポート（Allport, 1961）は，「パーソナリティは，個人内部の力動的システムで，その心理・生理的システムは環境への個人特有の適応を規定している」と定義しています。この定義に沿って，パーソナリティ概念をみますと，パーソナリティは，①力動的：単なる要素（特性）の総体ではなく，固定的なものでもなく，統合されつつも変化しているという意味，②心理・生理的システム：心と身体の両方の機能がからみあい，統一をなしているという意味，③個人特有：まさにその人だというユニーク性を意味，などを有しています。わかりやすくいうと，「パーソナリティは，その個人を特徴づける独自な，ある程度一貫性をもった行動・思考システム」です。

第2節　類型論と特性論

躁うつ病
双極性障害とよばれ，内因性精神疾患です。症状は躁状態とうつ状態を周期的に繰り返しますが，予後は良好で，パーソナリティの崩れがありません。躁状態，あるいはうつ状態だけの単極性障害もあります。出現率は0.2％，20歳代と50歳代に好発しますが，50歳代はほとんどが単極性うつ病です。

分裂病
精神分裂病という病名は精神そのものが分裂しているというイメージをもたれ，さまざまな誤解や差別を生み出してきました。2002年6月，日本精神神経学会は精神分裂病を統合失調症に改め，医療現場での新しい病名の使用を提唱しました。そのため，精神保健福祉法等の法律用語でも，統合失調症という病名が用いられるようになってきました。

8.2.1. 類型論

類型論はパーソナリティを全体的・総合的に捉えて，一定の原理に基づいて比較的少数の類型で表わし，それらのパーソナリティ構造を明らかにする方法です。ただ，それぞれの類型のパーソナリティ構造を重視するため，実際に多い中間型が無視されやすい点があります。また，人をある類型に分類するとき，その類型の固有する面を注目し，個人のもつ他の側面が見失われたり，その人のもっていない特徴までもっているという先入観を抱くこともあります。さらにパーソナリティを固定的に捉えていますので，パーソナリティ形成に及ぼす環境要因を軽視しがちです。

クレッチマー（Kretschmer）は躁うつ病（双極性障害）者に肥満型の体格，分裂病（統合失調症）者に細長型の体格が多いことに注目しました。そこで精神疾患の病前性格を調べ，気質と体格の関連性を指摘し，細長型を分裂気質，肥満型を循環気質，闘士型を粘着気質に関連づけました（図8-1参照）。シェルドン（Sheldon）も発生学的観点から，内胚葉型（消化器系が発達，肥満体質），中胚葉型（骨・筋肉系が発達，頑強で筋肉質体質），外胚葉型（神経・皮膚系が発達，きゃしゃで神経過敏体質）に分類し，内胚葉型は内臓緊張型気質（社交的，温和，感情表現が豊か），中胚葉型は身体緊張型気質（活動的，精力的，冒険を好む），外胚葉型は神経緊張型気質（控え目，非社交的，過敏）に結びつけています。

	分裂気質	循環気質	粘着気質
気質の特徴	非社交的，ユーモアを解さぬ，内気，無関心，神経質，敏感　鋭敏と鈍感の両極性	社交的，明朗，活発，穏やか　軽そうと抑うつの両極性	几帳面，真面目，固執，爆発的怒り　粘着性と爆発性の両極性
対応する体格	細長型　やせてひょろひょろした体格 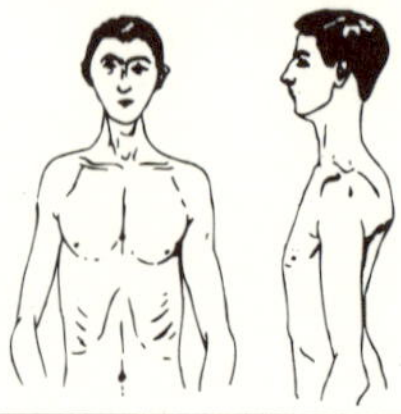	肥満型　全体的にまるまるした体格 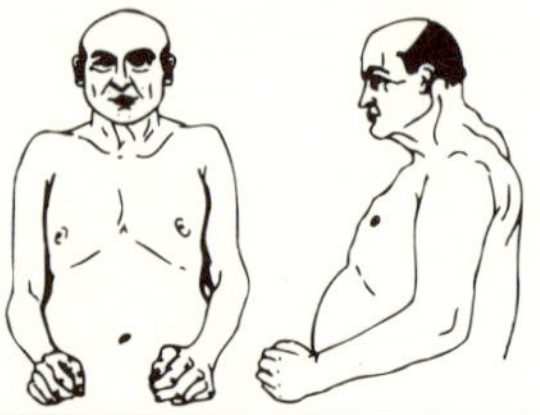	闘士型　筋肉・骨格は発達し，がっしりした体格 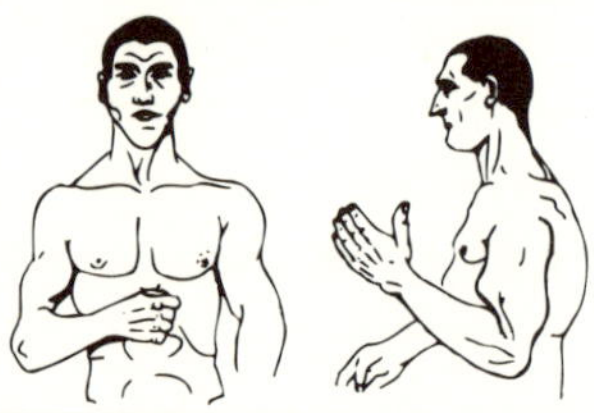

図8-1　クレッチマーの3つの気質と体格（Kretschmer, 1921）

表 8-2　ユングの 8 つのパーソナリティ・タイプ（Jung, 1921；西川，2004 を改変）

	外向型 エネルギーが外界に向けられる 外的事象を重視	内向型 エネルギーが内界に向けられる 自らの主観的世界を重視
思考型 概念や論理で知的に対処	自分自身のことよりも，客観的な事実や知識を重視し，それに基づいて道筋を立て考える。	理念によって影響を受けるが，その理念は自らの主観的経験で生じる。
感情型 良い一悪い，適一不適といった価値に基づく判断	感情表現が上手，自分の感情を抑制し，相手に合わせることができる。	何ごとも自分の主観的感情で処理するが，感情は外に表われず，深い情熱になる。
感覚型 五感などの身体の生理作用に基づいて知覚	現実の人や物に対して，具体的に，また実際的に身体的な感覚を感じ取ることはできる。	外からの刺激で生じる感覚は，その刺激によって触発される主観の部分の強度に左右される。
直観型 ひらめきやインスピレーションで未来を予見	外部的状況から予見する。	外からの刺激よりも，内的なものに注目し，将来の見通しや可能性を知覚する。

　ユング（Jung）は基本的態度として心的エネルギーが外界に向かうか，内界に向かうかで，外向型と内向型に，さらに心的機能として感覚型，感情型，直観型，思考型に分類し，その組み合わせで 8 つのタイプを想定しています（表 8-2 参照）。シュプランガー（Spranger）は価値観によって，理論型，経済型，審美型，社会型，権力型や宗教型に分類しました。

> **ユング**
> 1875 年生，スイス人。フロイトの弟子でしたが，訣別し，分析心理学を創始。人間には個人的無意識だけでなく，個人を超えた民族的，人類的な集団無意識があると考えるとともに，人生を午前（中年期以前），午後（中年期以降）に分けて，中年以降の自己実現を重視しました。

8.2.2. 特　性　論

　特性論はパーソナリティをいくつかの要素，すなわち特性に分けて，それらの特性のプロフィールから個人のパーソナリティ特徴を明らかにします。特性論は因子分析手法の開発によって急速に発展しました。最大の利点は数量化が容易で，個人差の比較はすぐにできることです。ただ特性の数や名称が研究者によってさまざまであったり，パーソナリティのユニークな全体像を描ききれない弱点があります。

　1）キャッテルの 16 因子説　キャッテル（Cattell）は特性を表情や動作等の観察可能な表面的特性と，パーソナリティの深層にあって観察できない根源的特性を分類し，根源的特性を捉えるには，当時，脚光をあびていた因子分析的手法が必要であると考えました。そこで質問紙法だけでなく，生活場面での行動を記録した生活記録や実験状況での客観的行動評定（ある作業に要した時間やその時の皮膚電気反射）等の広範な資料を因子分析し，16 因子を抽出しました。その後，キャッテル（1968）は 16 因子に基づく 16PF（16 パーソナリティ因子質問紙）を作成しました。ただ今までの研究では，このような多因子は抽出されず，各因子自体も非常に不安定で，統一したパーソナリティイメージが描きにくい点が指摘されています。

　2）アイゼンクの 2 因子説　アイゼンク（Eysenck, 1960）はパーソナリティ構造として類型，特性，習慣的な反応，個別的反応という 4 つの層を考えました（図 8-2 参照）。アイゼンクが特に重視したのは類型で，「外向性」と「神経症的傾向」という 2 つの類型（因子）があり，それぞれ固有の生理的基盤をもつと考え，MPI（モーズレー・パーソナリティ目録）を考案しました。

　「外向性」は社交性，活動性，興奮しやすさ等の特性で構成されています。これらの特性は大脳皮質の興奮と制止のどちらが優勢かで決定されます。つまり外向的な人は皮質が興奮しにくいので，より強い刺激を求めて活発に活

動しますが，内向的な人は皮質が興奮しやすいので，強い刺激を避けがちです。「神経症的傾向」はストレス状況での不安，抑うつや動揺等に関係し，これらの特性の強弱は自律神経系（交感神経系）の覚醒レベルの違いです。「神経症的傾向」の高い人はストレス状況で交感神経系が興奮しやすく，また，ストレスがなくなった後でも，その興奮が持続します。「神経症的傾向」の低い人は興奮しにくく，興奮してもストレスがなくなれば，その興奮はすぐに消失します。

アイゼンクの2因子説は簡潔で，わかりやすいのですが，多様なパーソナリティを2因子だけで説明することに無理があります。

自律神経系
神経系は脳・脊髄神経系と自律神経系に分類できます。自律神経系は交感神経系と副交感神経系からなり，意思とで無関係に働いて，呼吸，循環，消化器等の内臓器官の働きを調節しています。

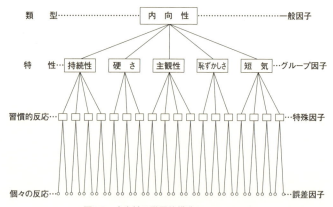

図8-2　内向性の階層的構造(Eysenck, 1960)

3）クロニンジャーの気質4因子説　クロニンジャー（Cloninger, 1987）はパーソナリティのなかに相互に作用し合う，遺伝規定性の高い気質と規定性の低い性格を想定し，気質4因子（「新奇性追求」「損害回避」「報酬依存」「固執」）と性格3因子（「自己志向」「協調性」「自己超越性」）からなる気質・性格目録を作成しましたが，ここでは気質4因子について記述します。

「新奇性追求」は行動を触発するシステムです。「新奇性追求」の高い人はつねに刺激やスリルを求めて，楽観的，活動的ですが，低い人は頑固，熟慮的で，現状維持に甘んじます。「損害回避」は行動を抑制するシステムです。高い人は心配性，慎重，堅実ですが，低い人は楽天的，外向的で，冒険を恐れません。「報酬依存」は行動を維持するシステムで，高い人は共感的，センチメンタルで，暖かな人間関係を希求しますが，低い人は沈着，冷静で，人間関係を重視せず，社会的孤立に対しても苦痛を感じません。「固執」は「報酬依存」の下位尺度でしたが，分離して新たに概念化された気質特性です。高い人は熱心で，野心的で，完全主義的ですが，低い人は物事に頓着せず，おうようで，飽きっぽい傾向にあります。

さらにクロニンジャーは気質4因子が脳の神経伝達物資と関連していると考えました。すなわち「新奇性追求」はドパミン（やる気を引き出し，身体の動きが活発させ，快楽や多幸感を感じさせる神経伝達物資），「損害回避」はセロトニン（落ち着きと安定感をもたらす神経伝達物資），「報酬依存」はノルアドレナリン（意欲・不安・恐怖と深い関係があり，神経を興奮させる神経伝達物質）と関係がありますが，「固執」については不明です。ただ「新奇性追求」とドパミン，「損害回避」とセロトニンの関係については，ク

ロニンジャーの理論を支持する研究結果が得られていますが，ノルアドレナリンについては立証されていません。

4）ビッグファイブの5因子説　このようにパーソナリティ特性の数については，独自の理論に拠って比較的少数の特性，あるいは多数の因子の特性を仮定する研究者とさまざまですが，今までの研究成果より，パーソナリティ特性は基本的な5つの因子に収斂できることが明確になりました。ゴールドバーグ（Goldberg）はこの基本的な5つの因子をビッグファイブ（Big Five）とよびました。コスタとマクレー（Costa & McCrae, 1989）は5因子説に基づくNEO人格目録を開発し，現在，最も普及している検査になっています。

5因子の名称は，「神経症的傾向」「外向性」「開放性」「協調性」「勤勉性」です。目新しい因子は「開放性」「協調性」「勤勉性」で，「開放性」は経験への開放を意味します。「開放性」の高い人は好奇心や感受性が豊かで，変化や多様性を好み，柔軟な心をもち，逆に低い人は固く，閉じられた心をもちます。「調和性」は他者との協調性に関係しています。「調和性」の高い人は他者に協力的，共感的，援助的ですが，集団のなかに埋没し，自分を失う危険もあります。低い人は自分の独自性を主張するあまり，人に冷淡，内閉的になりがちです。「誠実性」は自ら計画・組織・実行する自主・自律性と関係しています。「誠実性」の高い人は意思が強く真面目に生きようとしますが，低い人は自分のありのままに受け入れ，悪くいえば無気力的な人か，あるいは逆に快楽追求的な人です。

第3節　パーソナリティ理論

人間の本性について，古代中国で荀子は性悪説，孟子は性善説を唱えています。子ども観については，欧米では「子どもは邪悪，わがままでムチを打ってでも厳しく育てなければならない」という性悪説，日本では「7歳までは神の子で，子どもに悪戯はない。抱っこやおんぶなどのスキンシップを重視し，情愛豊かに育てる」という性善説が支配的でした。パーソナリティ理論については，端的にいうと，精神分析理論は性悪説，自己理論は性善説，行動主義理論は白紙説です。表8-3は3つのパーソナリティ理論とそれに基づく心理療法の対比です。

表8-3　3つのパーソナリティと心理療法の対比（国分, 1980を改変）

	精神分析理論	自己理論	行動主義理論
創始者	フロイト	ロジャーズ	アイゼンク（代表的学者）
療法	精神分析療法	来談者中心療法	行動療法
人間観	本来は本能のかたまり 人間は刹那的存在 性悪説	本来，成長する力を内在 人間は有能的存在 性善説	人間は受動的存在 白紙説
性格観	幼少期体験や親の養育態度がパーソナリティを形成	自己概念がパーソナリティを形成，その自己概念は他者から影響を受けている	条件づけによって無数の反応や習慣が形成され，その反応や習慣の束がパーソナリティ，だからパーソナリティは変動的
病理論	不適応な防衛機制を慢性的に用いることによる	自己不一致，すなわち経験と自己概念のずれ	不適切な条件づけ，あるいは条件づけの不足
治療目標	無意識の意識化，すなわち自己分析	自己概念を再構成し，自己一致を図る	好ましい条件づけを再学習
セラピストの役割	クライエントの行動のパターン，意味，原因を探り，解釈し，洞察させる	許容的・受容的態度で接する	教師的役割　プログラムを作成し，クライエントに課す
クライエントの役割	自由連想や夢報告	どんなことを話しても自由	生徒的役割　プログラムに従う

8.3.1. 精神分析理論

精神分析理論の創始者はフロイト（Freud）で，自由連想法や夢分析を用いて神経症の治療を行い，精神分析理論を体系化しました。精神分析では，人間は元来，本能のかたまりで快楽原則に沿って行動すると考えます。「さぼりたい」「遊びたい」「楽したい」が人間の本性で，人間怠け者説に立脚しています。ところが成長するにつれて現実原則に沿って行動することを学びます。現実吟味力といわれるものです。大人になるとは，状況に応じて快楽原則を抑えて現実原則に沿って行動できることです。

精神分析理論では，人間は過去に規定されているという因果律の考え方に基づいています。発達初期のさまざまな要因に影響されて，パーソナリティは形成され，神経症発症も過去の不幸な出来事の結果です。では，神経症が過去の出来事の結果であるなら，もう過去から解放されない（治らない）のでしょうか。そうではありません。過去から解放される方法は無意識の意識化です。

無意識の意識化とは，過去が無意識のうちにその人の態度・行動を支配しているから，どんな体験がどのように支配してきたかを，具体的に知ることです。端的にいえば，自己分析，すなわち自分の生い立ちを見つめ直し，自分の態度・行動の仕方や癖に気づき，それらの由来や意味を知ることです。ことに神経症者は発症当初，心身症状にとらわれ，その訴えに終始し，自己分析はまったくできない状況です。そこで神経症者の自己分析の支援をするのがカウンセラーです。

自己分析は簡単に思えますが，自分で自己分析することは難しいのです。というのは，自分で自己分析した場合，さまざまな防衛機制を駆使し，自己防御するからです。精神分析では，精神的に健康な人はよく自己分析できている人，つまり自分のパーソナリティの良い点や欠点を認識している人です。

精神分析では，パーソナリティを理解する4つの観点，すなわち構造論（パーソナリティはどんな構造か），形成論（パーソナリティはどのように形成されるか），防衛機制（欲求不満，葛藤や不安に遭遇したとき，どのように対処するか）とコンプレックス論（どんな点に心のかたよりがあるか）をもっています。構造論と防衛機制については4節で概略を示します。

8.3.2. 自己理論

自己理論の創始者はロジャーズ（Rogers）です。自己理論では，出生当初から存在しているものは有機体（organization）です。この有機体は自己実現傾向，すなわち，成長しようとするエネルギーを内在しています。自己理論は，人間は能動的な存在であるという人間有能説で，ことに乳児は好奇心旺盛で絶えず刺激を求めている存在なのです。出生後，有機体が環境とやりとりしているうちに，自他（自分と環境・他者）の分離がなされ，自己意識が芽生えます。この自己意識が自己（self）です。

自己理論は現象学に立脚しています。現象学とは，目で見える世界をどのように受け止めるかという受けとり方の世界，主観・認知・意味づけの世界こそが，本当の私たちの世界であるという考え方です。目で見える世界をどう受けとるか，その受け取り方が私たちの行動の源泉になるという考え方が現象学です。

フロイト
1856年生，ユダヤ人。ウィーン大学で神経学を研究。その後，パリに留学し，シャルコーからヒステリーについて学ぶ。ウィーンに戻り，神経科クリニックを開業。そこでの臨床経験を通して精神分析理論を構築。その後，フロイトのもとに欧米各地から多くの臨床家が集まり，1908年に国際精神分析学会を開催。この頃から精神分析が公に認められるようになりました。

本能
フロイトによれば，本能には，①生の本能（リビドー）と②死の本能（タナトス）があります。生の本能は自己保存本能（食欲），種族保存本能（性欲，母性愛）で，生産，統合や創造という意味があります。一方，死の本能は自己破壊本能（自己批判，自責，自殺），種族破壊本能（攻撃性，他責）で，破壊だけでなく，噛み砕くという意味合いから分割や分析も含まれます。

コンプレックス
通常，コンプレックスは劣等感の同義語で用いられていますが，本来は心的複合体という意味で，心の内で何か気になっているところ，いわば心のしこりといえます。劣等感は厳密には劣等コンプレックスです。他に，①エディプスコンプレックス（親子関係にまつわる問題），②カインコンプレックス（きょうだい関係にまつわる問題），③ダイアナコンプレックス（男性性・女性性にまつわる問題），④自己愛（自己意識や優越感にまつわる問題）などがあります。

ボックス　9　交流分析とエゴグラム

　バーン（Berne）は難解な精神分析を簡略化し，交流分析を創始しました。交流分析には脚本分析，ゲーム分析等の分析がありますが，最もポピュラーなものが構造分析とエゴグラムです。

　構造分析は精神分析での構造論に相当します。構造分析では，人間は親の心（Parent；P），大人の心（Adult；A），子どもの心（Child；C），という3つの心（自我状態）から成り立っていると考えます。

　親の心は精神分析の超自我に相当しますが，さらに批判的な親の心（Critical P；CP）と養育的な親の心（Nurturing P；NP）に分類しています。CPは，いわゆる父性的な側面で，理想追求，道徳心，責任感で，ネガティブでは強制，権力です。NPは母性的な側面で，共感，受容で，ネガティブでは過保護，過干渉，溺愛です。

　大人の心は自我に該当し，理性，現実吟味力を意味します。ネガティブな面では経済・物質万能主義，情性欠如です。

　子どもの心はエスに相当しますが，さらに自由な子どもの心（Free Child；FC）と従順な子どもの心（Adapt C；AC）に分けています。FCは子どもがもって生まれた本能で，自由奔放，天真爛漫で，ネガティブな面ではわがまま，幼稚です。FCは子どもが親の期待に添うように，より早期に身につけた特性で，服従，従順，よい子です。ネガティブになると，消極的，依存的といった主体性の欠如です。

　デュセイ（Dusay）は構造分析の考え方に基づき，エゴグラム（egogram）を作成しました。日本で標準化されたエゴグラムはTEG（東大式エゴグラム）で，5つの心に対応した質問項目が各20項目含まれています。被検者自ら採点し，5つの心の強さを棒グラフで表わして，プロフィールを作成し，自己理解を深めることができます。読者の皆様も一度，自己分析してみてください。

　図はさまざまなエゴグラム・プロフィールで，頑固な警官はCP優位，やさしい保育士はNP優位，クールな外科医はA優位，自由を愛する冒険家はFC優位，人の好いアルコール依存者はAC優位です。

（大石史博）

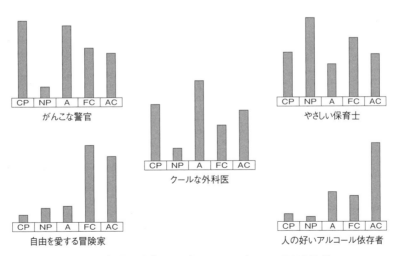

図　さまざまなエゴグラム・プロフィール（Dusay, 2000を改変）

ロジャーズ

ロジャーズは1902年，牧師の家に生れ，当初は農学を志し，次いで神学に進み，さらに心理学を専攻しました。臨床家としての第一歩は児童相談所で，12年間の児童相談所の臨床経験を通してロジャーズは自己理論を構築しました。精神分析理論の誕生はフロイトが『夢の解釈』を出版した1900年であるとされています。自己理論の誕生はロジャーズが自らの臨床経験の体系を試みて語った1940年のミネソタ大学での講演といわれています。

ロジャーズは特に自分に対する現象学的世界，すなわち自己概念（self-concept）を重視し，自己概念が人間の態度や行動を規定し，パーソナリティ形成に影響を及ぼすと考えました。そして有機体の経験に則した自己概念をもっている状態を自己一致とよびます。ただ自己概念は必ず有機体の経験から生じたものだけでなく，他者や社会の考えを取り入れたものや思い込みによるものも少なからずあります。有機体の経験と自己概念にずれが生じた状態が自己不一致です（図8-3参照）。自己理論によれば，精神的健康な人は自己一致している人です。

Ⅰ：経験に即さないで形成された自己概念（例：私は頭が悪いので，努力しても無駄）
Ⅱ：経験に即して形成された自己概念（例：成績が悪いのは努力しないから）
　　ありのままに受け入れられる経験
Ⅲ：ありのままに受け入れることができない経験
　　（例：テストでよい点を取ったのは，運がよかったから）

図8-3　自己一致と自己不一致（Rogers, 1951）

ボックス　10　パーソナリティ障害

パーソナリティ障害の定義は数多くありますが，福島（2003）は「病気でないのに，その人の行動，態度，対人的かかわりあい，思考の様式などが普通の人と大いに変わっていて，そのために自分が悩んだり周囲の人々を悩ませたりする場合をパーソナリティ障害（personality disorder）とよぶ」と定義しています。パーソナリティ障害は過去，精神病質とよばれ，シュナイダー（Schneider）は，精神病質をその異常性のために自分自身が悩み，あるいは社会が悩むものと定義しました。ただパーソナリティには，もともと個人によって特有な偏りがあります。その偏りがどの程度までが正常範囲内のパーソナリティの「傾向」で，どの程度からがパーソナリティの「障害」になるのかという判断はむずかしいといえます。パーソナリティ障害は次の3つのグループに分類できます。以下の10のパーソナリティ障害は「障害」というより「傾向」という観点から記述しました。

(1) **クラスター A**：ひきこもり・変人タイプで，人間関係からの引きこもりと奇妙な言動が特徴的です。統合失調症と近縁性があります。

①妄想性パーソナリティ障害：基本的特徴は猜疑心と過敏性です。人が自分を利用する，危害を加える，だますと訴え，人の親切さや誠実さに裏があると疑惑をもちます。いわば，人間に対する不信感や嫉妬心の強い人です。

②シゾイド性パーソナリティ障害：対人関係の無関心さや感情表現の乏しさがあります。出世や名声に関心がなく，非常に内向的で，人との接触を避け，喜怒哀楽に乏しいのです。人間嫌いで，孤独癖の強い，アウトローな人です。

③統合失調症型パーソナリティ障害：シゾイド性パーソナリティ障害の諸特徴に加えて，奇妙な観念や行動がみられ，統合失調症と特に類似性があります。具体的には関係念慮，異常な身体感覚，テレパシーや超能力への関心があり，奇妙な考えに浸ります。また話し方も要領を得ず，論理的でなく，服装や風貌も風変りで，不自然さが目立ちます。変人・奇人といわれる人です。

8.3.3. 行動主義理論

行動主義理論の先駆者ワトソン（Watson）は，「私に1ダースの子どもを与えてくれるなら，どの子どもでもあなたのお望みどおりにしてみせよう。医師，法律家，芸術家，お望みなら泥棒にも……」と豪語しました。ただ，まったく白紙では学習さえ成立しないので，一応，学習能力はもっていますが，端的にいうなら，行動主義理論は人間白紙説です。

パーソナリティについては，個人の観察可能な行動パターンの総和と考えます。観察可能な行動のなかで最も安定し，一貫性のあるものが習慣で，刺激－反応－強化といった一連の学習活動によって習得されます。まず，強化された反応と刺激の結びつきはしだいに強まり，やがて，1つの習慣が形成されます。パーソナリティはこのような習慣がたくさん集まって構成されたもので，パーソナリティは強化の積み重ねの結果です。習慣の束のようなものですから，その後の学習や強化しだいで変容します。精神的に健康な人に

　（2）**クラスターB**：ネアカタイプで，情緒面での激しさや不安定さがあり，外向的ですが，時には人に対して攻撃的態度を示したりします。双極性障害と親和性があります。

　④反社会性パーソナリティ障害：人に対する攻撃性の強さ，易刺激性や衝動性が特徴的です。喧嘩，暴力や器物破損を繰り返し，無責任で，自己中心的行動が目立ちます。一見，優しそうで口がうまく，人をだますタイプもいます。脳の生物学的要因とも関係していますので，パーソナリティ障害のなかで最も治療がむずかしいといわれます。

　⑤境界性パーソナリティ障害：人間関係，自己像や感情などのアンビバレンスが特徴的です。アンビバレンスは日本語では両価性で，ある対象に対して相反する感情，態度や行動を示すことです。たとえば人間関係ではある特定の人に対してある時は理想化し，ある時はこきおろし，自己像では自信過剰になるとき，自信喪失するときと，ころころ変化します。青年心性に類似点があり，若者に多いといえます。

　⑥演技性パーソナリティ障害：過剰な感情表現と人の注目や関心に対する強い欲求が特徴的です。内面的なことよりも，外面的な事柄（服装，髪型や持ち物）に関心があり，身体的，性的な魅力をアピールします。以前はヒステリー性格とよばれ，女性に多いといえます。派手好き，オーバーアクションで，いわば芸能人タイプともいえます。

　⑦自己愛性パーソナリティ障害：美，名声，成功や権力への強い希求をもち，万能感や過剰な自信をもっています。また，自分の利益のために人を利用し，わがままで，共感性に乏しい傾向にあります。政治家に多いタイプではないでしょうか。p.100の側注も参照してください。

　（3）**クラスターC**：ネクラタイプで，不安や緊張に関連した行動，感情や思考が特徴的です。神経症と関連性があります。

　⑧回避性パーソナリティ障害：人と親しくかかわりたい，自分を受け入れて欲しいという願望は強いのですが，自信がなく，劣等感を強く抱いているので，人の批判や拒絶が怖く，なかなか親しい人間関係をもてません。仕事でも失敗したり，傷つくことを恐れるため，責任やプレッシャーがかかる状況を避けようとします。日本人に多いタイプで，対人不安・緊張の強い人です。

　⑨依存性パーソナリティ障害：世話されたい欲求が過剰で，人にしがみつこうとする行動をとります。優柔不断で人につねに頼りたがる人です。

　⑩強迫性パーソナリティ障害：秩序，ルールや完全主義へのとらわれが特徴的です。几帳面，真面目，潔癖で，責任感の強い人です。

（大石史博）

ついても，明確な人間像はなく，あえて挙げるなら，病的な症状がない人間です。

第4節　パーソナリティの構造と防衛機制

8.4.1.　エス・自我・超自我

　精神分析理論では，人間の心はエス，自我と超自我からなり，3者の相互作用であると考えます。精神的に健康な人はこの3者がバランスよく発達し，機能しています。

　エス（es）は出生時より存在します。エスはリビドー（生のエネルギー）の貯蔵庫です。エスは快楽原則に沿って行動しますので，乳児期はいたずらやわがままし放題で，ほとんど押さえがききません。叱っても叱られた意味がわからないので，同じいたずらを繰り返します。叱り続けると，自分が何か行動をすると叱られる。じゃ何も行動しないほうがよいと思い，萎縮した好奇心の乏しい子ども，あるいはつねに人の顔色をうかがう過敏な，神経質な子どもになります。この時期は自体愛期とよびます。

　次いで，2歳頃から自我（ego）が出現し始めます。自我はエスの監視役で，欲求不満体験の積み重ねで，しだいに強固になります。自我は現実原則に沿って行動しますので，この頃より，叱られた意味がわかり，しつけが可能になります。この時期は自他の区別は認識できますが，他者の気持ちや心理まで理解できず，自己中心的行動が多い時期なので，自己愛期とよびます。

　最後に，5歳頃から超自我（supper-ego）が出現します。超自我は「人を叩いてはいけない」「人のものを盗んではいけない」「うそをついてはいけない」「人と仲良くしなければいけない」という良心，道徳や常識に相当するものです。3歳頃，しょっちゅう，けんかし，わがままで，自己中心的な子どもも5歳になると，けんかが少なくなり，仲間と仲良く遊べ，思いやり行動も出現します。超自我は子どもの育った環境，特に親の行動や考えを同一化することが多いといわれています。他者の気持ちを察し，思いやることが可能となる時期なので，対象愛期とよばれています。

8.4.2.　自我の防衛機制

　人間の心の中心は自我で，エスや超自我の圧力をうまく調節し，現実との適応を図ります。もし，それらの圧力が強まり，葛藤，不安や緊張というネガティブな感情が高まると，表8-4のような，さまざまな防衛機制（defense mechanism）が働き，それらの感情を和らげようとします。防衛機制のなかには，正常なものから病的なものまでありますが，一見，正常な機制であっても，「過ぎたるは，及ばざるが如し」のたとえがあるように，それを常習的に用いることは望ましくありません。

自体愛

自体愛は，自分の身体自体，あるいは，その一部に愛着をもち，性的快感を得る心的態度です。たとえば指しゃぶり，性器いじりという身体をいじくる習癖は，その代表的なものです。広義には，ものをなめたり，触ったり，いじくったりする行為も自体愛的行為ともいえます。このような自体愛的行為を通して，子どもは自分と自分以外のものを識別し始め，自他が分離していきます。

自己愛

自己愛（narcissism）という言葉は，美少年ナルキッソスが水面に映る自分の姿に見惚れたというギリシャ神話に由来し，①万能感（この世は自分の力で思いどおりになる），②自己中心性（この世は自分中心に動いている），③うぬぼれ（この世で最も優れているのは自分だ），を意味します。自己愛期はこのような思い込みを抱くことが多いのですが，欲求充足の阻止を体験し，また他者とのかかわりを通して，このような思い込みは減少していきます。大人は対象愛期なのですが，自己愛期に留まっている人も実際に存在し，境界性パーソナリティ障害とともに自己愛性パーソナリティ障害を示す人が近年，増加しています。

表 8-4 防衛機制 (Freud, A., 1936 と Valliant, 1986 を参考)

抑　　圧	苦痛な感情や欲求，記憶を意識から締め出す
逃　　避	不安や緊張をもたらす状況から逃避する
退　　行	以前の段階に後戻する
置き換え	感情や欲求を本来の対象から別の対象に置き換える
転　　移	定の人へ向かう感情をよく似た人へ向ける
転　　換	不満や葛藤を身体症状に置き換える
昇　　華	社会的に容認されない感情や欲求を受け入れられる方向で置き換える
反動形成	本心と裏腹なことを言ったり，したりする
打ち消し	不安や罪悪感を別の行動や考えで打ち消す
取り入れ	相手の属性を自分のものにする
同 一 視	相手を取り入れて自分と同一に思う
融　　合	相手に完全に呑み込まれる
合 理 化	口実を言って責任転嫁する
投　　影	相手へ向かう感情や欲求を他人が自分に向けていると思う
知 性 化	感情や欲求を直接に意識化しないで，知的な認識や考えでコントロールする
否　　認	不安や苦痛に結びついた現実を否定し認めない
補　　償	劣等感をいろんな方法で補う

第5節　パーソナリティ・アセスメント

8.5.1.　質問紙法

　質問紙法は多くのパーソナリティ特性に関する質問を多数配列し，「はい」「いいえ」「どちらでもない」といった一定の形式で回答させる方法です。質問紙法の長所は，①検査の実施が簡単，集団施行も可能，②採点・結果の数量化も容易で，結果のフィードバックがすぐにできる，③結果の解釈が客観的で，熟練を要さない，などです。反面，短所は，①回答を歪曲できる，②深層心理を探ることができない，などの点です。代表的な質問紙法は次のとおりです。

　①YG（矢田部・ギルフォード）性格検査：正常者用，12の下位尺度からなり，情緒安定性と向性の組み合わせからA（平均型），B（情緒不安定-外向），C（情緒安定-内向），D（情緒安定-外向），E型（情緒不安定-内向）という5つのタイプに分類できます。

　②NEO人格目録：正常者用，第2節参照。

　③TEG（東大式エゴグラム）：正常者・神経症用，ボックス9参照。

　④MPI：正常者・神経症用，第2節参照。

　⑤MMPI（ミネソタ多面人格目録）：神経症・精神病者用，4つの妥当性尺度と10の臨床尺度からなり，精神疾患の判別を目指した検査ですが，パーソナリティ検査としても活用できます。顕在性不安尺度や自我強度尺度等の多くの追加尺度も考案されています。

8.5.2.　作業検査法

　作業検査法は一定の条件のもとで，一定の作業を行わせ，その作業の量や質，作業中の態度などから，パーソナリティを調べる方法です。長所は，①採点・結果の数量化も容易で，結果のフィードバックがすぐにできる，②意図的歪曲が生じにくい，などです。短所はパーソナリティの末梢的部分しか把握できないところです。最もポピュラーな作業法として，単純加算法を行

ロールシャッハ・テスト

ロールシャッハ・テストはロールシャッハが1921年に考案。10枚の左右対称の「インクのしみ」図版を見せて、何に見えるかと問うテストで、心理臨床で使用頻度が最も高いテストです。

絵画主題統覚法

マレー（Murray）が1935年に考案。31枚のあいまいな場面を描いた絵カードがあり、任意に選んだ絵カードを被検者に見せて、物語を語ってもらうテストです。

絵画欲求不満テスト

ローゼンツァイク（Rosenzweig）は、対人場面での欲求不満状況での反応に人のパーソナリティが現われると考えました。そこで日常生活で起こりうる欲求不満状況を描いた24のイラストに対する言語的反応から、被検者の欲求不満への対処を分析しました。分析法として、攻撃の方向には①内罰、②外罰、③無罰が、反応の型には①障害優位、②自己防衛、③要求固執があって、この組み合わせによる9カテゴリーで24のイラストに対する言語的反応を評価します。

う内田クレペリン法があります。

8.5.3. 投 影 法

　投影法はあいまいで多義的な刺激材料を与え、その反応の仕方を分析・解釈する方法です。質問紙法などの意識レベルからの回答や、行動観察などで捉えられない人間の内面における欲求・葛藤・動機づけ・感情などを把握することが可能です。長所は①深層心理を探ることができる、②回答を歪曲できない、などです。短所としては①検査の実施に時間がかかる、②採点・結果の数量化がむずかしい、③結果の解釈が主観的で、熟練を要する、などがあります。投影法には、①視覚刺激を用いる方法：ロールシャッハ・テスト（Rorschach Test）、絵画主題統覚法（TAT）、絵画欲求不満テスト（PFスタディ）、②言語刺激を用いる方法：文章完成法（SCT）や言語連想法、③描画法：人物画、樹木画（バウムテスト）、家族画、風景構成法、があります。

文　献

オールポート，G. W.　今田　恵（監訳）(1968).　人格心理学：上・下　誠信書房

キャッテル，R. B.　斎藤耕二（訳）(1981).　パーソナリティの心理学（改訂版）　金子書房

Cloninger, C. R. (1987). A systematic method for clinical description and classification on personality variants: A proposal. *Archives of General Psychology*, **44**, 573–588.

Costa Jr. R.T., & McCrae, R. R. (1989). *The NEO-PI-NEO-FFI manual supplement.* Odessa, FL: Psychological Assessment Resources.

Eysenck, H. J. (1960). *The structure of human personality.* London: Methuen.

フロイト，A. (1936).　外林大作（訳）(1958).　自我と防衛　誠信書房

フロイト，S. (1923).　井村恒朗（訳）(1970).　自我論・不安本能論　フロイト著作集第6巻　人文書院

福島　章 (2003).　人格障害　加藤正明（他編）　新版精神医学事典　弘文堂

ユング，C. G.　高橋義孝（訳）(1984).　ユング著作集1　人間のタイプ　日本教文社

河合隼雄 (1967).　ユング心理学入門　培風館

国分康孝 (1980).　カウンセリングの理論　誠信書房

国分康孝 (1982).　カウンセリングと精神分析　誠信書房

木島信彦 (2009a).　クロニンジャー理論の基礎
　　　<https://www.nttdata-getronics.co.jp/csr/lits-cafe/personality/no3.html>

木島信彦 (2009b).　クロニンジャー理論の気質
　　　<https://www.nttdata-getronics.co.jp/csr/lits-cafe/personality/no4.html>

クレッチマー，E. (1921).　相場　均（訳）(1960).　体格と性格　文光社

西川隆蔵 (2004).　パーソナリティとは　西川隆蔵・大石史博（編）人格発達心理学　ナカニシヤ出版

岡田尊司 (2010).　ササッとわかるパーソナリティ障害　講談社

小此木啓吾 (1973).　フロイト：その自我の軌跡　NHKブックス

大石史博・西川隆蔵・中村義行（編）(2005).　発達臨床心理学ハンドブック　ナカニシヤ出版

ロジャーズ，C. (1959).　伊東　博（編訳）(1967).　パーソナリティ理論　ロジャーズ全集第8巻　岩崎学術出版社

丹野義彦 (2003).　性格の心理　サイエンス社

トーマス，A., チェス，S. (1968).　林　雅次（監訳）(1981).　子供の気質と心理的発達　星和書店

戸田まり・サトウタツヤ・伊藤美奈子 (2005). グラフィック性格心理学　サイエンス社
東京大学医学部心療内科 TEG 研究会 (2006). 新版 TEG2 解説とエゴグラム・パターン　金子書房
Valliant, G. F. (1986). *Empirical studies of ego mechanism of defense: In clinical practice and in empirical research.* Washington, DC: American Psychiatric Press.

9 ストレス心理

第1節 ストレス

9.1.1. ストレスとは

ストレスは子どもでも知っているぐらいの日常的な言葉になっていますが，もともとは物理学用語で「外から力が加えられたときに生じる歪み」を意味します。1936年にセリエ（Selye）はこの用語を人間の身体にも適用して，外からの力に対して生じる身体内部の反応，ないしは変化をストレス（stress），ストレスを生じさせるようになった外的からの力，すなわち原因をストレッサー（stressor）とよびました。ふつう，ストレスは私たちの身体にとって有害で，病気を引き起こすものをさしますが，身体に快く，健康に有益なものもあります。セリエは前者を不快ストレス（distress），後者を快ストレス（eustress）とよんでいます。しかしアルコール飲料のように少量では快ストレスであっても，度が過ぎると二日酔いといった不快ストレスになることもあります。

9.1.2. ストレスの生理的過程

セリエはストレスの生理的過程を図9-1のように説明しています。これはストレッサーに対する身体の防御反応で，一般適応症候群と名づけました。

1) **警告反応期** 私たちの身体に対してストレッサーが加えられた直後の時期は，ショック相と反ショック相に分けられます。ショック相では身体はストレッサーに対して無防備であるため，抵抗力が一時的に低下します。体温，血圧，血糖値や筋緊張は低下し，神経系統の活動性は抑制されます。しばらくして反ショック相に移行し，身体の安定性を維持するために抵抗が始まり，ショック相と正反対の身体的反応が起こります。体温，血圧，血糖値や筋緊張は

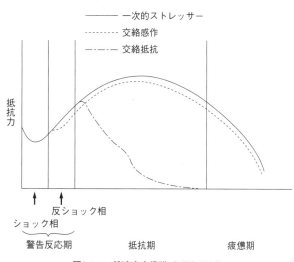

図9-1 一般適応症候群（石川，2002）

上昇し，神経系の活動が活発化します。この時期はストレスの原因となっているストレッサーに対する抵抗力がついているだけでなく，他のストレッ

サーに対しての抵抗力も増加します。この現象を交絡抵抗とよんでいます。

2）抵抗期 ストレッサーが続くと，そのストレッサーに対する抵抗力は増加しますが，それ以外のストレッサーに対する抵抗力はしだいに低下します。この現象が交絡感作です。これは適応のためのエネルギーには限界があって，それが消耗されるために他のストレッサーへの抵抗が弱まるためです。この頃からさまざまな心身症状が起こり始めます。

3）疲憊期 さらにストレッサーが持続すると，身体はそれ以上の状態を維持できなくなり，ついに破綻します。体温の下降，胸腺やリンパ節の萎縮，副腎皮質機能の低下，体重の減少を起こし，死にいたることもあります。

セリエの記述は主に物理的，化学的，生物的要因による身体的ストレスの生理的過程です。心理的ストレスではその人の内的要因（たとえば対処能力や受けとめ方）や体験した時の外的要因（ソーシャル・サポートの有無）で，ストレス反応の現われ方や程度は異なってきます。

9.1.3 心理的ストレッサー

私たちにとって，すべての環境要因がストレッサーになります。表9-1 に示すように環境要因は，①物理的要因 ②化学的要因，③生物的要因 ④心理的要因に大まかに分類できます。ふつう，私たちがストレスという言葉を用いる場合，心理的ストレスをさすことが多いので，心理的ストレッサーについて述べます。

表 9-1　ストレッサーの分類（石川，2002）

（1）物理的ストレッサー 　　寒冷，高温，熱暑，放射線，騒音など
（2）化学的ストレッサー 　　酸素，飢餓，薬物，過食など
（3）生物的ストレッサー 　　細菌，花粉など
（4）心理的ストレッサー 　　配偶者の死，離婚，試験など

ホームズとレイ（Holmes & Rahe, 1967）はストレッサー指標として配偶者の死，結婚，転職などの生活環境の変化を挙げ，そのような変化をライフ・イベントとよびました。社会的再適応評価尺度はこれらのイベントのストレスの程度を数値で表わしたものです（表9-2 を参照）。そして最近1年間で体験したイベントの総得点と健康障害が起こる確率を示しました。1年間の総得点が200〜299点であるなら約50％の人に，300点以上なら約80％の人に何らかの健康障害が生じます。その後，心理的・社会的要因を数値で表わそうとする研究は増加していますが，ただ，同じイベントであっても，人によってストレス度は異なってきます。たとえば仲がよく，頼りにしていた家族の死はストレス度が高いのですが，疎遠であった家族の死はストレス度が低いと考えられます。

日常生活でしばしば体験する苛立ちや腹立たしさを引き起こすストレスを近年，日常ハッスル（daisy hassles）とよんでいます。ラザラスとコーエン（Lazarus & Cohen, 1977）は日常ではあまり体験しないイベントより，日常ハッスルのほうが健康障害と関係すると述べています。たとえばストット（Stott, 1973）は妊婦での妊娠中のストレスと新生児への影響（障害）との関係を報告しました。表9-3 を見ると，新生児への影響は妊婦の母体疾患，肉体的ストレスや母体自覚症状は概して少ないといえます。胃潰瘍，脱力感，

ソーシャル・サポート

ソーシャル・サポートの先駆的研究は1979年のバークマンとサイム（Berkman & Syme, 1979）の調査です。彼らは人のネックワーク（対人関係の広がりと質）とその人の生死にどのような関係があるのか調べました。その結果，人との関係の多い人は少ない人より，死亡率は低かったのです。以後，多くの研究者は同じような結果を見出しました。つまり人との関係が多い人はソーシャル・サポートを受ける機会が多く，心身の健康を促進させると考えられます。

絶望感や自殺企図の影響が大きいのはその背景に何らかの持続的なストレッサーがあると推測されます。対人関係では，家族の病気・事故や親の死というライフ・イベントは影響が比較的少なく，隣人との喧嘩，親戚とのいざこざや夫婦喧嘩のほうが大きくなっています。ラザラスらが指摘するように，日常ハッスル，特に対人関係での持続的なストレッサーのほうが，新生児への影響が大きいといえます。

表9-2 社会的再適応評価尺度（Holmes & Rahe, 1967）

イベント	ストレス度	イベント	ストレス度
配偶者の死	100	息子や娘が家を出る	29
離婚	73	親戚とのトラブル	29
配偶者との離別	65	自分の特別な成功	28
拘禁や刑務所入り	63	妻が仕事を始める，辞める	26
家族の死	63	学校に行く，修了する	26
自分のけがや病気	53	生活条件の変化	25
結婚	50	習慣の変更	24
失業	47	上役とのトラブル	23
婚姻上の和解	45	労働条件の変化	20
退職	45	住居の変化	20
家族の健康上の変化	44	学校の変化	20
妊娠	40	気晴らしの変化	19
性的な障害	39	宗教活動の変化	19
新しい家族ができる	39	社会活動の変化	19
ビジネスの再調整	39	100万円以下の借金	17
経済状態の変化	38	睡眠習慣の変化	16
友人の死	37	同居家族数の変化	15
仕事の変更	36	食習慣の変化	15
配偶者とのけんかの数	35	休暇	13
100万円以上の借金	31	クリスマス	12
借金やローンの抵当流れ	30	軽微な法律違反	11
職場での責任の変化	29		

表9-3 妊娠中のストレスと新生児への影響（室岡, 1983を一部改変）

1. 母体疾患	新生児への障害の程度(比率)	2. 肉体的ストレス	新生児への障害の程度(比率)	3. 母体自覚症状	新生児への障害の程度(比率)	4. 対人関係	新生児への障害の程度(比率)
肝障害	0.75	偶発的けが	0.6	神経質	1.0	家族の病気や事故	0.3
消化器系障害	0.77	歯の手術	0.7	憂うつ	1.2	親の死亡	0.5
切迫流産	0.83	重労働	1.0	ショック	1.5	引越し	1.0
風邪・インフルエンザ	1.0			脱力感	4.0	姑とのいざこざ	1.0
悪心	1.0			絶望感	4.0	隣人とのけんか	2.0
分娩前出血	1.0			自殺企図	4.0	親戚とのいざこざ	4.0
足のむくみ	1.0					夫婦げんか	6.0
高血圧	1.1						
貧血	1.12						
胃潰瘍	3.0						

9.1.4. コーピング

1) コーピングと防衛機制　コーピング（coping）はストレスに対する対処法です。ラザラスとフォークマン（Lazarus & Folkman, 1984）はストレスに対する認知的評価を重視し，3段階のコーピング理論を展開しています。第1段階（1次的評価）は，その出来事がその人にとってストレスになるか否かを評価します。第2段階は（2次的評価）では，それがストレスであると評価されると，どのようなコーピングの方法をとるかを検討します。

最後の段階（コーピングの実施と再評価）はそのコーピングが実際に有効であったかを評価します。

ところでコーピングと類似しているものに，欲求不満，葛藤，不安や恐怖に対する対処法である精神分析の防衛機制があります。ハーン（Hann, 1977）によれば，コーピングの過程は柔軟で，未来志向的，意識的，現実的であるのに対して，防衛機制の過程は硬くて柔軟性に欠け，現実歪曲的，無意識的であるということです。つまり防衛機制は不適切的，神経症的であるのに対して，コーピングは状況に応じて流動的に対処し，適応的，成熟したものとして捉えています。はたしてそうでしょうか。コーピングのなかには不適応的なものもありますし，防衛機制のなかにも適応的なものもあります。私たちがストレスに直面したとき，そのストレスに対して沈着，冷静，臨機応変にコーピングできるものでしょうか。

2）**問題焦点型と情動焦点型のコーピング**　問題焦点型のコーピングは，現実の状況を変えるための努力で，環境に対して行動を起こしたり，自分の行動を変えたりして，自分と環境の関係を直接的に変化させる機能をもっています。そのコーピングには，①問題解決（「その問題を解決するために，慎重にプランをたてた」），②ソーシャルサポート（「何か援助を受けられる人を探した」），があります。ストレスに積極的に挑む対処法で，一般に状況がコントロール可能であると認めたときに用いられます。

情動焦点型のコーピングは自分と環境の関係を直接的に変化させるのではなく，脅威をもたらすものについて考えないようにしたり，直面している状況について，情動を調節したりする機能をもっています。そのコーピングには，①積極的認知対処（「自分のやり方を反省した」），②回避「その問題を忘れるようにつとめた」，③希望的観測（「誰かが助けてくれることを願った」）があります。ストレスに直接的に挑まず，何らかの回避手段を考えたりする対処法で，コントロール不可能な状況と認めたときに用いられます。

9.1.5. ハーディネスとレジリエンス

従来のストレス研究は主としてストレス関連疾患を引き起こす要因を究明してきましたが，近年，ストレッサーによって引き起こされるストレス反応を緩和する要因の研究が多くなってきました。ストレス緩和要因は個人的要因（パーソナリティ・スタイル等），あるいは環境的要因（ソーシャル・サポート等）に大別できますが，最近，個人的要因としてのハーディネスとレジリエンスが注目されています。

まずハーディネス（hardiness）はコバサ（Kobasa, 1979）によって提唱されたストレスに対して頑健なパーソナリティ特性です。ハーディネスは3つの要素，①「コミットメント」：人生のさまざまな状況に自ら積極的にかかわる傾向をさす，②「コントロール」：出来事の推移に対して自らの力が影響を与えていると信じ行動する傾向をさす，③「チャレンジ」：毎日の生活において安定よりも変化を好む傾向をさす，から構成されています。ハーディネスの高い人は低い人に比べ，ストレスフルな出来事を経験しても，それを肯定的に認知し，自分でコントロールできると楽観的に考えることができます。

他方，レジリエンス（resilience）はストレスと同様に物理学用語で外力

による歪みを跳ね返す力を意味します。レジリエンスはストレスフルな状況にもかかわらず，精神的健康や適応行動を維持する能力をさし，精神的に回復する特性，あるいは資質というさまざまな内的要因を含みます。レジリエンス要因として，平野（2010）は「資質的要因」と「獲得的要因」に分類し，「資質的要因」は生得的な気質と関連が強く，楽観性，統御力，社交性や行動力の4因子に，他方，「獲得的要因」は問題解決志向，自己理解や他者心理の理解の3因子に，分類しています。

ハーディネスとレジリエンスは類似した概念ですが，仁科（2009）によれば，ハーディネスは強いストレスの影響を最初からはねつけるという"心の頑健性"を意味しているのに対して，レジリエンスはいったんストレスからの影響を受けても元に戻るという"心の柔軟性"を意味しています。

第2節　ストレス性障害

精神疾患は，①身体因性，②内因性，③心因性，に分類できますが，心因性精神疾患がストレス性障害と考えることができます。

9.2.1.　心身症

心身症は身体症状を主としますが，その診断や治療に心理的因子についての配慮が，特に重要な意味をもつ疾患です。身体症状は特定の器官（胃）に限定され，機能的障害（胃痛）だけでなく器質的病変（胃潰瘍）も生じます。表9-4は心身症の種類を示しています。

身体因性
身体因性精神疾患は脳を含む身体疾患による精神疾患ですが，脳の器質的障害による器質精神病と脳以外の身体疾患による症状精神病に分類できます。器質精神病には脳血管障害後遺症や認知症等があり，症状精神病には産褥精神病や糖尿病，バセドー病に起因するものがあります。

内因性
内因性精神疾患は原因不明であるが，主に生物学的要因（遺伝要因）が関与している精神疾患。2大精神病といわれる統合失調症と双極性障害が内因性です。また，てんかんでも原因が明確でない特発性てんかんも内因性です。

表9-4　心身症の種類

呼吸器系	気管支喘息，過呼吸症候群，神経性咳嗽
循環器系	本態性高血圧症，起立性調節障害，狭心症，心筋梗塞
消化器系	胃・十二指腸潰瘍，過敏性腸症候群，慢性胃炎，心因性嘔吐
内分泌・代謝系	神経性食欲不振症，神経性大食症，肥満，心因性多飲症，糖尿病，バセドー病
神経・筋肉系	偏頭痛，知覚異常，けいれん発作，痙性斜頸，書痙
小児科領域	気管支喘息，夜尿症，遺尿症，夜驚症，チック，息止め発作，呑気症
皮膚科領域	慢性じんましん，アレルギー性皮膚炎，円形脱毛症，多汗症
整形外科領域	腰痛，頸肩腕症候群，むちうち症，肩こり，背痛
泌尿器・生殖器系	夜尿症，遺尿症，神経性頻尿，過敏性膀胱炎，インポテンツ
産婦人科領域	更年期障害，月経異常，不感症，習慣流産
眼科領域	眼精疲労，視野狭窄
耳鼻科領域	耳鳴り，乗り物酔い，心因性難聴，嗅覚障害
歯科・口腔領域	舌痛症，口臭症，歯ぎしり，口内炎，味覚異常

心身症になりやすいパーソナリティはアレキシサイミア（alexithymia）で，日本語では失感情症といいます。アレキシサイミアはギリシャ語のa（lack），lexis（word），thymos（emotion）からなる造語で，感情を表現する言語の欠如を意味します。つまり自分の感情を感じとったり，それを言葉にして述べることが不得手で，感情表現が抑制的です。また，自分の感情だけでなく，身体感覚への気づきや身体の変調に鈍感で，これをアレキシソミア（alexisomia）とよび，日本語では失体感症です。

心療内科
心療内科は心身症を扱い，精神科は神経症，統合失調症などの精神疾患を，神経内科はパーキンソン病，脳卒中，認知症などの脳神経系疾患を取扱います。ところが，町の開業クリニックでは心療内科，あるいは神経科を標榜しながら，実際には精神疾患を診療しているところが多いのです。これは精神科という名称では敷居が高く，患者さんが来にくいからです。

不安
不安は対象が明確でなく，恐怖は対象が明確です。不安と死の意識とは深い関連があり，死を意識し始めた頃（小学校高学年）より，不安も感じ始めます。

心筋梗塞や心不全等の虚血性心臓疾患になりやすい行動傾向として，タイプA行動パターンがあります。タイプAの人は自らストレスの多い生活を選び，ストレスに対する自覚があまりありません。そのために血圧上昇や脈拍増加というストレス反応によって循環器系に負担がかかり，心臓疾患を発症しやすいのです。タイプA行動パターンは，①過剰な精力的活動性，②時間的切迫感，③攻撃性，④精力的な話し方，が特徴的です。

このようなパーソナリティ，あるいは行動傾向をもつ人がストレスを受けた場合，心身症になりやすいのです。また，ストレスや不適応の自覚も少ないために，心身症になっても自分の症状が心理社会的要因に起因していることを認めたがらず，心療内科クリニックの受診や，カウンセリングをうけることに抵抗を示します。

9.2.2. 神 経 症

神経症は心因性で起こる心身の機能障害です。DSM-Ⅲ（1980）で神経症というカテゴリーは用いられなくなり，不安障害，身体表現性障害等の大分類に分割されましたが，ここでは便宜上，神経症という用語を用います。

強いストレスを体験すれば，誰でも頭痛，腹痛，不眠，集中力欠如やうつ状態等の身体症状や精神症状が一時的に出現することがありますが，それらの症状がある程度持続する場合，神経症とよびます。また，神経症の根底は不安ですから，不安を感じる小学校高学年頃から神経症は発症し，不安の高まる時期，すなわち，青年期，中年・更年期や高齢期に好発します。

神経症は精神症状が中心で，不安神経症，恐怖症，強迫神経症，抑うつ神経症やヒステリーに分類できます。多彩な身体症状も訴えることがありますが，機能的障害に留まり，心身症のように器質的病変には至りません。表9-5は神経症の分類と症状，表9-6は心身症と神経症の対比です。

神経症になりやすいパーソナリティは心身症とは正反対で，身体の些細な変調にも敏感で，感情表現が表出的で，人間関係での悩みや不満を訴え，実際に学校や職場での不適応が起こっています。自発的に精神科クリニックや相談機関に受診することが多く，カウンセリングについても協力的です。

表9-5　神経症の分類と症状

従来の分類	DSM-5による分類		症状
	大分類	下位分類	
不安神経症	不安障害	全般不安性障害	多くの出来事や日常活動についての過剰な不安と心配が長期にわたって持続し，そのために生じる心身の不調がある。
		パニック障害	電車やバスに乗ったり外出すると，不安発作（動悸や発汗などの自律神経系の症状）が起こるのではないかという予期不安を持ち，乗り物や外出できない状態。20歳代で好発。
恐怖症		特定の恐怖症 社会不安障害 広場恐怖	特定のもの，場所や人に対して恐怖を感じる。例；高所恐怖，不潔恐怖，閉所恐怖，広場恐怖，対人恐怖（社交不安障害）。広場恐怖は欧米で，対人恐怖は日本で多く，20歳前後で好発。
強迫神経症	強迫性および関連障害	強迫性障害	不合理な考えとわかっていても，その考えが絶えず浮かんでくる強迫思考と自分の行為に自信がもてず何度も確認する強迫行為がある。20歳前半で好発。
心気症	身体性症候および関連障害	疾患不安障害	器質的疾患がないのに多彩な不定愁訴があり，それにとらわれる状態。病的とらわれ，疾病恐怖，心身の些細な不調，他者への訴えが顕著。中高齢期に好発。例；がんノイローゼ
転換ヒステリー		転換性障害	葛藤やストレスを身体症状に転換させる。運動障害（失立，失歩，失声），けいれん発作，知覚障害（視野狭窄，知覚麻痺），自律神経系障害（めまい，おう吐，腹痛）がみられる。女性に非常に多く，ヒステリー性格（派手好き，自己顕示欲が高い，注目を引きたがる）が多い。20歳代で好発。
解離ヒステリー	解離性障害	解離性健忘 解離性同一性障害	葛藤やトラウマに耐えきれなくなり，意識，記憶や思考を解離して，自分を防衛する。例；解離性健忘，解離性同一性障害。
離人症		解離症/現実感喪失障害	自分の身体，思考，感情や感覚が自分のものであると感じがたいような状態。解離性障害のなかで最も軽症で，健常者でも非常に疲れたときに起こる場合もある。20歳前後に好発。
抑うつ神経症	うつ病性障害	持続的うつ病性障害	気分が落ち込み，絶望的になり，閉じこもる。中高齢期に多い。

表 9-6 神経症と心身症の対比 (児玉, 1989 を改変)

神経症	心身症
精神症状が主	身体症状が主
身体症状は多彩で，変動的	身体症状は特定の器官（たとえば胃）に限定
身体症状は機能的障害（胃痛）に留まる	身体症状は器質的病変（たとえば胃潰瘍）に至る
身体の変調に敏感	身体の変調に鈍感
感情表出は豊か	感情表出は抑制的
不適応やストレスの自覚がある	不適応やストレスの自覚がないむしろ過剰適応
精神科受診やカウンセリングに抵抗が少ない	心療内科受診やカウンセリングに抵抗を示す

9.2.3. うつ病

うつ病は生物学的要因の強い内因性うつ病と心理的要因の強い心因性うつ病に分類できますが，両者の要因が絡み合っていることも多いのです。うつ病は「心の風邪」とよばれるように，どの年代にもみられますが，40〜50歳代に好発します。中年期は職場での地位は昇進し，部下が多くなるとともに，仕事量は増加し，仕事での責任は重くなり，ストレスは増大します。加えて，最近，技術革新や情報化の急速な進展，終身雇用・年功序列制の見直し等の急激な変化や経済不況によるリストラは，中年世代に多大なストレスをもたらし，さまざまな心因性精神疾患をもたらしますが，最も多いのがうつ病です。自殺が多いのも中年期です。そのため，うつ病に対する対策が急務となっています。従来，子どもにはうつ病が発症しないと考えられたのですが，最近，子どものうつ病も増加し，注目されています。

うつ病になりやすいパーソナリティはメランコリー親和型性格とよびます。このパーソナリティは，①秩序を重んじる，②律儀で真面目，③責任感が強い，④理想が高い，⑤他人に献身的，⑥他人との衝突を避け，場の雰囲気を重んじる，です。①〜④は男性のうつ病によくみられるパーソナリティ傾向（自律的性格）で，仕事上での対象喪失（転勤，職務変更，昇格，出向，失業，定年），挫折や失敗で発症しやすく，いわば，挫折うつ病ともいえます。⑤〜⑥は女性のうつ病に多いパーソナリティ傾向（対人志向的性格）で，対人関係での対象喪失（親しい人の死別や離別）や人からの拒否体験（上司や同僚との軋轢，親類や近所との行き違いや不和）で生じやすく，喪失うつ病といえます。ただ近年，メランコリー親和型性格を示さず，自己愛が強いために，自責性も乏しく，むしろ他人を責める現代型うつ病が特に若年層で増加しています。

子どものうつ病

子どもはうつ気分を積極的に表現できないので，なかなか発見しにくい面があります。学校に行きたがらない，友だちづきあいがうまくいかない，勉強がはかどらない，家族と話さない，家でもぼっとしているという行動，頭痛，腹痛，不眠やいらいらという心身症状が続くようなら，注意が必要です。傅田の調査（2004）によれば，中学生の22%，小学生の7%がうつ傾向とされていますが，実際にうつ病と診断されるのは，このうちの2割程度です。

対象喪失

対象喪失を最初に取り上げたのはフロイトですが，ヤング（Young et al., 1963）は，中年夫婦でパートナーを失った妻，または夫がパートナー死亡6ヵ月以内に死亡する率が，そうでない場合より，40%も高く，その死亡原因の70%が心臓病であることを報告しました。つまりパートナー死亡は文字どおり，ブレークハートなのです。これ以降，対象喪失の心理を調べた実証的研究が増加し，対象喪失とうつ病発症との関係が指摘されています。

第3節　トラウマ性障害

9.3.1. トラウマ後ストレス障害とは

トラウマ性ストレス障害はすでに19世紀後半から報告されていますが，この障害が注目され始めたのは，ベトナム戦争帰還兵症候群です。1960年後半から1970年前半にかけて，ベトナム戦争によって多くのアメリカ兵がトラウマを体験し，戦争終了後，帰還してもトラウマ後遺症を患い，ベトナム戦争帰還兵症候群とよばれ，重大な社会問題になりました。そのためトラウマ性ストレス障害についての診断基準が新たに必要となりました。1980

レイプ・トラウマ症候群

1974年，精神科看護師のバージェス（Burgess）らはレイプ被害にあった女性にその後遺症としてフラッシュバックや悪夢を報告し，レイプ・トラウマ症候群と命名しました。1970年代の女性解放運動の高まりによって，このような行為が暴かれ，その後遺症に注目され始めました。また，最近ではセクハラによるPTSDも出現しています。

ドメスティック・バイオレンス
ドメスティックという言葉には家庭内という意味もありますが、この場合、親しい間柄という意味で、ドメスティック・バイオレンス (domestic violence) は夫婦間だけでなく、恋人への暴力行為をも含めています。夫婦間暴力の発生件数（2010年度・配偶者暴力相談支援センター相談件数）は年間約77,000件です。ただ家庭という密室で行われ、しかも泣き寝入りが多いため、児童虐待以上に、実態がさだかではありません。

年のDSM-Ⅲにおいて、トラウマ後ストレス障害（posttraumatic stress disorder；以下PTSD）という用語が初めて採用され、被災、戦争・事故・犯罪被害、レイプ・トラウマ症候群、ドメスティック・バイオレンスや児童虐待も包括されるようになりました。

トラウマは日本語で心的外傷といい、①実際に危うく死ぬ、または重傷を負うような出来事を、②強い恐怖、無力感や戦慄感をもって体験することと定義されています。ただPTSDは下記の中核症状が1ヵ月以上続く場合で、1ヵ月未満の場合では急性ストレス障害となっています。

PTSDは当初、あまり注目されなかった用語でしたが、1990年に入り、自然災害、戦争・戦乱、爆破・人質・凶悪犯罪事件が起こるたびに、PTSDを負った被災者や被害者の症状やそのケア対策がマスコミでしばしば報じられるようになり、世間に広く知られる用語となりました。しかし、被災、戦争・事故・犯罪被害等の一過性のトラウマに比べて、児童虐待（11章ボッ

ボックス　11　統合失調症

精神病はふつう内因性精神疾患をさし、統合失調症と双極性障害が2大精神病とされていますが、最も患者数が多く、多彩な症状を示す統合失調症について述べます。

（1）発症率・発症年齢：発症率は0.8％で、120人に1人が発症します。厚生労働省の調査では約75万人の患者がいると推定され、精神科入院患者の60～70％が統合失調症です。発症年齢は思春期から青年期までに好発し、平均発症年齢は男性21歳、女性27歳です。

（2）病因：遺伝要因、環境要因、神経科学的要因や神経生理的要因が検討されましたが、いずれの要因も症状のすべてをうまく説明できていません。近年、統合失調症の病因仮説としては、①神経発達障害仮説：すでに胎生・周産期での神経発達の障害で脳構造の変化が生じ、青年期に発症する、②脆弱性－ストレスモデル：統合失調症への生物学的、認知的、心理的、あるいは社会的脆弱性がもともとあり、ストレスが加わって発症する、が有力です。

（3）症状・経過：統合失調症の発症前に落ち着きのなさ、抑うつ、思考・集中困難、社会的引きこもりといった前駆症状が多くみられます。

統合失調症の発症当初は了解不能な幻覚、妄想や自我障害という陽性症状（本来、あるべきではないことがあるという意味）が目立ちます。また、これらの症状を信じているので、自分は病気を患っている病識はなく、自発的に受診しません。そのため、家族が困って受診させ、医師の診察の結果、精神科病院に入院が必要なら強制入院になります。陽性症状に対しては、抗精神病剤投与は有効で、症状がなくなれば退院ということになります。ただ、病識がないので、退院すれば薬を飲まなかったり、さまざまなストレスに耐えきれなくなり、再発し、また入院です。このように入退院を繰り返すうちに、自発性減退、感情鈍麻、思考や会話の貧困や社会的引きこもりといった陰性症状（本来、あるべきものがないものという意味）がしだいに表われ、パーソナリティの崩れが目立ってきます。ただ近年、有効な抗精神病薬の開発によって統合失調症の半数は完治、あるいは軽度の障害を残して回復します。

（4）治療

身体療法（薬物療法と電気けいれん療法）と心理社会的療法に大別できます。統合失調症の治療は薬物療法が中心で抗精神病薬（強力精神安定剤）が投与されます。陽性症状に対して抗精神病薬の有効性は高いのですが、陰性症状については効果が十分でありません。電気けいれん療法は麻酔下で患者の頭に電極をあて、脳に通電しています。昏迷、興奮やうつがひどかっ

クス17参照）のような長期反復性のトラウマはその症状がはるかに多様で，解離性障害や境界性パーソナリティ障害等の深刻な後遺症を生じることもあります。ハーマン（Herman, 1992）は後者に対して複雑性PTSDという概念を提案しています。

岡野（2009）はトラウマ体験を，①陽性トラウマ（刺激の過剰によるトラウマ）と陰性トラウマ（刺激の過小によるトラウマ），②一過性のトラウマと反復性のトラウマ，③人生早期のトラウマとそれ以後のトラウマ，④性的トラウマとそれ以外のトラウマ，⑤一過性のトラウマと偶発的なトラウマに分類しました。反復性，人生早期，性的，人為的なトラウマのほうが深刻で，PTSDの出現率は高率で，その程度は重度であることが多くの疫学研究で報告されています。一般成人を対象にした飛鳥井（2006）の研究でもトラウマ体験者の深刻な再体験症状出現率は自然災害8.5％，自己・病気8.5％，突然の死別19.6％，犯罪・暴力57.7％，虐待・DV47.3％でした。

解離性障害
解離とは意識や記憶の連続性や統合性が失われる状態です。解離性障害として，①離人症性障害（自分の身体，思考，感情や感覚が自分のものであると感じがたいような状態），②解離性健忘（ショッキングな出来事に体験したため，その体験の前後の記憶を思い出すことができない状態），③解離性遁走（突然，失踪し，自分の過去をまったく思い出すことができない状態），④解離性同一性障害（多重人格障害），があり，離人症性障害が最も軽度で，非常に疲れたときには表われますが，解離性同一性障害は最も深刻なストレス，すなわち児童虐待で起こることが多いといわれています。

表　急性期と慢性期の症状

	急性期の症状　陽性症状が顕著	慢性期の症状　陰性症状が顕著
症状	幻覚：幻聴「死ねという声が聞こえる」，幻視「天井に虫がはえずりまわっている」，体感異常「お腹の中，虫で一杯」 妄想：被害妄想「命を狙われている」，嫉妬妄想「妻が浮気をしている」，誇大妄想「自分はイエス・キリスト」 思考過程の障害：途絶（考えが途切れ，急に黙り込む），連合弛緩（話にまとまりがない），支離滅裂（話の内容がまったく理解できない） 自我障害：離人体験「自分が存在しているという実感がない」，作為体験「他人の意思で動かされ，操られている」，思考伝播「誰にも話していないのに自分の考えが皆に知れわたっている」 緊張病症候群：興奮と昏迷，カタレプシー，常同症，反響言語，反響動作，拒絶症 感情障害：不安，抑うつ，アンビバレンス（相反する感情，態度や考えが同時に存在する状態），興奮等の感情の不安定さが顕著	陽性症状の幻覚と妄想もみられることもあるが，急性期に比較して不安や恐怖等の感情反応を伴わない 思考力の低下：集中力がなくなり，物事を考えることができない 自発性欠如：物事に対しての関心がなく，自発的に行動しない 内閉：人に関心がなく，話もしない 無為：顔を洗ったりせず，だらしなくなる 感情鈍麻：表情や喜怒哀楽が乏しい
投薬	効果がある	効果は少ない
病理過程	ドパミン受容体の増加	脳細胞の減少と構造的変化

り，あるいは自殺の危険が切迫し，かつ薬物療法の効果がない場合，電気けいれん療法は実施することもあります。ただ，欧米に比べて日本ではタブー視され，あまり行われていません。心理社会的療法としては精神療法，心理教育，社会生活技法訓練や作業療法などがあり，薬物療法と組み合わせることによって高い治療効果が得られます。

近年，欧米では精神医療の脱施設化が進展し，精神科病床数，入院患者数や患者の在院日数も顕著に減少しました（イタリア：人口万対1床，平均在院日数13.3日，アメリカ：3床，6.9日，フランス：10床，6.5日）が，日本では依然，精神科病床数や入院患者数が多く，患者の在院日数は長い（日本：30.4床，318日）のです。つまり症状が落ち着き退院できるのに，退院できない社会的入院が多いのです。その理由とは，①病院の問題：入院させておくほうが都合が良い，②家族の問題：親も高齢になると自宅に引き取れないし，入院してもらうほうが都合が良い，③福祉の問題：デイケア，ナイトケアや社会復帰施設などの自立支援施設が不十分で，退院しても行き場がない，などです。

（大石史博）

境界性パーソナリティ障害
従来，精神病と神経症の境界線とみなされ，境界例（ボーダーライン）とよばれてきましたが，近年ではパーソナリティ障害の1類型と考えられています。症状や行動特徴は，①見捨てられ不安の強さ，②理想化か，こきおろしかの対人関係，③不安定な自己像，④アンビバレントな感情，⑤慢性的空虚感，⑥著しい衝動性，⑦自殺企図あるいは自傷行為，です。薬物療法も効果が乏しく，カウンセリングも中断したり，長期化するなど，対応がむずかしい精神疾患です。人口の2％，パーソナリティ障害の半数が境界性パーソナリティ障害であるという説もあります（DSM-Ⅳ）。

9.3.2. PTSDの中核症状

1）再体験　再体験は過去のトラウマ体験に関係する記憶や感覚に繰り返し襲われることで，覚醒時ではフラッシュバック，睡眠時では悪夢となって表われます。図9-2は通常の記憶とトラウマ性記憶のメカニズムを示しています。通常の記憶は感覚器官を通して入力された刺激は大脳前頭葉で認知され，ある程度，まとまりのあるストーリー性をもった記憶になります。その後，前頭葉や海馬で長期記憶として保持され，自らの意思で想起できます。ところがトラウマ性記憶は前頭葉を経ず，直接，海馬に送られ，凍結保存されます。そのため前後関係もなく断片的で，生々しい感覚とイメージとして焼き付けられます。幼児期の混沌とした回想的記憶と類似性があります。このように認知されないで凍結保存されたトラウマ性記憶は本人の意思に関係なく反復的に，突然，意識内に侵入し，そのために交感神経が高まり，自律神経系のさまざまな症状が出現します。フラッシュバック（flash back）とよばれる現象がその典型です。トラウマ性記憶のままで日常生活に支障をきたしますから，時機をみて通常の記憶に再構成させる必要があります。トラ

ボックス　12　拒食症と過食症

　摂食障害には神経性無食欲症（以下，拒食症），神経性大食症（以下，過食症），異食症や反芻性障害がありますが，拒食症と過食症はいずれも体重，食べ物や体型に過度にとらわれることから，一連の摂食障害といえます。摂食障害は以前から報告されていましたが，増加したのは1970年代になってからで，痩身志向の強い現代社会では増加傾向にあります。当初，男性の摂食障害はきわめて稀とされてきましたが，近年，男女比は1対10程度で，男性の摂食障害も増加しています。

　拒食症の定義（DSM-Ⅳ）は，①標準体重の-15%以上のやせ，②体重不足でも体重増加や肥満に対する強い恐怖，③身体像の障害（かなりやせているのにまだ太っていると主張），④女性では月経が連続して3回欠如，です。

　拒食症の発症メカニズムは，心理的要因から無食欲や無月経の身体症状が起こり，内分泌異常や電解質異常の身体的変調が精神症状の出現を助長し，さらに食行動が悪化するという心身相関的悪循環が形成されます。つまり当初はストレスによる食欲低下やダイエットによる食事制限によって意図して食べないのですが，しだいに食べたくても食べられなくなります。拒食症は心身症で，生物学的要因が大きいとされます。

　過食症の定義（DSM-Ⅳ）は，①むちゃ喰いのエピソードの繰り返し，②むちゃ喰いの時間中，摂食行動を自己制御できない，③体重増加を防ぐために不適切な代償行動を繰り返す：たとえば自己誘発性嘔吐（のどに指を入れて吐く），下剤や利尿剤の使用，厳格な食事制限，絶食や過激な運動，④むちゃ喰いや不適切な代償行動が平均して3ヵ月間に週2回以上，⑤身体の形や体重についての過剰な関心，です。

　過食症の過食衝動は健康な空腹感や食欲に基づくものではなく，自制するのはきわめて困難です。「なぜこのようなあさましい行為が止められないのか」と自己嫌悪や抑うつに陥り，性的放縦，リストカット，アルコール依存や薬物乱用等のさまざまな問題行動を行うことも多いのです。そのため過食症はアディクション（依存）の心性に近く，環境要因が大きいとされます。つまりストレスに陥ると，男性は飲酒，女性は飲食で，イライラを解消しようとするので，男性ではアルコール依存，女性では過食症が多くなると考えられます。表は拒食症と過食症の相違です。

ウマとなった出来事を話してもらい，受容的に傾聴することが有効です。

2）**回避・麻痺**　回避はトラウマとなった事柄について話したり，考えたりすることや，思い出すような活動，場所や人さえを避ける反応です。そのため自宅に閉じこもったりしますので，生活の幅が制限されたり，人間関係の疎遠化をまねきます。麻痺は感覚や感情を鈍化させることで苦痛を避ける反応です。通常の感覚や感情も全般に麻痺しますので，生き生きした感覚を奪い，何事にも無関心，無感動になり，喜怒哀楽に乏しくなります。人と喜びや悲しみを共有できず，人を思いやったり，甘えたり，愛することさえできません。

3）**過覚醒**　過覚醒は自律神経系の過剰覚醒状態を意味します。不安，恐怖などの交感神経が高まった状態が長く続き，入眠障害や夜間覚醒という睡眠障害，些細な刺激に対してのいらいら，怒りの爆発，興奮のしやすさ，集中困難，過度の警戒心や過剰な驚愕反応などのさまざまな症状が起こってきます。たとえば過去のトラウマに関連するパトカーや救急車のサイレンの音，子どもの泣き声，あるいは，ガソリンの匂いにも過敏に反応します。

フラッシュバック
フラッシュバックは映画用語で，過去の出来事を瞬間的にある場面に挿入するテクニックをさします。ホロウィッツ（Horowitz）は薬物依存者が薬物使用をやめたにもかかわらず，使用時と同じ幻覚が出現する現象を説明するために，フラッシュバックという用語を用いました。最近では強いトラウマ体験を受けた場合に，後になってその出来事が，突然かつ非常に鮮明に思い出されたりする現象をさします。

表　拒食症と過食症の相違（Touyz et al., 2008／邦訳，2011を参考）

		拒食症	過食症
有病率		0.4～1%	2～3%
発症年齢		中・高校生の発症が多い	発症は20歳以上が多い
病識や受診状況		病識に乏しい 受診拒否，あるいは仕方なく受診	病識はある 自発受診もある
精神症状	やせ願望	強い	必ずしも強くない
	肥満恐怖	強い	強い
	身体像の障害	伴う	伴う
	いらいら，抑うつ，自己嫌悪	少ない	かなり強い
行動次元	摂食行動	食欲不振，拒食，摂食制限，隠れ食い，盗み食い	過食，だらだら食い，絶食，摂食制限，隠れ食い，盗み食い
	排泄行動	自発性嘔吐，下剤や利尿剤の使用	自発性嘔吐，下剤や利尿剤の使用
	活動性	過活動	低下
	問題行動	問題行動は比較的，少ない	問題行動は多い（リストカット，万引き，アルコール依存症，薬物乱用など）
	性体験	ないものが多い	あるものも少なくない
身体症状	体重	低体重	標準体重～肥満
	月経異常（女性の場合）	無月経	一部は無月経
	その他の身体症状	徐脈，低体温，低血圧，浮腫，産毛の密生	浮腫，過食後の微熱

　摂食障害の発症要因として，①生物学的要因：遺伝素因（視床下部にある摂食中枢がもともと弱い）。視床下部―下垂体系の機能異常。神経伝達物資（セロトニン等）の機能低下，②性格傾向：強迫的で，融通がきかない性格。他人の評価に過敏で，低い自己イメージをもつ），③家族要因（親の養育態度が過保護，過干渉，逆に放任，拒否的なこともある。家族内葛藤の存在），④文化・社会要因：やせ願望と肥満蔑視の風潮。受験勉強の過重。人間関係での軋轢，が挙げられ，これらの要因が絡み合って発症します。相対的に拒食症は生物学的要因や性格傾向が，過食症では家族要因や文化・社会要因が強いと考えられます。

（大石史博）

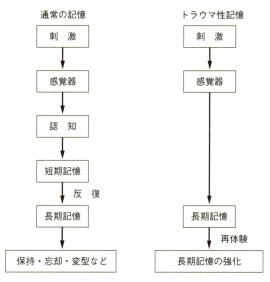

図9-2　通常の記憶とトラウマ性記憶のメカニズム（森，2001を改変）

9.3.3. PTSDの情動面への影響

　トラウマ体験は情緒的な面に深刻な影響を及ぼし，その人の対人関係に障害をもたらします。トラウマを受けた多くの人に共通する体験として，森（2001）は①無力感，②自責感，③孤立無援感を挙げています。

　まずトラウマ体験は自らの力で対処できない体験で，主体的な努力では解決の困難な問題です。そのため，「自らが有能である」という有能感を損ない，無力感を生じます。無力感に圧倒された場合，トラウマ以前の生活に復帰できず，そのことがいっそうの無力感を生むという悪循環を繰り返します。

　自責感はサバイバーの罪悪感といわれるもので，仲間や家族は死んでしまったのに，「自分だけ生き残って申し訳ない」「助かったのに元気になれなくて申し訳ない」など表現はさまざまです。また虐待された子どもや暴力を振るわれた女性の場合，本当は相手が悪いにもかかわらず，「暴力を振るわれるのは，自分に落ち度があるため」と，逆に自分を責めることもあります。つまりトラウマにはそもそも自責感を生む性質があります。

　さらにトラウマ体験には，人と人の絆を断ち切り，孤立させる作用があります。「もう人と違ってしまった」「元の自分に戻れない」「他の人にわかってもらえない」という感覚や感情に支配されます。自分の人生が一挙に破壊されたという感覚が人間関係を希薄にし，孤立無援感を生んでいきます。トラウマを負った人の支援はこの孤立無援感をいかに和らげ，社会連帯感をもたせるかがポイントです。人間関係を再建する再結合が最も重要な課題で，親類，知人，地域の人や支援スタッフのサポートが不可欠です。

文　献

飛鳥井望 (2008)．PTSDの臨床研究　金剛出版

Badia, P., Culbertson, S., & Harsh, J. (1973). Choice of longer or stronger signalled shock over shorter or weaker unsignalled shock. *Journal of the Experimental Analysis of Behavior*, **19**, 25–33.

Berkman, L. F., & Syme, S. L. (1979). Social networks, host resistance and mortality: A nine-year follow-up study of Alameda

County residents. *American Journal of Epidemiology*, **109**, 186–204.
Burgess, A. W., & Holmstrom, L. L. (1974). Rape trauma syndrome. *American Journal of Psychiatry*, **131**(9), 981–986.
傳田健三 (2004). 子どものうつ病　講談社
Hann, N. (1977). *Coping and defending*. New York: Academic Press.
ハーマン．J. L.（1992）．中井久夫（訳）(1996)．心的外傷と回復　みすず書房
平野真理 (2010). リジリエンスの資質的要因・獲得的要因の分類の試み：二次元リジリエンス要因尺度（BRS）の作成　パーソナリティ研究, **19**, 94–106.
Holmes, T. H., & Rahe, R. H. (1967). The social readjustment rating scale. *Journal of Psychosomatic Research*, **11**, 213–218.
石川俊男 (2002). ストレスの概念と歴史　心身医学の基礎　久保千春（編著）心身医学標準テキスト　医学書院
川崎二三彦 (2006).　児童虐待　岩波書店
Kobasa, S. C. (1979).　Stressful life events, personality, and health: An inquiry into hardiness. *Journal of Personality and Social Psychology*, **37**, 1–11.
児玉憲典 (1989).　反応の異常．性格の異常　武正健一（編）精神医学サブノート　南江堂
小坂守孝 (1992).　ストレス抵抗資源としての実存的特性：ハーディネス尺度に関する文献研究　慶応義塾大学大学院社会学研究科紀要, **35**, 29–36.
河野友信他（編）(2003).　ストレス診療ハンドブック第2版　メディカル・サイエンス・インターナショナル
久保千春（編）(2002).　心身医学標準テキスト　医学書院
Lazarus, R. S., & Cohen, J. B. (1977). Environmental stress. In I. Altman, & J. F. Wohlwill (Eds.), *Human behavior and environment* (Vol. 2). New York: Plenum.
Lazarus, R. S., & Folkman, S. (1984). *Stress, appraisal, and coping*. New York: Springer.
森　茂起 (2001).　外傷後ストレス障害　小児保健, **24**, 804–810.
室岡　一 (1983) 胎児期の母子相互作用　周産期医学, **13**(臨時増刊号), 2133–2137.
仁科明明 (2009).　人間力育成のパラダイム・シフト：ハーディネス（心の頑強さ）からリジリエンシー（心の回復力）現代のエスプリ500号：心理臨床フロンティア　至文堂　pp.194–205.
西沢　哲 (1994).　子どもの虐待　誠信書房
野村総一郎・樋口輝彦・尾崎紀夫（編）(2009).　標準精神医学（第4版）　医学書院
大石史博 (2004).　ストレスとパーソナリティ変容　西川隆蔵・大石史博（編）人格発達心理学　ナカニシヤ出版
岡野憲一郎 (2009).　新外傷性精神障害　岩崎学術出版社
Selye, H. (1936). A syndrome by diverse nocuous agents. *Nature*, **138**, 32.
Selye, H. (1956). *The stress of life*. New York: McGraw-Hill.
Stoot, D. H. (1973). Follow-up study from birth of the effects of prenatal stresses. *Development Medicine and Child Neurology*, **15**, 770–787.
丹野義彦 (2003).　性格の心理　サイエンス社
Touyz, S. W., Polivy, J., & Hay, P. J. (2008). *Eating disorders*. Cambridge, MA: Hogrefe & Huber Publishers.（切池信夫(監訳)(2011)．摂食障害　金剛出版）
Young, M., Benjamin, B., & Wallis, C. (1963). The mortality of widower. *Lancet*, **2**, 454–456.
切池信夫 (2009).　摂食障害（第2版）　医学書院

10 発達障害心理

第1節 発達障害とは

10.1.1. 発達障害の定義

　発達障害は中途障害の対語です。広義の定義では心身発達の障害で，脳性まひも発達障害とされていました。DSM-Ⅲ-R（1987）の定義では，発達期（18歳まで）での中枢神経系の障害に基づく知的発達障害（全般的で均一な遅滞），広汎性発達障害（広範囲で不均な遅滞），特異的発達障害（特定領域での遅滞：学習障害，発達性言語障害，協調運動障害）をさしていました。加えて，近年，行動障害とされてきた注意欠陥/多動性障害を含むことが多くなっています。2013年に改定されたDSM-5では神経発達障害という大分類が採用され，中分類として知的障害，コミュニケーション障害（小分類として言語障害，語音障害，小児期発症流暢性障害，語用論的コミュニケーション障害），自閉症スペクトラム，注意欠陥/多動性障害，限局性学習障害，運動障害（小分類として協調運動障害，常同運動障害），チック障害があります。

　わが国においては，2005年に施行された発達障害者支援法の定義では「自閉症，アスペルガー症候群その他の広汎性発達障害，学習障害，注意欠陥/多動性障害，その他これに類する脳機能の障害であって，その症状が通常低年齢において発現するもの」とされ，知的障害を除いていますが，これはわが国独特の行政的定義です。その影響で，学校教育では発達障害は知的障害のない自閉症スペクトラム，注意欠陥/多動性障害と学習障害をさすこ

チック障害

　チック（tic）は突発的，急速，反復的，非律動性の運動（まばたき，首振り，飛び跳ね）や発声（咳払い，鼻鳴らし，「アッアッ」という声を出す）です。従来，心因性障害とされてきましたが，近年，脳機能の発達不全（ドパミンなどの神経伝達物質の不全）の関与が明らかになり，家庭や学校でのストレスが誘因となり発症します。そのため知的障害，自閉症やAD/HDにもしばしばみられます。発症は4〜11歳が多く，運動・筋肉系の成長が著しい6〜7歳で好発します。子どもの10〜15%に一過性チックが見られますが，多くは1年未満で消失します。男女比は一過性チックでは4:1ですが，慢性チック（7:1，チックが1年以上持続）やトゥレット障害（15:1，多彩な運動チックや音声チックが1年以上持続）では男児での出現率が高くなります。軽度ではストレス軽減などの環境調整が主ですが，チック症状が目立ったり，トゥレット障害では薬物療法も必要となります。

表 10-1　発達障害の対比

	高機能自閉症スペクトラム	注意欠陥/多動性障害	学習障害	協調運動障害
知的障害の有無	知的障害はない（IQ71以上）			
原因	脳機能障害			
出現率　文部科学省(2012)	1.2%	3.3%	4.5%	
DSM-5, 2014	1%	5%	5%〜15%	5〜6%
男女比(DSM-5, 2014)	4:1	2:1	2:1〜3:1	2:1〜7:1
症状・行動特徴	対人障害 こだわり コミュニケーション障害	不注意 多動性 衝動性	読字障害 書字障害 算数障害	全身運動(粗大運動)の困難さ 微細運動(手先の操作)の困難さ
文部科学省の定義(2003)	3歳くらいまでに現れ，①他人との社会的関係の形成の困難さ，②言葉の発達の遅れ，③興味や関心が狭く特定のものにこだわることを特徴とする行動の障害のうち，知的発達に遅れを伴わないものをいう。	年齢あるいは発達に不釣り合いな注意力，及び/又は衝動性，多動性を特徴とする行動の障害で，社会的な活動や学業の機能に支障をきたすものである。	基本的に全般的な遅れはないが，聞く，話す，読む，書く，計算する，推論する能力のうち特定のものの習得と使用に著しい困難を示す様々な状態を指すものである。	

DSM
DSM はアメリカ精神医学会の『精神疾患の診断・統計マニュアル（Diagnostic and Statistical Manual of Mental Disorders）』の略称で、世界保健機関の『国際疾病分類（略称、ICD）』とともに国際的に広く用いられています。初版のDSM-Iは1952年発行、最新の第5版は2013年に発行されDSM-5とアラビア数字の版表記になりました。

とが多くなっています。表10-1は発達障害（協調運動障害を含む）の対比を示しています。このように発達障害の定義はさまざまですが、本章では自閉症スペクトラム（以下、自閉症と略）、注意欠陥／多動性障害（AD/HDと略）、学習障害（LDと略）に加えて知的障害も取り上げていきます。

10.1.2. 発達障害の二次障害

発達障害は見えない障害といわれています。つまり身体障害や知的障害と異なり、発達障害は一見、障害をもっていると周囲から認められない場合もしばしばです。障害や困難さを周囲が理解し、対応しきれていないために、本来の障害とは別の二次的な情緒や行動の問題が出てしまうことを、二次障害とよびます。実際、発達障害そのものの障害より、むしろ二次障害のほうが問題になることが多いのです。二次障害のベースとしてあるのが、自尊心の低下と社会的不適応です。

1) **自尊心の低下**　幼少時から叱られ続け、失敗経験を積み重ねると、自尊心が次第に低下します。そのため小学校高学年になると無力感をもち、「自分は勉強ができない」「他の人とちがう」「だめな人間だ」という否定的自己像（ダメ意識）を形成していきます。

2) **社会的不適応**　約束やルールが守れない、集団行動がとれない、自己中心的言動が多いという社会的スキルの乏しさによって、対人関係でのトラブルが多くなります。

上記の問題がベースになって、児童期以降、さまざまな二次障害が出現しますが、ここでは不登校、いじめや被虐待後遺症について述べます。

3) **不登校**　自尊心の低下による学業不振や社会的不適応によって登校が苦痛になり、不登校になりやすいのです。発達障害と不登校の関連性を調べた調査では、発達障害における不登校の合併率、不登校における発達障害の合併率はともに約20%で、自閉症やAD/HDは不登校が多く、LDや知的障害は少ないのです（宮本、2010）。不登校の頻度は小学校0.32%、中学校2.75%ですから、発達障害では小学校から非常に高率で出現しています。

4) **いじめ**　いじめの対象になるのは少し変わった子どもでしょう。ルールが守れない、落ち着きがない、集団行動がとれない、友だちとうまくかかわれない発達障害の子どもは「変わってる」「きしょい」「とろい」「うざい」といじめの対象になりやすく、そのため加虐感を抱きやすいのです。自閉症といじめの関係を調べた先行研究をレビューした松永（2014）は約40〜70%がいじめを経験していると報告しています（表10-2）。自閉症やAD/HDの子どもがいじめられやすいのは臨床的にも裏づけられています。

表10-2　高機能広汎性発達障害児がいじめを受けた経験の割合（松永、2014）

報告者（報告年）	対象数	いじめを受けた割合
多田ら（1999）	100例	79.0%
浅井ら（2007）	74例	56.0%
武井ら（2000）	289例	42.6%
平岩（2000）	34例（中学生以上）	70.6%

5) **被虐待後遺症**　問題行動が多く、本人の性格に起因すると誤解されると、親から体罰・暴力・虐待を受けやすくなります。そのため、さまざまな後遺症が出現します。特に問題行動が多く、対応のむずかしい自閉症や

アディクション
アディクション（addiction）は衝動的な欲求が制御できない状態で、「ハマる」という口語で説明できます。従来は中毒、嗜癖という日本語があてられてきましたが、最近では依存という用語がよく用いられます。アディクションには、①物質依存、②プロセス依存、③人間関係依存があります。物質依存はアルコール、タバコや薬物といった物質に耽溺することです。プロセス依存は行為の始まりから終わりまでのプロセスへの熱中で、ギャンブル、ショッピング、ネット、運動、仕事への依存や過食があります。人間関係依存は共依存ともいわれ、特定の人との関係に没頭し、人の要求や行動に左右されすぎる、自分を犠牲にしてまで他人に尽くすなど、相手から依存されることに無意識のうちに自己の存在意義を見出すメカニズムです。

AD/HD が虐待されやすいのです（杉山，2007）。

　青年・成人期になると最も多いのがうつ病で，その他，不安障害や強迫性障害といった精神疾患や非行・犯罪行為も多く，またアルコール，ネット，ゲーム，過食等のアディクションにも陥りやすいのです。

第2節　知的障害

10.2.1.　知的障害とは

　知的能力の遅滞は従来，精神薄弱（mental deficiency：MD）とよばれてきました。ところが，その遅滞を恒久的な障害としてみることに批判が生じ，現在の状態像として捉える考え方から精神遅滞（mental retardation：MR）という概念が提唱され，さらに最近では知的障害（intellectual disabilities：ID）という用語が用いられています。

　わが国の法律（知的障害者福祉法等）では知的障害は定義されていませんが，文部科学省（2002）は「発達期に起こり，知的機能の発達に明らかな遅れがあり，適応行動の困難性を伴う状態」と定義しています。これらの定義から知的障害と診断するには，①知的能力が有意に平均以下，すなわち知能指数（intelligence quotient：IQ）70以下であること，②社会適応上に制約があること，③18歳以前の発症，という3つがすべて備わっていることが必要です。たとえIQ70以下であっても，社会適応上に制約がない場合，あるいは18歳以後の発症である場合，知的障害と診断されません。

知能指数
知能指数は知能検査の結果を表わす数値で，生活（暦）年齢と知能検査で測定された精神年齢の比を基準とした従来の知能指数と，同年齢集団内での位置を基準とした知能偏差値の2種類があります。知能指数の平均値は100で，IQ71～130の範囲に約95％の人が収まります。IQ70以下が知的障害で，軽度は50～70，中度は35～49，重度は20～34，最重度は20未満です。

10.2.2.　知的障害の原因

　知的障害の原因は，病理的機制のない「生理型」と，何らかの病理的機制のある「病理型」に分類でき，また受精以前に原因のある「内因性」と，受精以後に原因のある「外因性」に分類できます（表10-3）。

表10-3　知的障害の原因

受精以前			受精以後			
受精						出生　　　　　　　　　　　　　　　18歳
		胎児期		新生児期　乳児期　児童期　青年期		
		胎芽期 (受精後2週～7週)		周産期 (22週～出生後7日)		
出生前の要因			周産期の要因	出生後の要因		
内因性			外因性			
生理型	病理型					
多因子遺伝（知能を規定する遺伝子の組み合わせの悪さ）	先天性代謝障害(フェニルケトン尿症,ガラクトース血症) 神経皮膚症候群(結節性硬化症,神経線維腫症) 先天性奇形症候群(ヌーン症候群,ブラッハマン・ド・ランゲ症候群) 染色体異常(21トリソミー,脆弱X症候群,ターナー症候群)	感染(梅毒,風疹,水痘,トキソプラズマ) 薬物(サリドマイド,抗てんかん剤,抗精神病剤) 催奇物質(麻薬,コカイン,アルコール) 妊娠中の放射線照射 脳形成発達障害(無脳症,小頭症,水頭症,二分脊椎) 母胎疾患(糖尿病,低血糖症,甲状腺疾患) 子宮内発育不全(栄養障害,胎盤不全)	胎盤機能不全 異常分娩(未熟児,早期破膜,胎位異常) 無酸素症 出生時頭部損傷	頭部破損(脳挫傷,脳蓋内出血,くも膜下出血) 感染症(脳炎,髄膜炎) 脱髄性疾患(急性散在性脳脊髄炎) 変性疾患(レット症候群,ハンチントン病) てんかん(ウエスト症候群,レンノックス・ガストー症候群) 中毒性代謝障害(水銀中毒,低血糖症) 栄養障害		
			社会・心理型:児童虐待,感覚遮断			

ダウン症
独特な顔貌の知的障害をダウンが初めて報告したことから，ダウン症とよんでいます。原因は21番染色体の過剰（トリソミー）。出現率は1000人に1人の割合で，高年齢出産では高頻度（母親の年齢40歳以上は100人に1人の割合）。特徴として，①独特な顔貌（小さい頭，扁平な後頭，切れ長の目，低い鼻背，長い舌など），②高頻度の内臓障害（先天性心疾患が最も多い），③免疫力の低下（病気への抵抗力の弱さ），④軽・中度の知的障害があります。性格は落ち着きがないが，ひょうきん，誰でも話しかけるというネアカな傾向があり周囲に順応しやすいといえます。

生理型は脳障害や病的な身体症状を認めません。遅滞も軽度で，脳器質的障害がないために行動障害も目立ちませんが，性格的には受動的で，幼く，動作はスローなことが多いといえます。原因は多因子遺伝で，知能を決める数多くの遺伝子がたまたま好ましくない組み合わせになったためです。学校や職場で周りの人々の理解と支援があれば，社会適応は可能で，自立・自活することもできます。

病理型は脳障害，内臓障害，身体奇形，感覚器官の障害等を認めることが多いのです。遅滞も中度，ないしは重度です。脳障害をともなう場合，注意欠如，多動性や衝動性という行動問題を示すことが多いのですが，なかには寡黙であることもあります。内因性病理型は受精以前の障害で，精子，あるいは卵子の遺伝子や染色体の異常に起因します。最も多い（出現率0.1％）のは，21番染色体のトリソミー（過剰）のダウン症です。外因性病理型は受精以後の障害に起因します。つまり胎児期，新生児期，乳児期，幼児期，児童期，青年期（18歳）までのさまざまな原因（感染，中毒，外傷や疾患など）によって生じます。

知的障害の出現率は1％と推定されますが，療育手帳を交付されている知的障害児・者は約87万人で，A（重度）約36万人，B（軽中度）約50万人にすぎません（厚生労働省，2011）。療育手帳交付数が推定値（仮に出現率1％とすると約120万人）より少ない理由として，軽度の場合，本人や家族が知的障害があると気づいていないこともありますが，療育手帳交付への抵抗もあります。男女比では1.5対1で男児が多く，知的障害の程度が重くなるほど，男児の割合が高くなります。これは男児の方が脳障害になる割合が高いためです。

第3節　自閉症スペクトラム

療育手帳
身体障害者手帳や精神障害者手帳はそれぞれ法律で手帳発行に関する記述がありますが，療育手帳には記述がありません。1973年の旧厚生省通知に基づいて各都道府県知事（政令指定都市の長）が知的障害と判定した者（18歳未満は児童相談所，18歳以上は知的障害者更生相談所が判定）に療育手帳を発行していますが，知的障害者福祉法には知的障害に関する定義の記載もありません。1999年の地方自治法改正によって，その通知も法的効力を失い，この制度は文字どおり各自治体独自の施策となりました。そのため東京都や横浜市では愛の手帳，埼玉県ではみどりの手帳と名づけています。

1944年，カナー（Kanner）は今までにないユニークな症状を示す11名の子どもの症例を報告し，翌年，幼児早期自閉症と命名しました。ただ自閉という言葉から自分の内に閉じこもる意味に捉えられ，ひきこもり，孤立，引っ込み思案という性格的問題で，しかも，その原因は冷淡で，拒否的な親の養育態度にあるとされ，自閉症は誤解されてきました。ところが最近，自閉症者が自らの内面を語った手記が多く出版され始めるとともに，自閉症をテーマにしたテレビドキュメントや映画（『レインマン』），テレビドラマ（『光とともに』『僕の歩く道』）が放映され，自閉症に対する世間の認識や理解がしだいに深まりつつあります。

自閉症，およびそれに類似した病態の総称をDSM-Ⅲ以降，広汎性発達障害とよび，その下位分類に自閉症やアスペルガー障害などがありました。ところが自閉症とアスペルガー障害を識別することが困難なことから，DSM-5では下位分類を廃して，自閉症スペクトラム（autism spectrum disorder：ASD）に名称変更されました。

10.3.1.　原因・発症時期・出現率

原因は脳障害ですが，脳障害の部位等はいまだ不明です。発症時期は，①

ボックス 13 サヴァン症候群・直観像・共感覚

人間の心理現象については，まだまだ不可思議なことが多くあります。サヴァン症候群・直観像・共感覚は人間の脳の進化や発達を考えるうえで，きわめて興味深い現象です。

(1) サヴァン症候群

サヴァンとはフランス語系の言葉で，賢者とか物知りという意味です。古くはイディオ・サヴァン (idiot savant) といっていましたが，不快用語を用いているために現在ではサヴァン症候群とよんでいます。発達障害におけるサヴァン症候群の出現率は0.5％ですが，自閉症に限ると6.0～9.8％の高頻度でみられます。男女比は6：1で，男性に多いとされています。最近では認知症の一種である前頭側頭型認知症の患者が，発症以前はまったく画才がなかったのに，突然みごとな絵を描けるようになった症例も報告されています。

特異な才能は音楽が最も多く，たとえばピアノ演奏ではどんなに複雑で長い曲でも3，4回，聴いただけで正確に奏でることができます。他に美術，計算能力，記憶力などに秀でた才能を示す人もいます。わが国では山下清（貼り絵）が有名ですが，最近では大江光（作曲），山本良比古（絵画），岡本佳子（絵画），上田豊治（切り絵）がいます。サヴァン症候群の特異な才能の多くは音楽や美術というような右脳の活動によるものが多いことから，左脳（言語中枢）に障害があるために，右脳（感覚中枢）がその喪失を補償しようとするためと推測されていますが，いまだ謎に包まれています。

(2) 直観像

直観像は以前に一度見たことのある事物が明瞭に再現され，あたかも実際の事物が存在するかのように眼前に見える現象で，映像記憶ともよんでいます。直観像は記憶表象よりもはるかに鮮明で，細部まで等しく現われ，空間的にも局在化されます。残像は刺激を除去した直後にのみ見られますが，直観像は数時間，数日，数年後にすら見られます。

以前は成人ではまれで，児童に普遍的な現象とされていましたが，最近では直観像をもつものは児童の6～8％で，成人期になってももち続けます。発達障害，特に自閉症は直観像をもつものが多いのです。また共感覚と同様に芸術家にも多いとされています。知能の発達した類人猿も直観像があって，野生で生存する手段としてこの能力が発達した可能性があり，原始的な記憶能力といえます。しかし人間では進化の過程で言語によって抽象的に把握する能力が向上したために，直観像の能力が衰えたとされています。

(3) 共感覚

共感覚はある刺激を受けたとき，本来の感覚に他の感覚がともなって生ずる現象です。たとえば，印刷された言葉や数字が色となって感じたり，香りが形をともなったり，話し言葉が虹色に見えたりします。新聞もただの白と黒でなく，全面に赤，オレンジ，青，ベージュ，ピンク，緑等の色が散りばめられたものに見えます。

共感覚は2,000人に1人の確率で出現しますが，作家（特に詩人），画家，音楽家に多いとされています。幻想的な童話の多い宮沢賢治は共感覚の持ち主と推測されます。共感覚は脳の複数の部位が同時に活動するためと考えられ，共感覚者で連結されている脳の部位が共感覚者以外の人では，発達のある段階で切断されている（新生児の脳に見られるニューロンの結合が，共感覚では正常な脳のように退化せずに残っている）という説もあります。　　　　　（大石史博）

出生時あるいは1歳までに発症が70〜80%（ただ自閉症と診断できるのは1歳過ぎ），②1〜2歳の発症（折れ線型）が20〜30%で，生後30ヵ月までに発症します。出現率は従来，0.05%が定説でしたが，近年，増加傾向にあり，約1%とされています。男女比は4対1です。

10.3.2. 行動特徴

自閉症の三大特徴として，①コミュニケーション障害，②こだわり，③対人障害があります。

1） コミュニケーション障害　まず言葉の発達が遅れます。高機能自閉症で3歳前後，中機能では5〜6歳頃から言葉を話し始めますが，低機能は生涯，言葉を話すことができません。ただ言語表現ができても，聴覚を通しての言語理解が悪い傾向にあり，人と言葉を用いて会話がスムーズにできません。長い話が苦手で，代名詞，副詞，助詞や接続詞が理解しにくいのです。そのために自閉症児・者とかかわるときは，短く簡潔で具体的な表現や視覚的な声かけが必要です。

言語表現の遅れ（発語がない）や言語理解の不良（簡単な指示に従えない）で，自閉症を疑われ，2歳前後に早期発見されます。ただ従来，アスペルガー障害と診断されていたタイプでは言語表現の遅れがないので発見も遅れがちで，児童期以降に発見されることが多いのです。

また話し言葉におかしさや奇妙さがあり，ジャーゴンとよばれる意味不明な言葉や反響言語（オウム返し）が多く，代名詞の使用の混乱（自分のことを「あなた」と言う）や文法構成の未熟も目立ちます。言葉に感情がこもっていなく，平板な話し方，発音やアクセントのおかしさ，声の高さ，強さ，抑揚調整等に問題があります。

2） こだわり　こだわりが多いのは，想像性が乏しいためです。行動，興味や活動が限定され，反復的で常同的な行動が目立ちます。乳児期では常同・自己刺激行為（身体をゆする，飛び跳ねる，手をぱちぱち叩く，換気扇，乾燥機や洗濯機など回転するものに見入る）が多いようです。幼児期では一人での水遊びや砂いじりといった感覚遊びを好み，ごっこ遊び（象徴遊び）をしません。物語絵本に関心がなく，文字や数字の羅列の多いチラシやカタログに見入ります。児童期以降では順序固執，確認癖や質問癖が目立ち，強迫行為が多くなります。変化を嫌がり，パターン化した生活を好みます。

3） 対人障害　乳児期では名前を呼んでも振り向かず，視線を合わさず，簡単な指示に従えません。通常，1歳前後でみられる指さしがなく，代わりにクレーン現象が見られます。幼児期では親に愛着を示さない，他児に関心を示さないといった自閉的孤立が目立ちます。児童期以降では人への関心を示し始める子どももいますが，人の気持ちを理解したり，人の表情を読み取ることがむずかしく，人とのかかわり方もわかりません。たとえば人と話すときでも，相手が自分の話に関心をもっているかにお構いなく，自分の関心事の話に終始します。対人障害が自閉症の本質的な障害で，この障害に対する対応や指導がむずかしいのです。

三大特徴以外のものとして，感覚が敏感，あるいは鈍感があります。たとえば聴覚刺激に敏感なので騒音や雑音が多いところが苦手で，そのため耳塞ぎ現象があります。ただ人の声には鈍感という矛盾した面もあります。運動

アスペルガー障害
カナーが分裂病との関連を念頭に精神病であると考え，1944年，早期幼児自閉症と命名しましたが，同年，アスペルガーは類似した症状をもつ子どもに対してパーソナリティ的な偏りと考え，自閉性精神病質（autistic psychopath）と命名しました。1981年，ウィングはカナーの症例に合致しない非常に能力の高い自閉的傾向の症例を説明するためにアスペルガー症候群と命名し，1994年，DSM-Ⅳではアスペルガー障害という名称で取り入れられました。アスペルガー障害は幼児期に言語発達の遅れはなく，コミュニケーション障害はないとされましたが，自閉症との識別はむずかしく，DSM-5では自閉症スペクトラムに包括されました。

反響言語
反響言語（エコラリア）には即時性と遅延性があります。即時性は相手が言った言葉をそのまま言い返すオウム返しで，遅延性はずっと前に聞いた単語やフレーズ（たとえばテレビのCMのフレーズ）を時折，反復的に言うことです。

クレーン現象
まだ言葉をしゃべれない1歳前後の健常児は自分の手の届かないところに欲しいお菓子がある場合，身近な大人に対してお菓子を指差しします。自閉症児では大人の手首のあたりをつかんで，お菓子の方向に手首を向けさせようとします。あたかもクレーン車のクレーンを操作するように人の手を用いるので，クレーン現象とよんでいます。

耳塞ぎ現象
繁華街，車中等の騒音の多い場所では聴覚鋭敏のために手で耳を塞ぎ，聴覚刺激をシャットアウトしようとする行動をさします。

調節，平衡感覚や協調運動の問題（動作，姿勢や歩き方の不自然さ，ブランコやトランポリンなどを非常に好む，手先が不器用，動作模倣ができない）も挙げられます。

10.3.3. 分　類

1) **高機能自閉症**　自閉症の20％で，IQ71以上で知的障害はありません。一見，言語能力は良好ですが，聴覚を通しての言語理解は不良なので，人との会話は苦手です。通常学級や通級学級での教育も可能で，健常児との統合教育でも順応でき，大学などの上級学校にも進学できる能力をもっています。ただ知的レベルが高いからといって，社会順応がよいとは限りません。積極・奇異タイプ（人には関心があるが，人の気持ちが理解できなく，人とのかかわり方がわからないので，自己中心的言動が多い）が多く，対人トラブルが多いので，安定就労は少ないといえます。

2) **中機能自閉症**　40～50％で自閉症の中核的存在といえます。IQ36～70の軽度ないしは中度の知的障害と認知障害をともない，聴覚過敏性があります。簡単な受け答えはできますが，人とのコミュニケーションに困難があります。こだわりや常同行動も多く，欲求が阻止されたときのパニックも目立ちます。小学校では特別支援学級での教育が必要です。しかし単語や簡単なやりとりしかできませんので，中学校や高校では特別支援学校での個別的教育が必要となります。ただ受動タイプ（人と積極的ではないが，ある程度かかわることができる）が比較的多いので，十分なサポートがあれば社会で就労可能でしょう。

3) **低機能自閉症**　IQ34以下で知的障害，認知障害ともに重度で，自閉症全体の30～40％です。視覚，聴覚だけなく，味覚，触覚，運動感覚の感覚過敏性もかなり強いのです。言葉をしゃべることができなく，言語理解も悪いために，その場の状況から物事を判断します。特別支援学校での教育が必要でしょう。孤立タイプ（人にまったく関心がなく，かかわりを避ける）が多く，就労例はほとんどありません。

通級学級
障害に応じた特別の指導，たとえば算数，国語といった特定の教科だけ，を特別の場（通級学級）で行う教育形態。

第4節　注意欠陥／多動性障害

10.4.1. 注意欠陥／多動性障害と学習障害概念の変遷

1940年代，ストラウス（Strauss）は精神薄弱を外因性と内因性に類型化し，脳障害をともなう外因性精神薄弱が①多動，②協調運動障害，③学習障害，を示すことを報告しました。その後，知的障害や明確な脳障害がないのに同様な症状を示す子どもがいることが明らかになりました。そのため脳の微細な障害を推定し，原因論から微細脳機能障害（minimal brain dysfunction：MBD）とよばれていました。ところが脳障害が確認されていないのに，この用語を用いることへの批判もあって，症状・行動特性から多動症候群，あるいは注意欠陥症候群とよばれるようになりましたが，1994年のDSM-Ⅳから注意欠陥／多動性障害（attention deficit/hyperactivity disorder）とよんでいます。

一方，教育現場では1960年代，MBDの子どものもつさまざまな学習

上の困難が注目され，カーク（Kirk）は治療教育を前提にして学習障害（learning disorders）という用語を提唱しました。その後，欧米ではLDの治療プログラムが作成され，1980年以降，特殊教育の対象になり，通級のLD治療教室が作られています。日本では障害児に限定していた従来の特殊教育から特別な支援を必要とする子どもを対象とした特別支援教育が2007年よりスタートし，高機能自閉症スペクトラム，AD/HDやLDもその対象になりました。

10.4.2. 原因・発症時期・出現率

原因は前頭葉の実行機能障害，すなわち脳神経ネットワークの神経伝達物質の不全と推定されます。発症時期は7歳までとされていましたが，最近，12歳までに変更されました。注意欠陥や多動性・衝動性は幼少の子どもなら大なり小なりもちあわせている行動特性なので，発見は遅れがちになり，学齢期以降に診断される場合が多いようです。

出現率は3～5%で，男女比は2対1です。AD/HDの50～70%はLDを合併し，協調運動障害も多いといわれています。注意欠陥と多動性・衝動

ボックス 14 情緒障害

情緒障害（emotional disturbance）は情緒が健常に機能せず，個人の適応が困難，ないしは不能になる，あるいは特定の症状が発生している状態といえます。情緒が健常と考えられる基準として，以下の3つを挙げることができます。①適切性：刺激場面に対して当然，予想されるような適切な反応であること，②持続性：長すぎもせず，極端に短すぎないこと，③激しさ：刺激場面に対して弱すぎも，強すぎもしない反応であること。この基準に反する情緒の状態，あるいは，それにともなう行動があれば情緒障害ですが，適切な反応であるという見極め等は主観的で，きわめてあいまいな基準ともいえます。

文部科学省の定義（2005）では，情緒障害は「情緒のあらわれ方が偏っていたり，そのあらわれ方が激しかったりする状態を，自分の意志ではコントロールできないことが継続し，学校生活や社会生活に支障となる状態」をさします。学校教育での情緒障害教育の対象としては，①自閉症，またはそれに類するものと，②主として心理的な要因による選択性緘黙などがあるとしています。自閉症が情緒障害とされてきたのは，当初，自閉症の原因や本態が十分に解明されておらず，情緒障害の範疇で理解，処遇されてきたためです。自閉症の原因が脳障害であることが確定的になった現在でも，そうした状況が続いています。

情緒障害には2つの捉え方があります。まず一次性情緒障害（狭義の情緒障害）は心因性障害を意味し，成人での神経症，心身症や心因反応に相当し，①反社会的行動（非行，反抗，虚言），②非社会的行動（不登校，緘黙），③言語や学習上の問題（言語遅滞，吃音，学業不振），④心身症・習癖，⑤神経症，に大別できます。他方，二次性情緒障害（広義の情緒障害）は知的障害，自閉症，注意欠陥多動性障害，学習障害や脳性まひにともなう情緒障害です。すなわち一次性情緒障害は原因論的見地から，何らかの情緒的要因が根底にあって，症状や行動障害が生じるという捉え方であるのに対して，二次性情緒障害は症状論的見地から，情緒の動きや表われ方に障害があるかを問題にして，たとえ脳障害や身体障害があっても，症状や行動障害面に情緒の動きや表われ方に混乱や歪みがあれば，情緒障害とする捉え方です。表は情緒障害の種類です。

性を併せもつ混合型が80％で最も多いのですが，注意欠陥だけの注意欠陥型は女子，多動性・衝動性型は男子に多いといわれています。ただ年齢とともに混合型や多動性・衝動性型は減少し，注意欠陥型の比率が増加します。

10.4.3. 行動特徴

1) **不注意**　不注意は注意欠陥ですが，①選択性注意障害（注意散漫）と②維持性注意障害（注意持続時間の短さ）に分けて説明します。

選択性注意は特定の刺激に注意を向けて焦点をしぼる能力で，その能力が損なわれています。たとえばホテルでのパーティの会話では，ふつう周囲が少々騒がしくても自分が注意を向けた相手の話だけを聞き取ることができます。ところが選択性注意障害があると，相手の話を聞こうと思っても，周りの雑多な音声に気がそがれて注意を集中することができません。人の話をよく聞いていないので，約束やルールを守れず，忘れ物が多いのです。一方，維持性注意は注意の焦点をしぼったものに一定時間，注意を維持していく能力で，その能力が低下します。ただ興味をもつ事柄には注意を集中できるので，親や教師は戸惑うこともしばしばです。

表　情緒障害の種類

精神身体的問題	食事の問題	小食，過食，偏食，異食
	排泄の問題	遺尿，夜尿，頻尿，遺糞
	睡眠の問題	夜驚，悪夢，寝言，夢中遊行，就寝拒否
	神経性習癖	指しゃぶり，爪かみ，身体玩弄，性器いじり
	心身症	頭痛，腹痛，ぜんそく，関節痛，乗物酔い，便秘，下痢，嘔吐，チック，自家中毒，憤怒けいれん（息とめ発作），呑気症，じんま疹，拒食症，過食症，過呼吸症候群，起立性調節障害，過敏性腸症候群
言語や学業の問題		吃音，発音不明瞭，言語発達遅滞，早口，学業不振
非社会的行動 反社会的行動	性格上の問題	無気力，引っ込み思案，孤立，緘黙，情緒不安定，多動，かんしゃく
	社会生活や集団生活の問題	不登校，不登園，ひきこもり，虚言，残忍，けんか，いじめ，乱暴
	非行	怠学，放浪，家出，性的非行，万引き，飲酒，喫煙
神経症		強迫性障害，対人恐怖，パニック障害，転換性障害

子どもの情緒障害の特徴として，まず心身の未分化性と防衛機能の未熟性があります。年少児ほど身体機能や精神機能が未分化です。精神機能に刺激が与えられると防衛機制が発達していないので，すぐに反応し，身体機能にも影響を及ぼし，身体症状が出現します。たとえば子どもは叱られるとすぐに泣き，昼間，興奮すると夜に夜驚が出現しますが，大きくなると叱られても，我慢し即座に泣かないし，興奮しても寝つけないことがある程度です。つまり年少児ほど発症機序は単純で理解しやすいといえます。ただ全体的反応を示し，身体症状が出現するので，親に強い不安を与えます。これが養育態度に影響し，過保護になり，症状を強化することになるので，冷静に対処する必要があります。

次に病識の欠如があります。子どもは病識をもたないので自ら援助を求めません。たいてい親や教師が問題を発見します。この病識の欠如が予後に対してはむしろ好都合で，病識をもつと予後は悪くなります。つまり，その症状を出すまい，人に知られたくないと思うと，余計，緊張し症状が出てしまいます。そのため病識をもたせるような直接的な注意は好ましくないとされています。たとえば指しゃぶりでは「やめなさい」「だめ」といった注意や，指に赤チンを塗ったり，バンドエイドを張ったりする行為です。ただ，このような習癖が出現するのは退屈だったり，何らかのストレスがあったりする場合もあります。そのため子どもの発する危険信号と考え，今までの子育てを見直したり，一緒に遊ぶ，外出するなどの気分転換を図る必要があります。

（大石史博）

2）**多動性**　幼児期に目立つのは移動性多動で，席を離れて動き回ります。親とはぐれて迷子になることもしばしばです。児童期では移動性多動は年齢とともに軽減しますが，手をいじくる，足をばたばたさせるなど，絶えず身体を動かす非移動性多動は長期にわたって残存します。

まさにエネルギーのかたまり，疲れを知らないようにせかせか動き回り，睡眠中であってもよく動くので寝相が悪いのです。動作をやめるようにいわれても，すぐにはやめることができません。

3）**衝動性**　考えより行動が先行し，感情のコントロールが困難なので，人とのトラブルが多くなります。周りを見ていないので，転んだり，手足をうったりで，切り傷や打撲が多く，衣服もすぐ汚れます。扱いが乱暴なのでおもちゃや物がすぐ壊れたりします。

10.4.4. 成人期での AD/HD

成人期では 30 ～ 40％は AD/HD の症状が消失します。60 ～ 70％では多動性・衝動性は軽減しますが，不注意はかなり残存します。

職場での行動特徴として次のようなところがあり，事務・経理関係の仕事は苦手で，販売・営業関係の仕事のほうが適しています。

・期日までにやらなければいけない仕事を先延ばしにすることが多い。
・大事な約束を忘れたり，うっかりミスが多い。
・一度に複数の仕事を指示されると忘れてしまったり，同時に複数の仕事をこなすことができない。
・物の整理ができず，しょっちゅう何かをなくす。
・タイミングや場所や状況を考えず，頭に浮かんだことを不用意に発言する。
・独創的でアイディア豊富ですが，ひとつのことが長続きしない。
・事務・経理等の細々した情報を整理したり，まとめたりする仕事ができない。

家庭での行動特徴として次のようなところがあり，家事や育児が苦手です。婚姻女性の場合，家事や育児に専念するより，仕事をもっていたほうがストレスを軽減できます。

・子どもの養育（細やかに世話すること）に困難がある。
・家事，とくに掃除や整頓が苦手で，家の中が散らかり放題。
・必要なもの，不要なものの見分けをつけることができなく，ものを捨てられない。
・家にあるのを忘れて，同じものをついつい買ってしまったり，衝動買いが多い。
・冷蔵庫に賞味期限切れの食べ物が多い。

第5節　学習障害

10.5.1. 学習障害とは

学習障害（learning disabilities，以下，LD）は広義には，①学習能力障害（読字障害，書字障害や算数障害），②言語や発語の障害（コミュニケー

ション障害のなかの言語障害や語音障害），③協調運動障害に，大別できます。DSM-Ⅲ-R（1987）は上記のすべてを，文部科学省の定義（表10-1）は①と②を含んでいましたが，最新のDSM-5（2014）では読み・書き・計算の領域での障害に限定し，限局性LD（specific learning disorder）という用語を用いています。

10.5.2. 原因・発症時期・出現率

原因は脳機能障害ですが，その症状によって脳の障害部位が異なっていると考えられます。幼児期から言葉の遅れなどがありますが，症状が明確化するのは学齢期以降です。出現率は3〜5％で，男女比は2〜3対1です。LDの30〜40％はAD/HDを合併し，協調運動障害の合併率はAD/HDより高率です。また低出生体重児の15％はLDを伴います。

10.5.3. 行動特徴

ここでは読字障害，書字障害や算数障害について述べます。

読字障害は文字や文章の音読の困難な状態です。例として「文字の分別ができない（あとお，めとのを区別できない）」「たどり読みが多い」「字を読み違える」「文字や行を飛ばして読む」「読んでいても内容が理解できない」があります。多くが書字障害を伴います。欧米に比べてわが国では読字障害の出現率は低率で，漢字は表意文字のために読字が容易とも考えられます。

書字障害は読字できるのに，文字を書くことが困難な状態です。例として「左右反転した鏡文字を書く」「発音通りに書く（へをえ，はをわと書く）」「文字は抜けることが頻繁」「字の大きさが不揃いでマス目からはみ出る」「句読点や改行が使えない」があります。

算数障害は加減算のような簡単な計算の障害，ないし算数上の概念の障害です。例として「数字同士の大小がわからない」「繰り上がりや繰り下がりがわからない」「暗算ができない」「九九の習得がむずかしい」「少数や分数が理解できない」があります。見取り図，回転図や地図の理解ができないといった空間認知に困難があることもあります。

10.5.4. 学習が困難になる理由

人間の脳はよくコンピューターにたとえられますが，その情報処理の装置の中で，学習に関する引き出しの一部にやや不具合がある状態がLDであるともいわれています。情報処理の図10-1は，学習障害のある子どもが学習困難を発生するメカニズムを説明しています。学習の成果を出力として表わ

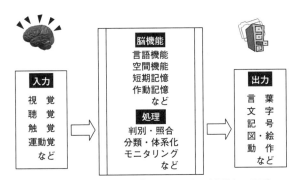

図10-1　LDと学習困難の発生のメカニズム（小野ら，2007）

言語障害
言語発達には言語表出や言語理解という2つの側面があります。知的障害がないのに，言語表出，あるいは言語理解が遅れる場合，言語障害といいます。ただ，自閉症，AD/HD，特にLDを合併する場合がしばしばです。

語音障害
構音障害ともいい，発音が正しくできない状態，いわゆる発音不明瞭な言葉です。器質性（発声器官の形態上の異常，多いのは口蓋裂），運動障害性（発声器官の運動機能障害，多いのは脳性まひ）と機能性（上記のような発声器官の異常や障害がない，多いのは発音不明瞭な赤ちゃん言葉が抜けない）があります。幼児に多い摩擦音のサ行（アシ→アチ，スイカ→チュイカ）や弾音のラ行（ライオン→ダイオン，テレビ→テービ）がうまく発音できないというのは機能性で，就学時にはうまく発音できるようになるので，心配はいりません。

低出生体重児
低出生体重児は体重2,500 g未満，年間10万件で，超低出生体重児は1,000 g未満，年間3,000件ですが，最近，やせぎの妊婦の増加によって低出生体重児が増加しているのは憂慮すべきことです。新生児・周産期医療の進歩によって低出生体重児の死亡率は激減しましたが，より未熟な児や重症例の生存が増加しています。超低出生体重児では，脳性まひ，知的障害とも15％，学習障害は50％の出現率です。

作動記憶（ワーキング・メモリ）
さまざまな課題の遂行中に一時的に必要となる記憶（特に，その働きや仕組み，それらを支える構造）をさします。ある情報を保持しながら，すでに学習した知識や経験を参照し，より目的に近づくために進む並列的な処理過程を支える働きだといわれています。多数のモデルが存在し，注意の制御機能，音や言語情報の保持機能と視空間情報の保持機能，エピソードや長期記憶と結びつける機能などが検討されています。

同時処理・継次処理
「同時処理」は、一度に複数の情報をその関連性に着目して全体的に処理することで、たとえばジグソーパズルを組み合わせる作業時にこの力が発揮されます。「継次処理」は情報を1つずつ時間的な順序によって処理することで、たとえば日本史の年号を最初の数字から順に覚えていく時などにこの力が使われます。これらの力にアンバランスが生じている場合には、得意な処理方法を使えるよう、指導方略を考える必要があります。

すためには、情報の入力や処理の段階の特性、開きにくくなっている引き出しがどれかを理解する必要があるでしょう。

1) **情報の取り入れ方** たとえば、目からの情報が取り入れにくいために線の向きや長さが分かりにくく、文字が覚えられない・図表が読み取れない・読み飛ばしや勝手読みがよくあるという場合があります。一方、耳からの情報が取り入れにくいために、言葉を覚え間違える・部分的に聞き間違えたり聞き落としたりしやすい・さまざまな音が同時に耳に入ってしまい大切な言葉を聞き分けられないなどの困難が生じることもあります。

2) **脳機能や情報の処理** たとえば、作動記憶（ワーキング・メモリ）の容量が小さいと、感覚（視覚・聴覚・嗅覚・味覚など）を通して入ってきた情報を、一時的に頭の中に置いておいて優先順位をつけたり、以前の経験と結びつけたり、その情報を使って次の行動に移る計画を立てたりすることがむずかしくなります。そのことが、読み書きや文の理解、計算スピードなどに影響するのです。また、情報処理の仕方にアンバランスさがあるとき、たとえば、一度に入ってくる情報の全体像を捉えて理解する同時処理が苦手だと、各部分はよく見えているのに全体として何を表わすのかわからないということもあります。反対に、情報が次々と与えられた時に順番に処理する継次処理が苦手なために、細部がよくわからないまま全体の印象だけで判断してしまうこともあります。

3) **表出** 情報は処理できるけれど表出が苦手という場合もあります。その際は、読めるのに書けない、質問の意味はわかっているのに答えられない、音符は読めるけれど歌ったり演奏したりはできないといった困難が見られます。

このようにさまざまな違いにより困難さが変わることもあり、LD には、learning differences「学び方の違い」という表記が当てられることもあります。LD は早期に発見されればされるほど、その後の学校や人生でうまくいく可能性が高くなります。少しでも早いうちに、困難になる理由を踏まえて、どの部分を補い、どの部分を使って教えるのがよいのか、その特徴ある学び方を理解し、本人にあった学び方を探していくことが望まれます。

第6節 発達障害への支援

支援を行う際には、一人ひとりの特性に合わせ、苦手な部分に対する配慮と得意な部分を伸ばす工夫が必要です。年齢にもよりますが、基本的には次のような手順にそって行うとスムーズでしょう。

10.6.1. 現状把握

まずは気づきを大切にし、冷静に観察することから支援は始まります。困っていることが目立つ児童生徒に関する情報を集めるときには、逆に、「うまくいっているところ」を把握しようとする目が大切でしょう。よい表情をしている時間帯や場面、状況をみつけると、その情報は必ず支援や工夫の中で活きてきます。そのうえで、「どう困っているのか」について考えます。具体的に、時間帯・場面・内容などについて詳しくみていき、記録をつ

けることで，頻度や周囲の対応の違いによる変化を意識できるとよいでしょう。

10.6.2. 困っている理由を考える

なぜ困っているのか（例：注意は向いていたか，聞こえていたか，見えていたか，覚えられたか，体や手の動きはスムーズだったか，状況や言葉を理解できていたか…など）少し詳しく考えてみる段階です。どういう支援があれば，わかるのかということにつながるような情報を探してみましょう。さまざまな特性を詳しくみるための検査なども利用できます。ただし，検査結果の数値だけが一人歩きしないよう注意し，つまずきの原因を探り，特性を知ること，良い部分・得意な部分の確認を中心にすることが大切です。

1.6.3. 目標を立てる

つまずきの原因がある程度特定されたら，長期目標（約1年後に達成してほしい課題）と短期目標（ほぼ1学期間に達成してほしい課題）を挙げるとよいでしょう。目標を決めることで，優先課題が明らかになります。関係する周囲の連携が取りやすくなり，褒めるポイントと頑張らせるポイントが統一しやすいという利点もあります。

10.6.4. 本人への支援を行う

目標達成のためには，子どもへの見方を変えてみるとともに，環境を整える必要があります（表10-4）。まずは，成功経験を積ませるような環境をつ

表10-4 支援の基本と具体例

基本：子どもへの見方を変える
例）●困った子⇒困っている子：困っているときには，必ず理由がある 　　○言われたこと，人の気持ち，友だちとの関わり方，求められていること等が…"わからない"　○注目が欲しい 　　○気が散ってしまって"うっかり"　○忘れてしまって"つい"　○間違って覚えている　…など 　●～がわからない子⇒学び方が違う子　　●～ができない子⇒取り組み方が違う子 　●短所⇒長所 　　○多動⇒活発　○注意が散りやすい⇒好奇心旺盛・よく気がつく　○物をよく失う⇒物に執着しない 　　○興味が狭い⇒探究心が強い　○しつこい⇒粘り強い　○幼稚⇒子どもらしい　○単純⇒裏表がない・素直
① 環境を整える
例）〈聞き取りやすくするために〉　○雑音を減らす（しきりやイヤホンなどを活用する・話す前に静かに聴く約束をする） 　　○視覚的に示す（具体物・絵・写真・メモ書きなどを利用する）　○大切な部分は繰り返す　…など 　〈見やすくするために〉　○興味関心のあるものを使う　○注目すべき箇所を限定する（マーカー・シールの利用） 　　○不要なものを片付ける　○チョークの色や枠を工夫する　○補助プリントを使う　…など 　〈集中しやすくするために〉　○席は黒板近くに配置する　○黒板の周りの壁はシンプルにする　○場を構造化する 　　○タイマーを利用する　○聞きやすく，見やすく，わかりやすい指示をだす（上記参照）　など 　〈好ましい行動を増やすために〉　○ルールや手順を紙に書いて貼っておく　○模範となる生徒の横に座らせる 　　○良いところを見つける雰囲気をつくる　○（黙る時や聴く時，発表してもよい時などの）合図を決める 　　○補助具や機器を利用する→必要な時に使用許可を求められる雰囲気をつくる 　　○わからないところを聞ける雰囲気をつくる　○体を動かせる作業を入れる 　　○手順カードに"できた印"をつける　○自分で頑張れる範囲（時間・内容）を決めさせる 　　○努力や出来をこまめにほめる　など
②かかわり方を変える（得意なところを使う）
例）●言って聞かせていた⇒書いて見せる・例を見せる　●まず悪いところを指摘していた⇒ほめ言葉から入る 　●否定的な言葉遣いをしがちだった⇒肯定的に伝える　●命令形ですべきことを伝えていた⇒選択方式で選ばせる 　●できて当たり前のことは無視していた⇒当たり前のことでも，できていれば認める・評価する・お礼を言う 　●長い説教が多かった⇒短く伝える　●一度にたくさん伝えていた⇒指示は一度に1つずつにする 　●あいまいな言葉（ちゃんと・しっかり・きっちり等）が多かった⇒するべき行動を具体的に伝える 　●状況によりルールが変化した⇒可能な限り一貫性をもたせる 　●学習などで「ここまでできたら休憩と」，量で区切っていた⇒時間で区切る　など
③適切な場や機関を活用する（工夫して練習する）
例）通級教室での個別学習／感覚統合訓練／ソーシャルスキル訓練／カウンセリング／プレイセラピー／医療機関への相談（連携）／投薬／ペアレント（ティーチャー）トレーニング／保護者との協力　など

くるため、人の得意なところや好きなことを有効に活用します。この段階では、"情報の取り入れ方が違う"可能性を踏まえ、かかわり方を変えることが求められます。必要に応じて、個別学習や感覚統合・SSTなどの訓練、カウンセリングやプレイセラピーを受けさせるなど、適切な場や機関を活用することも視野に入れていきましょう。

支援が生きてくるためには、本人がそれらの支援を受け入れ、自分にあった補助具や方略を使えるよう、また自ら支援を求めることができるようになることが大切です。一見、周囲には困り感が伝わりにくいため、大人に近づくにつれ、できるだけ自分で自分の得意・不得意を把握し、その理由とどのような工夫をすれば弱みを補えるかを考え、自分にとって有効な支援を周囲に求める力が必要になってきます。

10.6.5. 評価する

配慮や支援が役に立っているのかどうかを振り返る機会も大切です。現状把握の際と同じように観察し、記録をとってみると、変化や達成度がわかりやすいでしょう。目標としていた行動や困っていた点について焦点を当てるとともに、指導内容や方法についても評価していきます。たとえば、集中時間への配慮はしていたか、課題配分は適切だったか、抵抗感や二次障害への配慮はどうだったか、「やった！できた！良かった！」という達成感や有能感を本人が味わえるような工夫をしたかなどのポイントがあります。次の目標につながるよう、なるべく細かいステップで、段階を意識した評価が望ましいのです。その評価を肯定的に本人や保護者にも伝え、それぞれの努力が認められていることや次の目標がわかるようにしていくことが大切でしょう。

環境によって発達の仕方は大きく変わります。その環境をつくり上げるのは、教師や指導員だけでなく、クラスや学校の児童生徒すべてです。特別に支援が必要だといわれている児童生徒だけでなく、どの子に対しても良いところ・頑張っているところ・好きなところをしっかりと言葉にして、何度でも伝えていくことが大切でしょう。特性を"障害"にするかしないかは、社会のあり方次第です。まずは、個性によって不利な状態にならないような、すべての児童生徒にとって学びやすい環境をつくることができればと願います。

第7節 特別支援教育

インクルージョン教育
人間を人種、民族、宗教、性別、年齢、能力などの違いによって区別せず包含し、障害のある人々に対してもすべての教育、雇用、消費、余暇、地域、家庭活動などにおける機会を保障する考え方です。1994年にユネスコのサマランカ宣言で、障害をともなう子どもも障害をともなわない子どもも共に学ぶインクルーシブな教育制度が提唱され、2006年国連総会において障害者権利条約が採択されたことにより、インクルージョン教育が広まってきています。

10.7.1. 基本的な考え方

国際的な障害観の変遷やインクルージョン教育の流れとともに、国内でも2006年の学校教育法一部改正（2007年4月実施）により、従来の特殊教育が特別支援教育へと転換しました。それまでは障害の種類や程度に応じて教育の"場"を整備してきました。しかし特別支援教育では"個"への教育が重視され、障害のある子ども一人ひとりの教育的ニーズに応じて、適切な指導および必要な支援を行っています。また、従来は対象とされていなかった発達障害のある幼児児童生徒も教育的支援の対象に含み、特別な支援を必要とする子どもたちの可能性を最大限伸ばすことを目指して、子どもたちが

在籍するすべての学校・学級において実施されることになりました。特別支援教育は障害のある子どもたちへの教育というだけでなく，多様な個人が能力を発揮しつつ，自立して共に社会に参加し支えあう「共生社会」の形成の基礎となるものだと考えられています。

10.7.2. 教育システム・支援体制

この共生社会をつくり上げるために，文部科学省では2013年度からインクルーシブ教育システム構築のモデル事業を実施しています。インクルーシブ教育システムでは，ユニバーサルデザインの考え方を踏まえて「基礎的環境整備」を図ること，それを土台とした「合理的配慮」を提供していくことが求められます。

「基礎的環境整備」の内容については8項目あり，①ネットワークの形成・連続性のある多様な学びの場の活用，②専門性のある指導体制の確保，③個別の教育支援計画や個別の指導計画の作成等による指導，④教材の確保，⑤施設・設備の整備，⑥専門性のある教員・支援員等の人的配置，⑦個に応じた指導や学びの場の設定等による特別な指導，⑧交流及び共同学習の推進となっています。また，実際の義務教育段階における連続性のある多様な学びの場としては，通常の学級，通級による指導，特別支援学級，特別支援学校，院内学級，自宅・病院における訪問学級が挙げられます（表10-5）。障害がある子どもも，できるだけ通常学級で学ぶことを目指しつつ，必要に応じてその他の選択肢が取れること，その際には通常学級との交流や共同学習

ユニバーサルデザイン
もとは建築家ロナルド・メイスによって提唱された理念で，①誰でも公平に利用できる，②使用の自由度が高い，③使い方が簡単ですぐにわかる，④必要な情報がすぐにわかる，⑤操作ミスや危険につながらない，⑥無理のない姿勢で楽に使える，⑦使いやすい空間が確保される…の7原則の概念が提案されています。

個別の教育支援計画・個別の指導計画
「個別の教育支援計画」は，障害のある子ども一人ひとりのニーズを正確に把握し，乳幼児期から学校卒業後までの長期的な視野にたって，子どもおよびその保護者らに対する相談や適切な支援を行うために策定される計画です。教育，福祉，医療，労働などのさまざまな側面からの取り組みを含め，関係機関，関係部局の密接な連携協力を確保することが求められています。これを自立活動の指導や重度・重複障害児の指導のために具体化したものが「個別の指導計画」です。子ども一人ひとりの教育的ニーズに対応して指導目標や指導内容・方法・配慮事項等を盛り込み，単元や学期，学年ごとにつくられます。

表10-5 連続性のある多様な学びの場とネットワーク

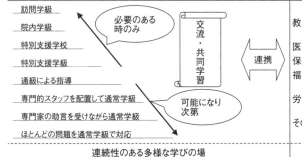

を積極的に行うよう求められていることを頭に入れておくとよいでしょう。

また，公立の小中学校においては校内委員会の設置や特別支援教育コーディネーターの指名という基礎的な支援体制がありますし，各教育委員会の専門家による巡回相談や，特別支援学校のセンター的機能として幼・小・中・高等学校等への助言・援助という体制もあります。さらに，特別支援連携協議会の開催等により，教育機関だけでなく，医療，保健，福祉，労働等の各関係機関との連携が進められています。

「合理的配慮」は，上記のような基礎的環境整備の状況をもとにして，一人ひとりの障害の状態や教育的ニーズに応じて検討，決定，提供されます。個別に提供されるものなので，それぞれの場における「合理的配慮」は異なってきますが，文部科学省からは1）教育内容・方法，2）支援体

校内委員会
小・中学校において，特別な教育的支援を必要とする子どもに対して，全校的に適切な対応ができるようにするために設置されるグループです。構成メンバーは，支援体制を作るために必要な人たちで，たとえば，校長・教頭・教務主任・生徒指導主事・通級指導教室担当教員・特別支援学級担任・養護教諭・対象の児童生徒の学級担任・学年主任・障害児教育の専門家あるいはスクールカウンセラー等が含まれます。主な役割には，子どもの実態把握，支援内容・方法の検討，職員への情報提供，家庭や専門機関等との連携があります。

特別支援教育コーディネーター
「今後の特別支援教育の在り方について（最終報告）」（2003年3月）において初めて示され，「学内，または福祉・医療等の関係機関との間の連携調整役」あるいは，「保護者に対する学校の窓口の役割を担う者」として位置づけられています。具体的には，校内委員会の推進役として情報を収集する，個別の指導計画作成に参画する，担任の相談から状況を整理し児童生徒の理解へつなげる，校内研修を企画し運営する，関係機関や専門機関等への相談に際して情報収集と連絡調整をするなどの役割があります。

制，3）施設・設備，という3つの観点と，11項目の内容が示されています（表10-6）。また，個に合わせた「合理的配慮」はその内容を個別の教育支援計画に明記することが望ましく，かつ，柔軟に見直しができることを共通理解とすることが重要だとされています。

特別支援教育は，障害のある幼児児童生徒の自立や社会参加に向けた主体的な取組を支援するためにあります。さまざまな環境の整備や配慮がなされ，実践事例のデータベースも公開されていますので，システムの全体像を把握したうえで，1つひとつの支援を大切に行っていきましょう。「合理的配慮」ができないということは障害を理由とする差別にあたります。障害の有無にかかわらず，生まれた地域で学校に通い，一人ひとりの気持ちや成長を大切にすることが特別ではない，そういう社会の実現が望まれます。

表10-6　学校における「合理的配慮」の内容

＜観点①　教育内容・方法＞
　①-1　教育内容
　　①-1-1　学習上又は生活上の困難を改善・克服するための配慮
　　①-1-2　学習内容の変更・調整
　①-2　教育方法
　　①-2-1　情報・コミュニケーション及び教材の配慮
　　①-2-2　学習機会や体験の確保
　　①-2-3　心理面・健康面の配慮

＜観点②　支援体制＞
　②-1　専門性のある指導体制の整備
　②-2　幼児児童生徒，教職員，保護者，地域の理解啓発を図るための配慮
　①-3　災害時等の支援体制の整備

＜観点③　施設・設備＞
　③-1　校内環境のバリアフリー化
　③-2　発達，障害の状態及び特性等に応じた指導ができる施設・設備の配慮
　③-3　災害時などへの対応に必要な施設・設備の配慮

文　献

アメリカ精神医学会（編）(1987)．髙橋三郎（訳）(1988)．DSM-Ⅲ-R：精神疾患の診断・統計マニュアル　医学書院

アメリカ精神医学会（編）(1994)．髙橋三郎・大野　裕・染矢俊幸（訳）(1995)．DSM-Ⅳ：精神疾患の診断・統計マニュアル　医学書院

アメリカ精神医学会（編）(2013)．髙橋三郎・大野　裕（監訳）(2014)．DSM-5：精神疾患の診断・統計マニュアル　医学書院

藤田和弘（監修）(2008)．長所活用型指導で子どもが変わる　Part3　認知処理様式を活かす各教科・ソーシャルスキルの指導　図書文化

岩崎純一 (2009)．音に色が見える世界　PHP研究所

喜多尾哲 (2006)．知的障害　梅谷忠男・生川義雄・堅田明雄（編）特別支援児の心理学　北大路書房

小池敏英 (2002)．知的障害に関する基礎知識　小池敏英・北島善夫（編）知的障害の心理学　北大路書房

厚生労働省　(2011)．平成23年度社会福祉行政業務報告

黒川君江（編著）(2005)．＜教室で気になる子＞　LD，ADHD，高機能自閉症児への手だてとヒント　小学館

松永邦裕 (2014)．思春期における高機能広汎性発達障害といじめ　福岡大学研究部論集 B：社会科学編

宮本信也・田中康雄（編）(2008)．発達障害とその周辺の問題　中山書店

宮本信也 (2010)．発達障害と不登校　東條吉邦・大六一志・丹野義彦（編）発達障害の臨床心理学　東京大学出版会

文部省 (1999). 学習障害児に対する指導について（報告）　学習障害及びこれに類似する学習上の困難を有する児童生徒の指導方法に関する調査研究協力者会議

文部科学省 (2002). 就学指導の手引

文部科学省 (2003). 今後の特別支援教育の在り方について（最終報告）　今後の特別支援教育の在り方に関する調査研究協力者会議

文部科学省 (2012). 共生社会の形成に向けたインクルーシブ教育システム構築のための特別支援教育の推進（報告）　中央教育審議会初等中等教育分科会

中根 晃 (1999). 発達障害の臨床　金剛出版

中根 晃 (2001). ADHD 臨床ハンドブック　金剛出版

中村義行・大石史博（編）(2013). 障害臨床学ハンドブック（第2版）　ナカニシヤ出版

日本 LD 学会（編）(2011). LD・ADHD 等関連用語集（第3版）　日本文化科学社

小野次朗・上野一彦・藤田継道（編）(2007). よくわかる発達障害―LD・ADHD・高機能自閉症・アスペルガー症候群―　ミネルヴァ書房

大石史博 (2013). 情緒障害・愛着障害　中村義行・大石史博（編）　障害臨床学ハンドブック（第2版）　ナカニシヤ出版

杉山登志郎 (2007). 子ども虐待と第四の発達障害　学習研究社

高橋知音（編）(2014). 発達障害のある人の大学進学　どう選ぶか　どう支えるか　金子書房

竹田契一・太田信子・西岡有香・田畑友子 (2000). LD 児サポートプログラム―LD 児はどこでつまずくのか，どう教えるのか―　日本文化科学社

竹田契一・里美恵子・西岡有香 (2007). 図説 LD 児の言語・コミュニケーション障害の理解と指導－AD／HD，高機能広汎性発達障害とどう違うか（第2版）　日本文化科学社

トレッファート, D. A. (1990). 高橋健次（訳）(1990). なぜかれらは天才的能力を示すのか　草思社

トレッファート, D. A.・ウォレス, G. L. (2002). サヴァン症候群の謎　日経サイエンス 2002 年 9 月号　日本経済新聞社

月森久江（編）(2008). シリーズ　教室で行う特別支援教育 6　教室でできる特別支援教育のアイディア　小学校編 Part2　図書文化社

ターキントン, C.・ハリス, J. R. (2002). 竹田契一（監修）　小野次朗・太田信子・西岡有香（監訳）(2006). LD・学習障害事典　明石書店

上野一彦・宮本信也・柘植雅義（編）(2012). S.E.N.S 養成セミナー　特別支援教育の理論と実践 [第 2 版]　I 巻　概論・アセスメント　金剛出版

ウイング, L. (1996). 久保紘章・佐々木正美・清水康夫（訳）(1998). 自閉症スペクトル　東京書籍

山崎晃資他（編）(2012). 現代児童青年精神医学（第2版）　永井書店

湯澤正通・湯澤美紀（編）(2014). ワーキングメモリと教育　北大路書房

11 家族心理

第1節　家族とは

　あなたにとって「家族」とは誰のことでしょうか。両親やきょうだいのように血縁関係のある人が「家族」なのでしょうか。しかし，婚姻関係にあるほとんどの日本人男女には血縁関係はありません。そうすると，夫と妻は「家族」ではないのでしょうか。それでは，一緒に暮らしている人が「家族」なのでしょうか。そうすると，ひとり暮らしの大学生には「家族」がおらず，寮に暮らす大学生には生活をともにする他の寮生が「家族」なのでしょうか。

　このように，「家族」とは何かという単純な問いに対する答えは，意外とむずかしいものです。前夫との間にできたお互いの子どもをつれて10年以上生計をともにしているレズビアンカップル，仕事が忙しい両親に代わって自分を育ててくれ，2年前に他界した祖母，生まれたときからずっとそばにいる柴犬のチロなどのように，人によっては，法的つながり，血縁の有無，生死，人間であるかどうかにかかわらず「家族」とみなすこともあります。また，自分は相手を「家族」と思っていたとしても，相手はあなたを「家族」とみなしていないこともあります。主観的な家族の定義に加えて，家族の構造，役割，機能も時の流れとともに大きく変容してきました。

11.1.1.　家族の分類

　家族の変容は，時代のみならず，文化，民族，地域，階層の影響を大きく受けます。しかし，アメリカの文化人類学者マードックは，世界250の社会における家族形態を調査し，核家族が人類に普遍的に存在すると主張しました（Murdock, 1949）。核家族とは，一組の夫婦とその未婚の子どもからなる最小基本単位の社会集団のことです。核家族は単独で存在するほかに，一夫多妻や一妻多夫のような婚姻関係の広がりによって横方向に連結している複婚家族と，三世代家族のような親子関係の広がりによって縦方向に連結している拡大家族の2つの組み合わせが存在するとされました。その後，反証例が提示され，批判にさらされることもありましたが，生殖の基本分析単位を示す語として，現在でも広く使われています。

　核家族といっても，その成員の視点によって様相は大きく異なります。子どもの世代から見た核家族は，両親ときょうだいで構成されており，定位家族あるいは原家族とよばれています。一方，親の世代から見た核家族は，配

偶者と子どもで構成されており，生殖家族あるいは結婚家族とよばれています。この世に生をうけた人は誰でも定位家族をもっていますが，生殖家族をもつとは限りません。

11.1.2. 縮小する家族

家族の統一的な定義が困難なため，日本の官庁統計においては，世帯という概念が利用されています。世帯とは「住居と生計を共にしている人の集まり又は一戸を構えて住んでいる単身者」のことで，家族とは厳密には対応していません。しかしながら，日本の家族の実態を推し測るうえで，世帯に関するデータは非常に重要な手がかりとなります。

1920（大正9）年に実施された「第1回国勢調査」から2010（平成22）年までの平均世帯人数を見てみると，1960（昭和35）年から急激に減少したことがわかります（図11-1）。高度経済成長にともなう産業構造の転換を受けて，都市に人口が流入し，核家族化，未婚化，少子化に代表されるような家族の変容がこの時期から起きたことがうかがえます。

普通世帯と一般世帯
1980年までの国勢調査では，世帯を「普通世帯」と「準世帯」に区分していました。1985年以降の調査では，「一般世帯」と「施設等の世帯」に区分しています。「普通世帯」と「一般世帯」の定義はほとんど変わっていませんが，「準世帯」に分類されていた単身者のうち，間借りや下宿をしている者および会社などの寄宿舎や独身寮に居住する者は「一般世帯」とみなされるようになりました。図11-1および図11-2は，1980年以前の定義に基づいて算出した数値です。

核家族世帯
国勢調査における家族類型のうち，核家族世帯には，夫婦のみの世帯，夫婦と子どもからなる世帯，男親と子どもからなる世帯ならびに女親と子どもからなる世帯が含まれています。

単独世帯
国勢調査における家族類型のうち，世帯人数が1人の世帯のことです。

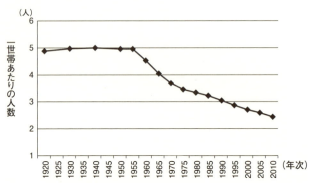

図11-1　1世帯あたりの人数の推移（総務省統計局「国勢調査報告」より作成）

世帯構成別の世帯数の推移を見てみると，核家族世帯と単独世帯の数が大きく上昇しています（図11-2）。ここで注目すべき点は，各年における世帯構成割合です。核家族世帯の割合は，いずれの年においても6割前後で大きな変動がありません。昔は誰もが大家族で暮らしていたイメージがあるかもしれませんが，それは大きな誤解です。日本において，拡大家族が成立するのは，本人の意思にかかわらず家督を継ぐことが望まれていた長男夫婦のみで，その他多数の子どもたちは結婚したら核家族にならざるをえなかったのです。また，平均寿命が短かったので，祖父母の死後，拡大家族から核家族に移行する家族も多かったのです。また，単独世帯の割合は大幅に増加し，2010年には全世帯の3割を占めるまでになっています。多くの若者が進学，就職を機に都市へ流入したほか，平均寿命の伸長にともない死別後の高齢者とりわけ女性のひとり暮らしが増加しています。

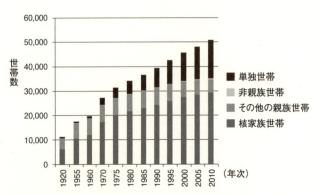

図11-2　家族類型別世帯数の推移（総務省統計局「国勢調査報告」より作成）

かつて，ほとんどの未婚男女は30歳代前

半までには結婚していました（図11-3）。ところが1975年ごろから未婚者の割合は上昇し，2010年の生涯未婚率（50歳時の未婚率）は，男性で2割，女性で1割を超えました。出生数や合計特殊出生率の推移を見ても，少子化が進行していることがわかります（図11-4）。

こうした日本の家族に関するデータを概観すると，日本人は家族を大切にしなくなってきているのではないかと思うかもしれません。確かに，青少年犯罪，児童虐待，介護殺人などのニュースが氾濫する今日において，家族に対して危機感をつのらせる人も少なくないでしょう。しかし，物事の本質を捉えるためには，断片的な情報のみで判断するべきではありません。上記で取り上げた家族の変化は家族の崩壊を意味するのでしょうか。冒頭にも述べましたが，家族は時代，文化，民族，地域，階層などによって変容するものです。家族がなぜ変容したのか，これからどこへ向かうのかを考察することにより，家族のありのままの姿を見つめてみましょう。

合計特殊出生率
対象となる年の15歳から49歳の女性人口のうち，子どもを出産した人の年齢別の割合を足し合わせた数値で，1人の女性が一生に生む子どもの平均数を推定したものです。乳児死亡率の低い先進国では，合計特殊出生率が約2.08あれば，人口を維持できるとされています。

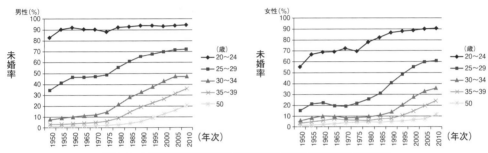

図11-3　年齢群別未婚率の推移（総務省統計局「国勢調査報告」より作成）

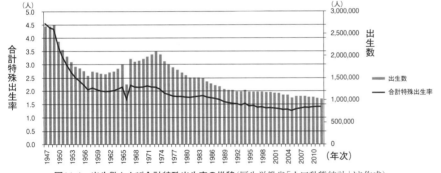

図11-4　出生数および合計特殊出生率の推移（厚生労働省「人口動態統計」より作成）

最後に，統計数理研究所が5年ごとに実施する「日本人の国民性調査」の結果を紹介します。図11-5は人々が一番大切だと思うものを複数の選択肢のなかから挙げてもらった結果の推移です。家族の縮小が始まった1960年代から家族が一番大切だと考える人が急増しています。家族を大切に思うからこそ家族における変容が生じていると考えることもできるのではないでしょうか。

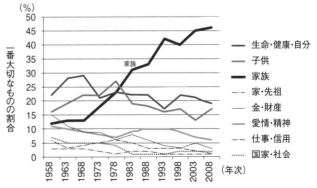

図11-5　「一番大事なもの」の推移（統計数理研究所「日本人の国民性」より作成）

第2節　婚姻・離婚

11.2.1.　現代の結婚事情

　日本人の結婚に対する考え方が変わってきています。大阪商業大学が2000年から実施する日本版総合的社会調査（JGSS）のデータを見ても，「なんといっても男性（女性）にとっての幸福は結婚である」との項目に賛成する割合は年々減少しています。しかし，国立社会保障・人口問題研究所がおよそ5年に一度実施する「出生動向基本調査」によると，未婚者のおよそ9割は「いずれ結婚するつもり」と回答しています。結婚を当然視する社会規範は弱まっているものの，結婚意欲がなくなっているわけではないようです。実際に，独身男女の出会いの提供を目的とした婚活ビジネスが全国に広がっています。なぜ結婚したい人があふれているのに，未婚化が進んでいるのでしょうか。その答えの1つは結婚のきっかけの変化にあります。かつて多くの日本人はお見合いによって結婚していました（図11-6）。特別な理由がない限り，結婚することが当たり前だったため，ある程度の年齢になると，親族や上司，知人が結婚相手を紹介してくれていたのです。ところが，

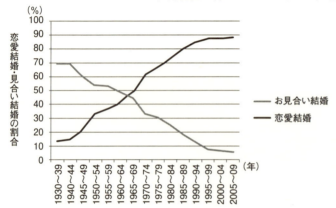

図11-6　恋愛結婚・見合い結婚の割合の推移（平成25年度版「厚生労働白書」より作成）

1960年代になると，恋愛結婚が主流になります。容姿，性格，価値観，職業など自分の理想に合う人を自力で探す必要性が生じました。結婚に対する社会規範の変化も受けて，結婚は個人の選択の問題と変化していきました。

11.2.2.　配偶者選択

　人々は，どのようにして特定の配偶者を選択しているのでしょうか。理論的には，世界中の誰でも結婚相手にすることが可能なはずです。しかし，実際には，自分と社会文化的に類似したもの同士が結婚する傾向があります。未婚者は，年齢，出身地域，教育の程度，生活水準などが似通った相手を配偶者として選択することが多く，このことを同類婚とよびます。フィルター理論によると，私たちは，たくさんの潜在的な候補者を特定の基準によってふるいにかけ，候補者を絞り込む作業を行います（Kerckhoff & Davis, 1962）。このとき，近接性が重要な基準の1つになります。人間関係を深めるためには，お互いが直接接触し，交流を重ねる必要があります。繰り返し接することにより，相手に好意を抱くようになる場合もあります。この現象を単純接触効果とよびます（Zajonc, 1968）。

　先述の「出生動向基本調査」の結果によると，日本人の未婚者は，結婚相手に求める条件として，男女ともに人柄を最も重視しており，家事の能力，仕事への理解が続きます（図11-7）。大きな男女差が見られるものとして，経済力と職業が挙げられます。結婚相手の経済力や職業を重視する男性はほとんどいませんが，それらを重視する女性は，それぞれ4割と3割を超えて

います。近年，若年層の雇用状況が不安定な状態が続いており，稼得役割を一人で担うことが可能な男性自体が大幅に減少しています。また，結婚・出産後の妻に仕事を続けてほしいと考える男性が急増していることからも，男女間の結婚観のミスマッチが未婚化を引き起こしている可能性が考えられます。さらに，配偶者選択のメカニズムは，自身と他者の相互作用によって絞り込まれていきます。片方が好意を抱いていたとしても，相手にその気がなければ成立しません。図11-8に見てとれるように，男女ともに晩婚化が進行しています。結婚するつもりはあるけれども適当な相手がなかなか現われないということが背景にありそうです。

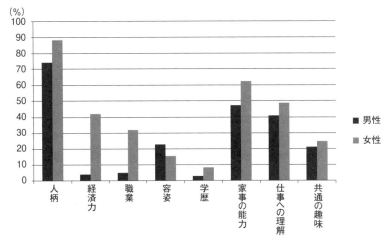

図11-7 男女別結婚相手の条件として重視することの割合
(国立社会保障・人口問題研究所「第14回出生動向基本調査」より作成)

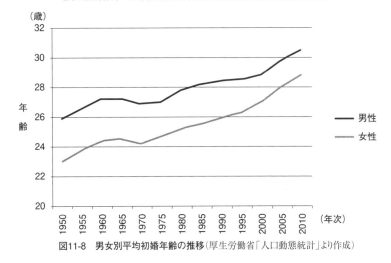

図11-8 男女別平均初婚年齢の推移(厚生労働省「人口動態統計」より作成)

11.2.3. 夫婦関係

結婚生活は幸福をもたらしてくれるのでしょうか。これまでの研究から有配偶者は無配偶者にくらべて生活満足度や幸福度が高く（Eid & Larsen, 2008; 宍戸・佐々木, 2011），精神疾患を含む健康問題を抱えにくいことから長生きする傾向があることが明らかになっています（Gardner & Oswald, 2004）。配偶者からの身体的，精神的サポートに加え，経済的な安定は幸福感を高める大きな要因となるでしょう。それでは，結婚相手に対する愛情は

横断調査と縦断調査
横断調査とは，対象とする集団に対して一度のみ調査し，その結果を男女別，年齢別，学歴別などに分けて集計し，集団の断面を分析する方法です。それに対して，縦断調査とは，特定の集団に対して一定の間隔を空けて繰り返し調査を行う方法です。横断調査は，幅広い年齢を対象にすることで，年齢による変化を推定する分析が短期間でできるものの，調査時点の20歳代が10年後に調査時点の30歳代と同じ傾向を示す保証はありません。縦断調査は，同一の対象者を追跡するため，個体の発達の過程や因果関係を分析することが可能になるものの，時間や費用がかかるほか，調査対象者の特殊性から結果を一般化することに問題が生じることもあります。

どのくらい長続きするのでしょうか。この問いに対する答えは，長年大きな議論の的になっています。横断調査において，夫婦関係満足度を年齢群ごとにグラフ化すると，若年層と高齢層で高く，中年層で低いU字型になります。このことから，子育てや親の介護が同時に重要課題となるサンドウィッチ世代において，夫婦間に緊張が高まるものの，その後は夫婦関係が改善すると見られていました。ところが，縦断調査が広く実施されるようになると，年齢とともに夫婦関係満足度は下がり続ける結果が多く出てきました。研究方法によって，どうしてこのような結果の違いが生じたのでしょうか。横断調査では，結婚生活に不満足だった人はすでに離婚し，調査対象から外れていた可能性があります。一方で，結婚前の状況から高齢者になるまで追跡した縦断調査は，ほとんど存在しません。今後の研究の動向を注意深く見守る必要があるでしょう。

ボックス　15　世界の結婚事情

　本文で述べたように，戦後，日本の結婚事情が大きく変容しました。第三者に結婚相手を準備してもらう形から，愛情のつながりを基本とする形に変化したため，結婚する気持ちをもっていたとしても，結婚相手に巡り会えるとは限りません。近年の不安定な労働市場も重なり，晩婚化，未婚化，さらには少子化が進行していきました。世界の国々では，結婚はどのように捉えられているのでしょうか。経済領域におけるグローバル化と同様に，結婚文化も類似性が高まっているのでしょうか。

　結論を先に述べると，世界の結婚事情は，まだまだ多様性を維持しているようです。結婚相手を自由に選べる社会は少数で，富や年齢，政治的な理由などで他者に配偶者の決定権がある社会が多くを占めています。地中海沿岸諸国や中東，アジアの一部では，花嫁持参金が婚姻の大きな決め手となります。花嫁持参金とは新婦が新郎の家族のために用意する金銭，高価な物品，土地などのことで，これが多いほど良い条件の相手と結婚することができます。持参金が少ない場合，新婦が虐待，虐殺されるケースもあります。こうした国々では，男児選好が強く，女児の間引きが横行し，人口の男女比が大きく偏っています。

　アフリカや中東では，婚資の習慣が残っています。花嫁持参金とは反対に，婚姻に際して，新郎が新婦の家族に金銭や家畜などの財産を支払います。これらの国々では，一夫多妻を認めていることが多いものの，リビアやエジプトなどのアラブ諸国では，高額の婚資を準備できずに男性の晩婚化が進んでいます。

　チベットやブータンなどアジアやポリネシアの一部では，一妻多夫が観察されています。限られた土地に厳しい気象状況の下で生活する際に，複数の男性の経済力が必要だったと考えられています。

　血族同士の婚姻に対してもさまざまな考え方があります。中国，インドネシアおよびアメリカの一部の州では，いとこ同士の結婚が禁じられている一方で，アフガニスタン，パキスタン，サウジアラビアなどのイスラム文化圏では，いとこ同士の結婚が最も高潔と考えられています。インドの一部地域では，同じ村に住むものは家族とみなされるため，村民同士の結婚は禁じられています。幼なじみの男女が恋に落ち，一族の名誉を保つために，親族から集団リンチをうけ，殺人にまで発展するケースが後を絶ちません。また，韓国では，血族同士の結婚を避けるために，同じ名字の男女間の結婚は推奨されていません。

　国際連合が2012年に発表した「世界出産力報告」によると，晩婚化や未婚化は世界的な現

11.2.4. 離　　婚

　離婚とは、夫婦関係を法的に解消するものです。厚生労働省「人口動態調査」によると、戦後、8万件弱であった離婚件数は上昇を続け、2002年にはピークの約29万件となりました。その後、徐々に減少し、2012年には23万5千件となっています。主要国における、人口千人あたりの離婚率をくらべてみると、日本の離婚件数が増加したとはいえ、それほど高い水準ではないようです（図11-9）。「バツイチ」という言葉が一般的に使われるようになったものの、プライベートにかかわることでもあり、離婚に関する研究は十分に進んでいません。2012年の離婚総数のうち、6割は未成年子をもつ夫婦であり、そのうち8割以上の場合、妻が親権をもっています。しかしながら、日本の労働市場では、男女間賃金格差は非常に大きく、一人親世帯の貧困の拡大につながっている様相が浮かび上がってきます。日本の子どもの貧困率は非常に高く、先進諸国の中でも最低レベルの貧困状態であり、早急な対策が望まれています。また、初婚同士の夫婦の割合は年々低下し、2012

象として確認できますが、その内実は大きく異なるようです。図1は世界の国々の生涯未婚率、図2は生涯未婚率と合計特殊出生率の散布図を示したものです。たとえば、ジャマイカの生涯未婚率は男性で46.5％、女性で45.1％と日本の数値を大きく上回っています。しかし、合計特殊出生率は2.28と未婚化が少子化に結びついているわけではありません。同様に、北欧を中心とする西ヨーロッパ諸国では、日本よりも晩婚化や未婚化が進んでいるにもかかわらず、合計特殊出生率は日本よりも高くなっています。子育て支援などの社会保障制度が充実していることもありますが、こうした国々では、家族に対する考え方が大きく変化しています。図3は、婚外子の割合を示したものです。多くの国々では、子どもの半数前後が婚姻関係のない男女の間で生まれていますが、日本では2％にすぎません。日本では妊娠が発覚した時点で結婚を決意する「できちゃった結婚」が珍しくありませんが、欧米諸国では出産イコール結婚とはなっていないようです。

　また、近年、男性同士または女性同士の婚姻を認める同性婚の法整備が進んでいます。今日までに、欧米諸国のみならず、ブラジル、アルゼンチン、ウルグアイなどの南米諸国、ニュージーランド、南アフリカなど多くの国々で同性婚が認められています。日本の法律では、明示的に禁止されてはいないものの、婚姻は男性と女性のものとの前提で制度化されているため、同性愛者で結婚を希望するものは戸籍上では養子縁組制度を利用しています。（佐々木尚之）

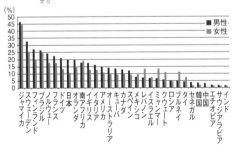

図1　おもな国における男女別生涯未婚率
(United Nations, Department of Economic and Social Affairs, Population Division (2013) World Marriage Data 2012 より作成)

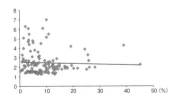

図2　未婚率と合計特殊出生率の関係
(United Nations, Department of Economic and Social Affairs, Population Division (2013). World Marriage Data 2012 より作成)

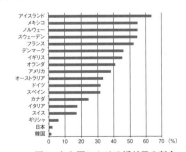

図3　主な国における婚外子の割合
(Eurostat (2013), United Nations Statistical Division (2013) より作成)

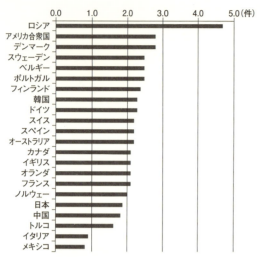

図11-9 おもな国における人口千人あたり離婚件数（国立社会保障・人口問題研究所「人口統計資料集」より作成）

年に結婚した夫婦の4組に1組は再婚者です。欧米の研究結果から，ステップファミリーの家族成員に関する問題の複雑さやあいまいさは，子どもの心身の問題や夫婦間，親子間の対立を引き起こすことが知られていますが，日本ではステップファミリーに対する社会的な理解が不足している状況です。

一般的に，結婚して間もない若年層で離婚率が高い傾向がありますが，近年，同居期間の長い中高年夫婦の離婚，いわゆる「熟年離婚」が増加しています。日本では，就業の有無にかかわらず，家事や育児などの家庭内役割の遂行が大きく女性に偏っており，夫婦間コミュニケーションにおいても男女で対等に行われていないことが指摘されています（平山・柏木，2004）。そうしたことの積み重ねが，結婚生活に対する不満につながり，子育てが一段落した女性に新たな人生をスタートさせる動機につながっていることを示唆しています。

第3節 子育て

11.3.1. 子どもの誕生

子どもの誕生は大きな喜びをもたらす一方で，日常生活に予想できない変化を引き起こします。子どもが生まれるまでは，ある程度自由に自分たちの行動を決定することができますが，特に子どもが小さいうちは，なかなかそのようにはいきません。個人差はありますが，一般的に，子どもの誕生は夫婦関係満足度を低下させます。子育ては，経済的，精神的，身体的負担を増大させるからです。たとえば，文部科学省が平成22年度に実施した「子どもの学習費調査」によると，幼稚園から高校まですべて公立の場合の学費総額は約500万円。すべて私立の場合は約1700万円と試算されました。年功序列型の賃金制度を多く採用している日本社会において，子育て期の家族の経済的負担が非常に大きいことがわかります。また，子どもの誕生を機に退職せざるをえない女性が依然として多く存在しており，女性の孤立した子育ては，育児ストレスを高める要因になっています。

11.3.2. 養育態度

アメリカの心理学者ボウムリンドは，統制性と応答性の2次元を用いて，4つの養育態度に分類しました（Baumrind, 1991）。統制性とは，子どもの行動をどの程度管理したり制限したりするかの度合いを示し，応答性とは，子どもの要求にどの程度答えるかの度合いを示しています（図11-10）。

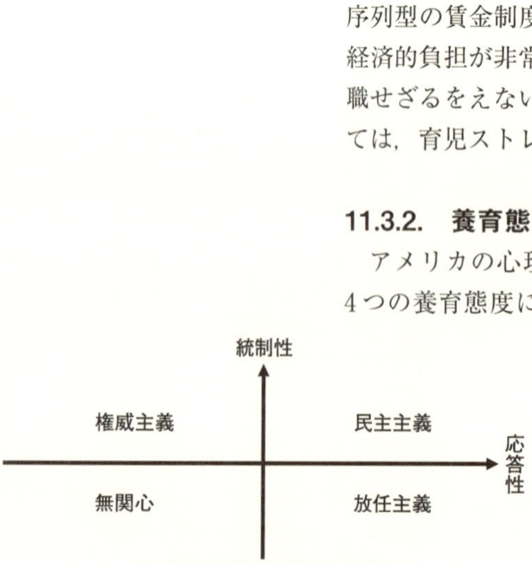

民主主義的養育は，統制性と応答性がいずれも高いレベルの状態です。子どもにルールの遵守を厳格に求めますが，必要であれば子どもの意見にも耳を傾けます。子どもの自主性を重んじ，言葉によるやり取りを好みます。

図11-10 養育態度の分類

権威主義的養育は，統制性は高いものの，応答性が低い状態です。子どもには絶対的に従うことを要求し，懲罰的かつ強硬な手段を使うこともあります。子どもの要求を聞き入れることはほとんどありません。放任主義的養育は，統制性が低く，応答性が高い状態です。親子の情緒的な結びつきが強いことが多いものの，子どもの行動を制限することはまれで，ルールや決めごとも最小限しかありません。子どもの要求を無条件で受け入れる傾向があります。無関心な養育は，統制性も応答性も低い状態です。親子の接触があまりなく，子どもの居場所や興味のあることにあまり関心がありません。一般的に，民主主義的養育態度は，肯定的な子どもの発達を促し，子どもの問題行動を減少させるとされていますが，時代や文化，人種，生活環境などによって，好ましい養育態度は異なることが示唆されています。

第4節　家族と労働

11.4.1.　性別役割分業

　意外かもしれませんが，かつて家庭内の生産活動は，一部の特権階級を除いて，男女共同で行っていました。祖父母，夫，妻，子どもみんなで働くことによって，ようやく生計を立てることができていたのです。産業構造の転換から，都市化が起こり，「サラリーマン」が急増し，生活水準が上昇する過程で，性別による役割分業が明確化されるようになりました。こうして新しく誕生した家族モデルも転換のときを迎えています。専業主婦世帯の割合は，1970年代にピークを迎え，共働き世帯の2倍程度でしたが，1990年代にはほぼ同数となりました。その後，共働き世帯の数は増え続け，2012年には，専業主婦世帯の約1.5倍になっています。こうした働き方の変化に呼応するように，日本人の性別役割分業意識も大きく変動してきました。内閣府が実施した世論調査における「夫は外で働き，妻は家庭を守るべきである」との意見に賛成する割合は，男女とも一貫して低下していました（図11-11）。ところが，2012年の調査では，性別役割分業に賛成する割合が反転しています。特に若年女性の専業主婦志向が強まっており，労働市場における男女格差を受けて，多くの未婚女性が男性に扶養役割を期待するように

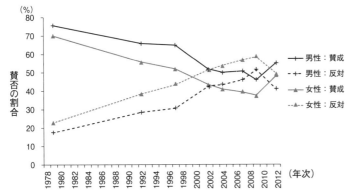

図11-11　男女別性別役割分業意識の推移（総理府「婦人に関する意識調査」(1979)，総理府「男女平等に関する世論調査」(1992)，総理府「男女共同参画社会に関する世論調査」(1997)，内閣府「男女共同参画社会に関する世論調査」(2002, 2004, 2007, 2009, 2012)より作成）

なっていると指摘されています（佐々木, 2012）。ただし，近年の雇用情勢の不安定な状況を考慮すると，単独で稼得役割を担うことのできる男性は限られており，こうした希望と現実のミスマッチは，さらなる未婚化，少子化を進行させる恐れがあります。

共働き世帯の数は増加しているものの，その内訳を詳しく見ると，男女平等とはほど遠いことがわかります。厚生労働省が実施した「21世紀成年者縦断調査」の結果によると，結婚後同一の就業を継続できた女性は5割強だけであり，3割の女性は離職し，1割の女性は転職しています。結婚後就業を継続できたとしても，第1子を出産後には，過半数が離職しています。つまり，結婚と出産を経て，仕事を継続できる女性は全体の2割程度に限られてしまうのです。こうしたライフ・イベントによるキャリアの遮断は，女性の自己実現の妨げになっており，賃金格差にも表われています。子育て後の再就職の際には，パートやアルバイトといった非正規雇用に限定されることが多く，女性の能力が十分に活用されていないのが現状です。

11.4.2. アンペイド・ワーク

社会における労働には，大別してペイド・ワーク（paid work）とアンペイド・ワーク（unpaid work）があります。ペイド・ワークは労働の対価と

ボックス 16 セックスとジェンダー

セックス（sex）は生物学的性差をさします。この性差には第1次性徴と第2次性徴があります。第1次性徴は授精の瞬間に決定される性染色体の違いによって胎児期に形成される生殖器官（卵巣，子宮，精巣，ペニス等）にみられる男女の差異です。第2次性徴は思春期に生殖器の発達にともない，分泌される性ホルモンによって生じる身体の機能的・形態的な変化をさします。

ここでは身体と脳の性分化について説明します。受精後6週までは生殖器は分化していませんが，それ以降，精巣が分泌する男性ホルモンの働きによって男の身体がつくられます。次が脳の性分化で，脳重量が加速度的に増加する12週～18週に男児の精巣から男性ホルモンが大量に分泌されます。成人男性に匹敵する量でアンドロゲン・シャワーとよびます。そのため脳は女性的特徴を失い，男脳になります。女児はアンドロゲン・シャワーを浴びないので，女脳のままです。この身体と脳の性分化の時期のずれによって性同一性障害（性別違和）が生じると考えられます。たとえば身体は男性に性分化された（男の身体をもつ）が，脳は男性ホルモンシャワーを浴びず，性分化されない（女脳のまま）で，自分を女として性自認し，男であることに違和感をもつのです。

ジェンダー（gender）は心理的・社会的・文化的な性差と誤訳されてきましたが，社会的・文化的な性のありようをさし，性同一性，性志向性と性役割に分けることができます。

性同一性（gender identity）は自分が男であるか，女であるかという性自認で，2～3歳までに形成されます。通常は生物学的性に性自認するのですが，生物学的性と反対の性に性自認する場合もあります。性同一性障害についてはすでに述べましたので，仮性半陰陽について説明します。半陰陽は第1次性徴における性別の判別がむずかしい状態で，両性の特質を兼ね備えたものを真性半陰陽，遺伝子と外見とで性別の異なるものを仮性半陰陽とよびます。仮性半陰陽は胎児期での性ホルモン分泌の過剰ないしは不足のために性器異常が生じ，生物学的性と反対の

して金銭的報酬が支払われる一方で，アンペイド・ワークには金銭的報酬が支払われることはありません。社会活動を維持させるためには，どちらの労働も重要であり，どちらがより価値が高いというわけではありません。しかしながら，家事や育児，介護といった家庭内アンペイド・ワークのほとんどは女性のみによって担われていることから，さまざまな問題を引き起こしてきました。国立社会保障・人口問題研究所が 2013 年に実施した「全国家庭動向調査」によると，妻の家事分担割合は，85％ を超えています。過去 15 年間で夫の家事分担割合は微増しているものの，変化は限定的なものでした。妻が正規雇用であっても，約 3 分の 2 の妻は，80％ 以上の家事を分担していると回答しており，家庭と職業の二重労働になっています。アメリカの社会学者ホックシールドは，こうした共働きの妻の状況を第二の勤務 (second shift) と名付けました。夫の育児の分担割合は，家事にくらべると高く，2 割を超えています。「食事をさせる」「おむつを替える」といった従来男性があまりしてこなかった育児をする夫が過去 20 年で急増しているようです。こうした数値を見ると，「イクメン」化が順調に進んでいるようにも見えますが，育児遂行の男女差はまだまだ大きく開いています。たとえば，2013 年の女性の育児休業取得率は 76.3％ なのに対して，男性の取得率は 2.0％ にすぎません。

性であると誤認され，育てられた場合です。2～3 歳で発見された場合，性転換手術で生物学的性に戻しますが，3～4 歳を過ぎると，育てられた性にすでに性自認しているので，それを変更させることはきわめて困難になります。この事実はいかに親の育て方や社会の性役割規範がジェンダーに影響を及ぼしているかを如実に示しています

性志向性 (sexual orientation) は異性あるいは同性，どちらに性的魅力を感じるかです。異性に対して魅力を感じるのが異性愛，同性に対して魅力を感じるのが同性愛ですが，明らかな同性愛が男性 4％，女性 2％ です。過去，同性愛は性心理障害とされていましたが，最近では自分の同性愛志向に悩み，嫌悪を感じている場合（自我異質性同性愛）のみが，性心理障害とされています。同性愛志向は環境要因とされましたが，最近，生物学的要因（視床下部のある特定部位の神経細胞数が減少）の関与が報告されています。

性役割 (sex role) は性役割認知，性役割行動，性役割規範という 3 つの側面に分類できます。性役割認知と性役割行動という心理学的な側面（内的要因）です。性役割認知は自分の性に期待される役割をどのように理解・認識しているかを意味し，さらにどの程度を受け入れているかという性役割同一性・受容性を含んでいます。性役割行動は性役割概念の中核をなすもので，自分の性役割をどのように発揮するかという性格・振るまい・行動面での心理的な性差（男性度や女性度）を意味しています。これが男らしさと女らしさです。

性役割規範は社会学的な側面（外的要因）で，外部（社会，マスメディア，コミュニティ，教師，両親，友人など）からの圧力（法律，教育，道徳，慣習，ステレオタイプ，しつけ）として個人に働きかける行動や価値の判断基準で，性ステロタイプに近いものです。

心理学においては，多くの性差研究が行われきましたが，心理的な性差は比較的少なく，また性差があっても環境要因であることが明らかになりました。そのため現在では性役割がいかに形成されるかに研究の重点がおかれています。

（大石史博）

なぜ男性は家事や育児をしないのでしょうか。これまでの研究結果を整理すると，以下の5つに集約できます：①相対的資源仮説（年齢，学歴，収入などの社会資源を多く保有するものが力をもち，力の弱い方がより多くの家庭内アンペイド・ワークを行う），②時間的制約仮説（労働時間やその他の活動に費やす時間が長いほど，時間的余裕がなくなり，家庭内アンペイド・ワークを避ける），③性役割イデオロギー仮説（性別役割分業規範に肯定的な考えをもつほど，家庭内アンペイド・ワークを遂行しない），④家庭内需要仮説（小さな子どもや介護を必要とする高齢者の数が多いほど需要が高まり，家庭内アンペイド・ワークに参画する），⑤母親門番仮説（母親が家庭内アンペイド・ワークの門番となり，父親の遂行能力を評価したうえで，抑制あるいは促進する）。近年，積極的に育児にかかわりたいと希望する男性が増えていることは事実のようですが，家庭内アンペイド・ワークの遂行はいまだに女性に偏っているようです。長時間労働や人手不足，職場の状況など社会全体としての男性の育児遂行に対する理解が追いついていないことが背景にありそうです。

11.4.3. 母親の就業

「三つ子の魂百まで」ということわざがあるように，日本では古くから幼少期の経験が後の人生に重要であると考えられていました。1970年代以降，多くの母親が家庭外労働に就業するようになり，「三歳児神話」に関する議論が活発に行われるようになりました。「三歳児神話」とは，特に3歳までの幼少期のうちは母親が育児に専念すべきであり，この時期の母性剥奪（maternal deprivation）は，子どもの発達に深刻な悪影響を及ぼすとの考え方のことです。こうした考え方は，多くの母親を不安に陥れました。日本より一足早く共働き世帯の拡大が進んでいたアメリカでは，実証データに基づいて検証するために，大規模な縦断調査を1991年に開始しました。NICHD（National Institute of Child Health and Human Development）とよばれる研究グループは，全米10都市に生まれた1,364人の赤ちゃんを15歳まで追跡し，両親，保育所・幼稚園や小中学校の先生，課外活動の先生，友達，友達の親など幅広い人々から調査対象者の家庭状況，教育の質，学校や地域の状況に関する情報を集め，その子の成長にどのような影響があるのかを包括的に測定しています。その結果，さまざまなことが明らかになってきました。幼少期の家庭外保育は，長時間になるほど子どもの攻撃性などの問題行動，親子の愛着の欠如，対人スキルの低さなどと関連していました。一方で，幼少期の家庭外保育は，保育の質が高いほど子どもの学業成績や言語能力，さらには自律心と関連していました。つまり，母親の就業そのものが直接子どもの発達に影響するわけではなく，良質な保育施設の整備と良好な親子関係を維持する育児能力がより重要であると考察しています。

第5節 家族の危機・葛藤

11.5.1. 家族の暴力

家族は安らぎの場を与えてくれるものであり，強い情緒的絆で結ばれて

います。しかしながら,「可愛さ余って憎さ百倍」という言葉が示すように,家族関係が強い絆で結ばれているからこそ,問題が生じたときの憤り,怨恨,憎悪といった感情の反動が激しくなります。警察庁が発表した 2013 年の犯罪統計によると,殺人事件の過半数は親子,配偶者,きょうだいを中心とする家族間で発生しています。家族間の殺人事件が報道されるたびに,家族の崩壊,人間関係の希薄化,教育制度の問題などが取り上げられますが,家族間の殺人は昔から決して珍しいものではありませんでした。

　家庭内における暴力のうち,近年 2 つの現象が特に社会問題化しています。1 つは,親または保護者による子どもに対する暴力である児童虐待(child abuse),もう 1 つは,配偶者およびそれに準ずる親密な関係にあるものに対する暴力であるドメスティック・バイオレンス(DV)です。2013(平成 25)年度では児童虐待は 73,802 件(児童相談所対応件数),配偶者虐待は 99,961 件(配偶者暴力相談支援センター相談件数)でいずれも過去最高で,警察や市町村等の公的機関の相談対応件数も急増しています(図 11-12)。児童虐待は 4 つ(身体的虐待,心理的虐待,性的虐待,ネグレクト)に分類することができます。身体的虐待とは,殴る,蹴る,やけどを負わせるなどのケガや身体に苦痛をともなう外傷の生じる恐れのある暴行を加えることです。心理的虐待とは,言葉による脅迫や,無視,存在否定,自尊心を踏みにじる行為などによって,著しい心理的外傷を与えることです。性的虐待とは,子どもに対する直接的なわいせつ行為およびわいせつな行為やものを子どもに見せつける言動を含みます。ネグレクトとは,食事や入浴,通学,通院の制限など,社会通念上子どもの成長に必要なものを与えないことです。虐待の加害者は実母がおよそ 6 割,次いで実夫が 3 割となっています。都市化にともなう孤立した子育てや父親不在,貧困などが主な要因と指摘されています。親自身の生育歴は,児童虐待の要因の 1 つとして多くの研究で確認されていますが,虐待の負の連鎖を実証するわけではありません。確かに,児童虐待の疑いのある親は,自身の幼少期に虐待を受けていた確率は高いのですが,幼少期に虐待を受けていた他の多くの人々は児童虐待の加害者にはなっていません。

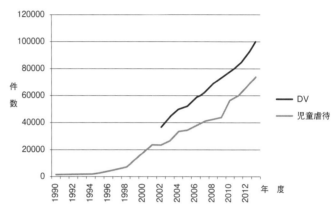

図11-12　DVおよび児童虐待相談対応件数の推移(内閣府男女共同参画局が発表する全国の配偶者暴力相談支援センターにおける相談件数および厚生労働省が発表する全国の児童相談所で対応した児童虐待の相談件数より作成)

　児童虐待と同様に,ドメスティック・バイオレンスもこれまでなかなか表面化しませんでした。「夫婦げんかは犬も食わぬ」といわれるように,家庭内の問題に他者が口を挟むべきではないとの考えが強かったのです。内閣府が 2011 年に実施した「男女間における暴力に関する調査」によると,女性の 3 割強,男性の 2 割弱は,これまでに配偶者から身体的,心理的,性的な被害を受けたことがあると回答しています。この数値を高いと見るか低いと見るかは意見の分かれるところですが,男性が加害者で女性が被害者という構図のイメージとは異なるようです。長期間にわたるドメスティック・バイオレンスの被害者は,現状を当然視してしまう心理的傾向があるため,問題

の発覚が遅れる要因の1つになっています。また，高齢化が進むにつれ，高齢者に対する虐待も無視できない状況です。

11.5.2. 家族支援・家族療法

どんなに仲のよい家族であっても，程度の差はあれ，危機に直面するときがあります。心理学は伝統的に個人に注目する傾向がありますが，家族療法家たちは，何らかの問題行動や精神疾患が表面化した個人の家族全体に着目します。臨床的な経験から，家族の個々の成員は相互に影響し合っており，個人に生じるすべての問題は，その家族全員に何らかの形で波及すると考えています。たとえば，中学生の男の子が不登校になった際に，この男の子のみに原因を求めるのではなく，この男の子の家族内の親子関係や夫婦関係，祖父母との関係に視点を向け解決法を探ります。このように家族を1つのシステムとして捉える考え方を家族システム論とよびます。

家族システム論には，いくつかの鍵となる概念があります。全体性とは，家族を個人の集まりではなく，まとまりとして一体的に捉える考え方です。家族メンバー全員を個別に知っていたとしても，その家族のダイナミズムを

ボックス 17 児童虐待

児童虐待については本文でも触れられていますが，虐待による心の傷は，その子どもに深刻な影響を及ぼします。まず，なぜわが子を虐待するかという虐待の要因，虐待する親のタイプを述べた後，被虐待児の行動・性格傾向と後遺症について述べていきます。

虐待の要因は家庭要因（経済的貧困，夫婦の不和，同居家族の病気），社会要因（親，親類，友だち，知人や近隣と疎遠になり，ソーシャルサポートが得られない），子ども要因（子どもの気質，親との相性，慢性疾患児，障害児，未熟児）もありますが，最大の要因は親要因（親の未熟な性格，精神疾患，アルコール依存）です。特に親が未熟で自己中心的な性格によるものが最も多く，虐待の世代間伝達（虐待する親は子ども時代，自分の親から虐待された体験をもっている）も指摘されています。

虐待する親のタイプは次の4つに大別できます。

①育児不安・ストレス群：育児不安・ストレスによる一時的な親子関係性障害です。最近，特に増加傾向にあり，高学歴の親も多い。電話相談も多く，虐待についての問題意識や罪悪感をもっています。

②親子関係性障害群：子への嫌悪感や拒否感を示し，深刻な親子関係性障害があります。従来からありましたが，自己中心的社会風潮で増加傾向にあります。虐待への問題意識や罪悪感もありません。

③社会的問題群：経済的貧困や家族問題等の社会経済的問題が主原因です。

④障害・疾患群：親が知的障害や精神疾患（統合失調症やうつ病）を患っています。

被虐待児の行動・性格傾向や後遺症はおおよそ出現年齢順にみていくと，以下のとおりです。

①反応性愛着障害：誰に対してもなれなれしく甘え，すぐに人を信頼したり（脱抑制型で，無差別的愛着傾向を示す），逆によそよそしく警戒的な態度をとり，人を信頼しません（抑制型で，極端な離脱傾向を示す）。正反対のいずれかの行動・態度をとります。

②分離不安の欠如：愛着対象（通常は母親）がないので，分離不安もありません。分離不安を否認で防衛します（人がいなくても平気，さびしがらない）。

③虐待関係の反復傾向：子どもは親にかまってもらいたいし，関心をもってもらいたいもので

理解できるわけではありません。家族は個人でいる場合とグループでいる場合で，まったく異なる様相を見せます。それぞれの家族メンバーは，学校，職場，近所などで異なる役割を演じており，家族が揃ったときには，コミュニケーションのパターンが大きく変わります。家族療法家は，家族全体に目を向け支援することが求められています。

　家族システム論では，家族の中にいくつかのサブシステムが存在していると考えます。家族メンバーは，目的や機能に応じて，異なるサブシステムを形成します。代表的なものとして，夫婦サブシステム，親サブシステム，子どもサブシステム，祖父母サブシステム，きょうだいサブシステム，男サブシステム，女サブシステムなどがあります。これらのサブシステムは目に見えない境界で区切られていますが，この境界にはほどよい柔軟性が求められています。境界があいまいすぎると，それぞれのサブシステムに期待されている役割が不明瞭になり，混乱が生じます。たとえば，長時間労働で父親が家にあまりいない家族において，妻が長男に過度な精神的な支えを求めてしまった結果，母親と長男が連合して父親に対抗し，長男が弟や妹の親役割を担うようになったりします。この場合，長男は本来子どもでありながら，夫

す。なかなか，かまってもらえないため，親の関心を引こうとして，あえて悪いことをするなど，挑発的，反抗的態度をしばしばとるので，そのたびに暴力を受けます。

　④攻撃性の強さ：攻撃者と同化し，攻撃性を他者，特に弱者に向けて弱いものいじめをします。問題解決の手段として攻撃性を用います。親しい関係には暴力や攻撃がつきもので許されると認知します。暴力を受ければ受けるほど，その子どもは弱いものに攻撃性を向けます。

　⑤多動性と衝動性：安定感をもっていないので，自分の感情をコントロールできません。そのため，落ち着きがなく，あまり考えずに行動します。

　⑥自己概念の障害：無力感・自責感・孤立感をともなう自己評価の低下があります。また，虐待する親が悪いにもかかわらず，自分に落ち度や問題があると認識します。

　⑦偽成熟性：自分の感情や要求を押し殺して，ませた言い方で話したり，大人びた行動をとります。子どもらしさや可愛らしさがありません。

　⑧過食傾向：食べることで愛情的飢餓を解消します。

　⑨反社会的行動：情緒不安定で，攻撃性が強いために，外向的なものは非行や犯罪といった反社会的行動に走ります。

　⑩トラウマ後ストレス障害：中核症状には再体験，回避・麻痺，過覚醒があります。

　⑪解離性障害：意識，記憶や人格の連続性や統合性が失われる状態です。暴力を受けても苦痛を感じない解離性知覚麻痺，虐待体験の記憶がまったくない解離性健忘や複数の人格が交代して現われ，その人の行動を支配する解離性同一性障害があります。

　⑫境界性人格障害：見捨てられ不安が強く，対人関係が不安定で，アンビバレントな感情を抱きます。空虚感も強く，自殺企図や自傷行為を繰り返し，アルコール，薬物やセックスに依存します。

　このように虐待を受けた子どもの行動・性格傾向や後遺症は多様，深刻で，長期にわたるきめ細やかで温かいケアが必要です。親，教師，あるいは私たち大人は，しつけやかかわり方が子どもの行動・性格に及ぼす影響を考えて，今一度，養育や教育のあり方を考えるべきではないでしょうか。「愛のむち」は大人の自己弁護なのです。

（大石史博）

や父親としての役割も期待されるようになり，混乱から問題行動が生じることがあります。反対に，サブシステムの境界が厳格すぎると，家族メンバーがばらばらに独立して存在し，情報の共有が難しくなってしまいます。このような状態の場合，家族の成長と発達を妨げ，外的ストレスに対する耐性が弱まり，家族病理が出現しやすくなります。

文献

Baumrind, D. (1991). The influence of parenting styles on adolescent competence and substance use. *Journal of Early Adolescence*, **11**, 56–95.

Eid, M., & Larsen, R. J. (2008). *The science of subjective well-being.* New York: Guilford.

Gardner, J., & Oswald, A. (2004). How is mortality affected by money, marriage, and stress? *Journal of Health Economics*, **23**, 1181–1207.

平山順子・柏木惠子 (2004). 中年期夫婦のコミュニケーション・パターン：夫婦の経済生活及び結婚観との関連 発達心理学研究, **15**(1), 89–100.

Hochschild, A., & Machung, A. (1989). *The second shift: Working parents and the revolution at home.* New York: Viking Penguin.

Holmes, E. K., Sasaki, T., & Hazen, N. L. (2013). Smooth versus rocky transitions to parenthood: Family systems in developmental context. *Family Relations*, **62**, 824–237.

川崎二三彦 (2006). 児童虐待 岩波書店

Kerckhoff, A. C., & Davis, K. E. (1962). Value consensus and need complementarity in mate selection. *American Sociological Review*, **27**, 295–303.

Murdock, G. P. (1949). *Social structure.* New York: MacMillan.

西澤 哲 (1994). 子どもの虐待 誠信書房

佐々木尚之 (2012). JGSS 累積データ 2000–2010 にみる日本人の性別役割分業意識の趨勢—Age-Period-Cohort Analysis の適用— JGSS 研究論文集, **12**, 69–80.

宍戸邦章・佐々木尚之 (2011). 日本人の幸福感—階層的 APC Analysis による JGSS 累積データ 2000–2010 の分析— 社会学評論, **62**(3), 336–355.

Zajonc, R. B. (1968). Attitudinal effects of mere exposure. *Journal of Personality and Social Psychology*, **9**(2), 1–27.

12 対人心理

　家族や友だち，そして恋人や先輩・後輩，あなたの周囲の人々はあなたに喜びや楽しみを与えてくれますが，ときには悩みの種になったり苦しめられたりします。人間関係は難しいとよくいわれますが，心理学の視点から対人心理の問題を考えてみましょう。

第1節　他者に向けての「自己」

12.1.1.　自己開示

1) 自己開示とは　たとえば大学の新入生同士が出会ったとして，顔や服装は目に見えても，学部・学科や出身地，趣味，誕生日などわからないことばかりです。お互いに話すうちに詳しい情報がわかってきます。そして相手を理解し，自分が理解され親近感が生まれてくるのです。自分自身に関する真実をありのままに言語で相手に伝えることを自己開示 (self disclosure) といいます。表面的な事実から内面的な感情や価値観まで自己開示の内容は多様ですが，相手との親密度，社会的な立場などによって開示の幅や深さは変わってきます。

2) 自己開示の返報性　相手の秘密めいた個人的な情報を自己開示されたとき，なぜか自分からも自己開示したい，あるいはすべきかなと感じたことはないでしょうか。こうした自分からも自己開示しようとする傾向を自己開示の返報性といいます。自己開示の返報性が生じる理由として3つの仮説があります。

①信頼-好意仮説　相手は自分のことを信頼し好意をもってくれているからこそ自分に自己開示してくれたはずだから，自分も相手を信頼し好意をもって自己開示しようと思うのです。

②社会的交換仮説　相手は内面の秘密めいた情報を提供してくれたのだから，自分もそれなりの情報をお返しするのが社会一般のルールだと考えるのです。

③モデリング仮説　その相手との会話場面で何をどのように話すのがよいかわからないとき，相手が自己開示をすれば自分も相手の行動を模倣して自己開示するのがよいと判断するのです。

　友人であれ，恋人であれ，自己開示は2人の関係を進展させるのに重要なものです。適切な自己開示ができているでしょうか。いつでも何でも洗いざ

人間関係と対人関係
これらの言葉は日常会話ではほとんど区別されず使われます。心理学においても厳密な区別とまではいえませんが，一応分けて考えることもできます。人間関係とは，親と子ども，教師と生徒，妻と夫などの人間同士の関係を客観的で社会的な第三者の視点から表現したものです。一方，対人関係とは，両者の心理的，情緒的な結びつきや相互的な影響に焦点を当てて捉えたものといえるでしょう。

自己開示されやすい人：オープナー
ミラー (Miller et al., 1983) によれば，他者から自己開示されやすい人物 (オープナー) の特徴としてつぎの点を挙げています。
　①相手をくつろいだ気分にし，話しやすくする対人技能をもっている。
　②相手が開示した話を関心をもって聞く。
　③そうすることで相手に信頼され，秘密めいた自己開示を受けやすい。
　小口 (1989) は，オープナー・スケールの邦訳版を作成し，相手を打ち解けさせる「なごませ」因子と，興味をもって相手の話を聞く「共感」因子の2つを抽出しています。

らい話せばよいのではありません。初対面の相手に突然に自分の政治的信条や過去の恋愛体験を打ち明けるのは社会的な規範から逸脱します。また，自分の話の聞き方や雰囲気は相手からみて自己開示しやすいかどうか振り返ってみることも重要なことでしょう。

12.1.2. 自己呈示

1) **自己呈示とは**　私たちは人に対していつもありのままの自分で接しているわけではありません。相手との関係や自分の利得を考えて，状況に適した自分をつくり上げています。パーソナリティの語源であるペルソナのように仮面をつけて対人関係を営んでいるといってもよいでしょう。他者に対して優位に立ったり，他者からの利潤・恩恵を得たりするため，自分の素顔（本音）を仮面（演技）で隠して，他者に特定の印象を与えようと自己に関する情報を調整して伝える行動を自己呈示（self-presentation）といいます。他者に与える印象を自分に都合のよい有利なものに変えようとするわけで，印象操作あるいは印象管理（impression management）ともいわれます。人によって自分をどう見せたいか，相手との関係をどうつくりたいかは異なりますから，自己呈示のあり方もそれぞれ多様で複雑なものになります。

2) **自己呈示の方略**　多種多様な自己呈示ですが，主要な方略として以下の5つが挙げられます（Jones & Pittman, 1982）。

①**取り入り**　これは「好ましい，感じがよい」と思われたい動機による自己呈示です。具体的には，相手の意見に同調する，支持する，ほめる，お世辞を言うなどの行動があります。自分より上位の権力的立場にある相手に用いられやすく，取り入りがまずい場合には，おべっか者，ごますりなどかえって否定的な結果を招きます。

②**威嚇**　相手に自分のことを「危険な，冷酷な，脅威的な」と感じさせようとします。怒鳴る，睨む，すごむ，脅かすなどの行動があります。自分のほうが力関係で上位にあることを印象づけたいのです。失敗すると，空威張りの，見せかけだけの，実は弱い人間だとの評価を受けます。

③**自己宣伝**　相手に対して自分をより「有能な，有力な，優秀な」人物であると思わせるように振る舞って高い評価を得ようとします。具体的には，自らの業績や戦績を主張したり，長所や能力を誇張したりします。自己宣伝が不首尾に終わると，思い上がった，虚偽に満ちた，自惚れの強い，というレッテルを貼られます。

④**示範**　「立派な，献身的な，道徳的な」人格者であると思わせることが目標です。自己宣伝ほど目立った売り込みはせず，慎み深さや謙虚さも示範の重要な要素です。これをうまくなし得なかったときには，偽善者，孤高の人，ぶりっ子などと受け取られてしまいます。

⑤**哀願**　自分のことを「不幸な，無力な，ハンディを背負った」気の毒な存在であると相手に思わせたいのです。自分の不幸や不運を強調して，保護，援助を得ようとします。これに失敗すると，怠け者，ひねくれ者，情けない人とみなされるでしょう。

さて，あなたの自己呈示の特徴はどうでしょうか。あまり意識しないで自己呈示していることも多いのですが，用いられる自己呈示の種類，頻度，強度によって対人関係のあり方は大きく変わってきます。本来の自分とかけ離

自己呈示の分類
自己呈示は、短期的 対 長期的、そして防衛的 対 主張的という2つの次元によって分類することができます。
①**短期的自己呈示**　その時どきの対人場面で相手や状況に応じて一時的にある印象をつくり出します。
②**長期的自己呈示**　さまざまな場面で自己の長期的あるいは恒常的な印象を形成しようとします。
③**防衛的自己呈示**　他者から否定的な印象をもたれそうなときに、謝罪や弁解などにより自己の印象の悪化を防いだり回復したりします。
④**主張的自己呈示**　自己のなんらかの利益を目的として、相手に印象づけたい自己の姿を積極的に演出します。

れすぎた自己呈示で不自然な自分を演じてしまいぎこちない人間関係とならないよう気をつけましょう。

第2節 対人魅力

12.2.1 身体的魅力

恋人を選択する際に身体的な魅力がどれくらい関わるか調べる目的で、ウォルスターら（Walster et al., 1966）はミネソタ大学で新入生を対象に初対面同士の男女をランダムにカップルにしたダンスパーティを企画しました。集まった新入生たちの身体的魅力は実験協力者である大学院生たちによりチェックされました。男女はダンスパーティで相手と過ごした後、相手への好意度、デート希望、相手から自分への好意度の想定などが尋ねられ、またカップルとされた2人がその後実際にデートしたかのフォロー・アップ調査も実施されました。結果は表12-1のとおりです。魅力的な男女はともに、相手への要求水準は高く厳しく、そして相手への好意度は低いものでした。また自分自身の魅力度とは関係なく、身体的魅力度の高い相手を好みデートしたいと希望していることがわかったのです。

表12-1 コンピューター・ダンス終了後の相手に対する評価（Walster et al., 1966）

	回答者の身体的魅力度	相手の身体的魅力度		
		低	中	高
1 実際にデートを申し込んだ比率	男子低	.16	.21	.40
	男子中	.12	.25	.22
	男子高	.00	.26	.29
2 相手の人への好感度（点数が高いほど好意的）	男子低	.06	.57	.90
	男子中	−.10	.58	1.56
	男子高	−.62	.16	.82
	女子低	.03	.71	.96
	女子中	−.10	.61	1.50
	女子高	−.13	.21	.89
3 相手の人とデートをしたいと思っている比率	男子低	.41	.53	.80
	男子中	.30	.50	.78
	男子高	.04	.37	.58
	女子低	.53	.56	.92
	女子中	.35	.69	.71
	女子高	.27	.27	.68
4 その後のデートの回数	男子低	.09	1.23	.73
	男子中	.30	.94	.17
	男子高	.00	2.08	.53
5 相手の人の自分への好感度想定（点数が高いほど好意的）	男子低	.47	.52	.43
	男子中	.55	.64	.65
	男子高	.77	.53	.58
	女子低	.41	.41	.35
	女子中	.38	.58	.55
	女子高	.63	.65	.61

12.2.2. 性格的魅力

さて、それでは性格に関してはどのような性格が魅力的で好まれるのでしょうか。アンダーソン（Anderson, 1968）は性格特性を表わす555語を抽出し、大学生男女に各性格特性についての好ましさを7段階で評価させました。その結果の好意度順位の上位20位と下位20位が表12-2に示されています。最も好まれる性格特性の「誠実な」「正直な」と、最も好まれない「うそつき」「いかさま師」とが対照的な関係にあるのが興味深いところです。調査の年代が古く、アメリカでの結果ではありますが、現代日本の皆さんはこの結果をどのように捉えますか。

表12-2 性格特性語の好感度順位 上位20と下位20（Anderson, 1968）
（数値の範囲は0～6, 数値は大きいほど好意的）

上位30語	性格特性語	好感度	下位30語	性格特性語	好感度
1	誠実な	5.73	1	うそつき	0.26
2	正直な	5.55	2	いかさま師	0.27
3	理解のある	5.49	3	下品な	0.37
4	忠実な	5.47	4	残忍な	0.40
5	信用できる	5.45	5	正直でない	0.41
6	当てにできる	5.39	6	信用できない	0.43
7	知的な	5.37	7	不快な	0.48
8	頼りになる	5.36	8	意地悪な	0.52
9	心の広い	5.30	9	卑劣な	0.52
10	思慮深い	5.29	10	だます	0.62
11	賢い	5.28	11	当てにできない	0.65
12	思いやりのある	5.27	12	不親切な	0.66
13	気だてのよい	5.27	13	不真面目な	0.66
14	信頼できる	5.27	14	侮辱的な	0.69
15	大人の	5.22	15	悪意のある	0.72
16	暖かい	5.22	16	どん欲な	0.72
17	まじめな	5.21	17	うぬぼれの強い	0.74
18	親切な	5.20	18	粗雑な	0.76
19	友好的な	5.19	19	思慮のない	0.77
20	心やさしい	5.14	20	ごう慢な	0.78

12.2.3. 対人魅力の種類とバランス

ニューカム（Newcomb, 1960）は、相互関係にある2人（AとB）と共

異性から嫌われるタイプ

大学生の年齢の異性から嫌われるタイプのワースト10が山岡（2006）により紹介されています。男女ともワースト5だけをあげておきます。好かれること以前に嫌われないことも大切です。

【女子学生に嫌われる男のタイプ】
1位：「暴力男」
2位：「SEX目的の男」
3位：「遊び人男」
4位：「気分屋のひねくれ男」
5位：「非常識無神経男」

【男子学生に嫌われる女のタイプ】
1位：「浮気不倫女」
2位：「ギャンブル女」
3位：「自己中傲慢女」
4位：「SEXだけの女」
5位：「非常識女」

バランス理論

ハイダー（Heider, 1958）により提唱された三者関係の認知的バランス理論。人（P）と他者（O）、第三者（または事物）（X）のそれぞれの関係を好意的（＋）、非好意的（－）で表わしたとき、3つの符号の積が＋になるとバランスのとれた安定状態となり、－になれば不安定で緊張のあるインバランス状態となります。個々の関係は独立したものでなく、どこかの関係を変化させてバランス状態を維持・回復させようとすると仮定されます。

対人関係の満足度

相手との関係にどれくらい満足しているかを示すものに投資モデル（Rusbult, 1983）があります。

満足度＝（報酬－損失）
　　　　－比較水準

つまり、報酬が多く得られ損失は少なく、それが別の人から得られるものより大きいときに、その関係への満足度は高くなります。

また関係維持への関わり（コミットメント）の強さは次の式で表わされます。

コミットメント＝満足度
　　　　－選択肢＋投資額

すなわち、現在の満足度が高く、それに代わる他の関係を選ぶこともできず、さまざまな形で努力や金銭をつぎ込んだ関係であれば、その関係を継続しよう（あるいは抜け出せない）ということです。

通の対象（X）を含む構成要素の図式において、他者に感じる魅力を5つに分類しました。

①**相手特性の魅力**　ニューカムが「賞賛」とよぶもので、自分が好ましく思う性格ならびに身体的特徴を相手がもっているときに感じる好意です。

②**相手の好意から生じる魅力**　「返報性」と呼ばれ、相手から好意をもたれていることで、その相手に対してもつ好意です。

③**行動の類似から生じる魅力**　相手が共通の対象に自分と類似した態度をもっているときにもつ好意です。

④**補足充足から生じる魅力**　自分に欠如していると思うものをもっている人に対する好意です。

⑤**意見の一致から生じる魅力**　相手と自分がある対象（X）について共通の意見をもつ場合、意見が一致する人に対する好意です。

これら5つの魅力の感じ方について、大学の寮に入った新入生に対して入学直後と第15週の結果を比較しました。入学当初には高かった「相手からの好意に対する返報性の魅力」よりも、「相手の性格や身体特徴を賞賛することによる魅力」が相対的に増加していました。相手に感じる魅力は固定的なものでなく、期間の経過とともに、相手への理解度や相互関係が大きく影響することが示されたのです。

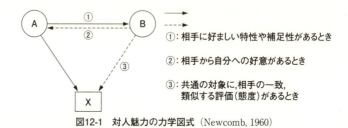

図12-1　対人魅力の力学図式（Newcomb, 1960）

12.2.4.　肯定と否定の順序で決まる対人魅力

アロンソンとリンダー（Aronson & Linder, 1965）は、女子大学生80人を実験参加者として、別の研究協力者学生がその参加者についての評価を話しているところを7回にわたり偶然的に耳にする実験状況をつくりました。そこでは耳にする話の内容はつぎの4通りのパターンで肯定的評価と否定的評価が組み合わせられました。①前半の内容は否定的で、後半は肯定的に変化する。②前半は肯定的で、後半も肯定的で変化なし。③前半は否定的で、後半も否定的で変化なし。④前半は肯定的で、後半は否定的に変化する。さて、あなたなら初めにほめて後でけなす人と、初めにけなして後でほめてくれる人とでは、どちらに好意を感じますか。

結果は表12-3のとおりです。内容が同じほめ言葉とけなし言葉を聞かされても、その順序が入れ替わるだけで好意度に大きな差が生じることが証明されました。注目すべきは、前半、後半とも一貫して否定的内容ばかりを聞かされた場合より、内容が肯定から否定へと評価が変化した場合のほうが相手への好意度が低くなったことです。先に肯定的評価（ポジティブな感情につながる）を受けていても後に否定的評価（ネガティブな感情につながる）を受けると、後の否定的評価によって先の肯定的評価が打ち消されたうえに、

さらに否定的評価がダメ押しとして加わることになるため好意度が激減すると考えられます。反対に評価が否定から肯定に転じた場合は、前半の否定的評価の打ち消しと後半の肯定的評価の追加で二重の心理的報酬となるため好意度が増大するのです。ただし、順序の効果よりも後半の評価が肯定か否定のどちらであるかという効果が顕著で、それによって好意度が大きく左右されている点も見逃せません。

表12-3　自己への評価の変化とその相手への好感度　(Aronson et al., 1965)

評価の変化	好意度の平均	標準偏差
1. 否定的 → 肯定的	＋7.67	1.51
2. 肯定的 → 肯定的	＋6.42	1.42
3. 否定的 → 否定的	＋2.52	3.16
4. 肯定的 → 否定的	＋0.87	3.32

(点数の高いほど好意的)

12.2.5. 単純接触の効果

人に対する好意度は顔のルックスよりも、その顔を見た回数で決まるという実験結果を示したのはザイアンス (Zajonc, 1968) です。12枚の男性の顔写真を大学生に記憶実験であると告げて見せました。呈示回数は写真によって異なり、25回、10回、5回、2回、1回となっています。12枚のうち10枚の顔写真をランダムに、回数を変えながら86回見せました。実験結果は、多数回見た顔写真に好意をもちやすいこと、呈示回数が多いほど好意度が高くなることが確かめられました。この結果傾向に該当しない顔写真も一部あり、呈示回数と好意度の関連の低い写真や、回数に関係なく好意度の低い顔写真も1枚だけありました。しかし全体としてはただ単に何回も繰り返して見るだけでその顔写真への好意度が高まることが実証されたのです。

毎朝決まった時刻にいつものバス停で出会う人、話したことはないけれどよく顔を会わせる他のクラスの人などに知らないうちに好意をもつようになっていたことはないでしょうか。見かける回数を重ねると、見慣れた安心できる人として親しみが増して好意度が上昇すると考えられます。

単純接触の効果の注意点
単純接触の効果は、対象が人物ばかりでなく、漢字であっても成り立ちます。しかしながら1つ注意すべきことがあります。それは第一印象で少なくとも否定的な印象をもたれないことです。初めに否定・嫌悪・拒絶されてしまうと、その後たんに顔を会わせることを繰り返してもマイナスの印象をプラスに転じることはむずかしいのです。「また嫌な人に出会ってしまった」と思われないように気をつけなければならないのです。

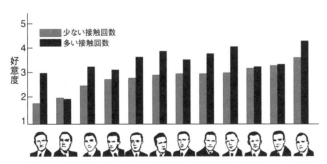

図12-2　呈示回数のちがいによる顔写真への好意度の比較(Zajonc, 1968)

第3節　非言語的コミュニケーション

対人関係のなかでは主に言語によってメッセージは伝達されます。しかし言語以外からも人はさまざまなメッセージを受け取っています。しぐさや表

情は直接的な言葉以上に強いメッセージとして伝わることも少なくありません。非言語的なコミュニケーションについて主なものをみてみましょう。

12.3.1. 身体動作

1) **身ぶり** 言語と同じく同一文化の中で特定の意味をもつ表象的動作（例；頭をタテに振って肯定や同意を表わす）や，会話中の言葉の内容を補い示す図解的動作（例；モノの輪郭をなぞるように示す）などがあります。

2) **身体の姿勢** 相手への好悪感情や話に対する興味の度合い，両者の地位の上下関係などを示します（例；地位の高い者はリラックスした姿勢を，低い者は緊張した姿勢を示す）。

3) **表情** 相手への感情や会話内容への態度などが顔面表情に表出されます。驚き，恐怖，嫌悪，怒り，幸福，悲しみの6つの基本的情動に沿って変化します。これらの表情は地域や文化を越えて共通しています。そのため言葉は通じなくても表情の理解による気持ちの推測が可能になります。

4) **アイ・コンタクト** 相互の視線が一致した状態をいいます。相手の真意を探りたいとき，いわゆる目で何か合図を伝えたいとき，好意や敵意など特別な感情を示したいときなどに用いられます。

12.3.2. 空間行動

1) **対人距離** たとえ黙っていても相手にどれくらい接近するか，あるいは遠ざかるかによって，相手への感情や親密感，公式な関係性などが示されます（例；接触・密着するような距離は，愛情から抱きしめているか，

親和葛藤理論
アイ・コンタクトを促進する接近力と抑制する回避力に関して，アーガイル（Argyle & Dean, 1965）の理論があります。接近力とは，親密になりたい，自分へのよい評価を得たいとの欲求に基づきアイ・コンタクトを望みます。他方，回避力は，アイ・コンタクトによって自分の内面を読みとられないか，相手からの拒絶の気持ちを確認することになりはしないかという不安に基づき避けようとします。接近力と回避力の均衡点に対応したアイ・コンタクトが生起すると考えられます。相手の目を見たいけど，見るのが怖い面もありますね。

ボックス 18 こころの中の光と闇：ジョハリの窓

ジョーゼフ・ラフト（Joseph Luft）とハリー・インガム（Harry Ingham）という2人の研究者の名前から命名されたジョハリの窓という図式モデルがあります（Luft, 1969）。これは自己開示と対人関係の関連性を考察するのに有用なもので，自分自身の視点からと相手からの視点に立って，自分（「私」）のことをどの程度知っているか（あるいは気づいているか）に基づいて，4つの「窓」としての領域に分割したものです。

4つの窓（領域）はそれぞれ以下の性質をもっています。

1) **開放領域** この開放領域は自分にも相手にも開かれている，すなわちお互いが「私」についての情報を共有している領域です。相手に知られていることを自覚できている領域ですから，相手も自分も特別に遠慮することなく自由にコミュニケーション活動を展開することができます。

2) **隠蔽領域** 「私」のことについて，自分は知っているが相手には知られていない領域です。秘密にして隠しておきたいという意図による場合もあれば，ただ伝える機会や必要がなかっただけという場合もあります。プライベートな「私」の部分といえるでしょう。

3) **盲点領域** 相手は知っているが，自分では知らない領域です。自分のクセや習慣，行動の傾向など相手からはよく見えているのに自分では気づいていません。深く内省したり，相手の言動から自分のことを知ろうとしたりしない限り，この領域に気づくことはできません。

4) **未知領域** 自分は知らないし相手も知らないで誰にも気づかれていない領域です。無意識的な衝動や欲求，抑圧された観念や記憶，潜在的な能力などで表面的には察知しがたい部分です。

望ましい対人関係を築くにはどうしたらいいのでしょうか。ジョハリの窓から見てみましょう。

2) パーソナル・スペース　他者にそれ以上近寄られたくない身体周辺の空間をパーソナル・スペース（personal space）といいます。身体前方に広く，側面にやや狭く，後方にはさらに狭くなっています。親しくない人から侵入されると不安や不快，緊張をもたらします。

3) 座席行動　一定の座席配置においてどの座席を占めるかには，リーダー的立場，性格，親密さ，そこでの対話や作業の内容などが関係しています（例：対立・競争相手の場合には対面的な座席が選ばれます）。

13.3.3. 非言語的コミュニケーションの特徴

言葉を用いないコミュニケーションにもさまざまな種類のあることがわかりましたが，言葉を主としたコミュニケーションと比べると，次のような特徴があります。

①言語の伝達する意味内容とは異なる情報を伝達することもあります。相手に好意や歓迎の言葉を述べていても，表情が硬く顔と身体が横を向いていれば逆の拒絶の気持ちが伝わるでしょう。

②言葉にも多義語がありますが，ノンバーバル・コミュニケーションでは辞書に載っているような特定の意味がないため，使用される状況や文脈によっていくつもの意味内容をもつことになります。いわゆるVサインは，「勝利」と「2」の意味をもちます。あるいは文脈によっては，動物の角や先が2つに分かれている物（ハサミなど）を表わすこともあるでしょう。

③複雑な内容や抽象的な内容を伝達するのには適していません。言葉を

対人距離
人々は互いの親密さや相互作用の種類によって，相手との距離を調節しています。ホール（Hall, 1966）は大きく4種類の距離帯に分類しています。
①密接距離（0〜45cm）通常は強い親密感でとられる距離です。密着あるいは近接していること自体がメッセージともなります。
②個体距離（45〜120cm）自分の独立性を保ちつつ，日常の私的なコミュニケーションに相応しい距離といえます。
③社会距離（120〜360cm）仕事上の話や公式なコミュニケーションが交わされる距離です。
④公衆距離（360cm〜）相手とは個人的な関係が少なく，細部の表情は認識しがたい距離で，聴衆に対するように明瞭な発声が求められます。

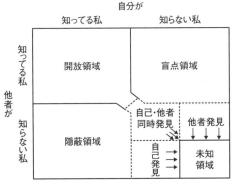

図　ジョハリの窓における会報領域の拡大（柳原，1992）

開放領域が拡大するほどコミュニケーション活動は自由になり，開放領域が縮小するにつれてそれは不活発になるとされます。コミュニケーションをより生き生きと豊かにすることは，開放領域を拡大し未知領域を小さくすることでもあります。そのためにはつぎの自己開示とフィードバックの2つの作用による領域の変化が重要になります。

1) 自己開示　自分のことを率直に相手に話すことで，隠蔽領域を狭めることができます。相互に自己開示を行って，それぞれの「私」に関する情報交換が進めば，より深く知り合うことで，親近感や信頼感が増すでしょう。

2) フィードバック　盲点領域を狭めるためには，自分が気づいていない部分を相手から伝達してもらわなければなりません。長所ばかりでなく欠点の指摘も含まれるわけですが，謙虚に受容する態度がなければ相手はフィードバックしてくれなくなるでしょう。フィードバックする側は，なるべく相手の望ましい面を伝えるようにし，相手のプライドを傷つけたり落胆させたりしない配慮が必要です。

こうして他者が発見してくれた「私」がフィードバックされて新しい「私」に気づくことができ，この繰り返しによって未知の領域は少しずつ縮小していきます。要約すれば，自己の内面に鋭く目を向け，他者からの言葉に謙虚に耳を傾ければ，疎通性と満足度の高い対人関係を築く一歩となるはずです。

（吉川　茂）

二重束縛的コミュニケーション（double bind）
言語的メッセージと非言語的メッセージの伝達する意味が矛盾するコミュニケーションの様式です。
　口先では好意や賞賛の言葉を述べていても，表情や姿勢は冷たく素っ気ない感じのときなどが当てはまります。意識的にコントロールが難しい非言語的コミュニケーションのほうが本音として伝わりやすいのです。

用いないで身体動作だけで，現在の世界の政治情勢を述べたり，むずかしい心臓病の手術方法を説明したりはできないでしょう。

④その代わりに，感情を伝達するにはたいへん有効となります。近づいて手を握ってにっこり微笑めば，言葉で伝える好意・愛情以上のものがきっと伝わるはずです。佐藤（1995）が日本人学生を対象とした研究によると，次の結果が報告されています。

　　日本人の好意の総計＝言語（verbal）8％＋声などの周辺言語
　　　　　　　　　　　（vocal）32％＋顔の表情（facial）60％

　相手に好意を伝える手段として，言葉の内容の貢献度はわずかであり，大部分は顔の表情と声や話し方にかかっているのです。
　2人の人がいる対人状況では，すべてのことがコミュニケーションであり，つまりメッセージとして作用します。たとえ黙っていても何かが伝わります。よく知っている友だちと学校の廊下ですれちがったとき，相手が無言，無表情で通り過ぎたとしたらどうでしょう。コミュニケーションはゼロではなく，自分に怒りや敵意をもって拒絶しているのか，身体の調子がよくないのか，重大な悩みごとを抱えているのかなどの意味をメッセージとして受け取るのではないでしょうか。
　相手に話をするときには内容を吟味するでしょう。しかし言葉以外の要素も実は多くを物語っていることを忘れないで，お互いに快適なコミュニケーションをもちたいものです。

第4節　対人不安

12.4.1.　対人不安とは

　大勢の前で意見を述べたり，初対面の人と話したり，面接を受けたりするときには多少の不安や緊張を感じるものです。自分を人見知りであると感じている大学生は少なくありません。広義の対人不安には，症状の軽い対人緊張，シャイネス，人見知りなどが含まれます。症状が強いものになると，視線恐怖，赤面恐怖などがあります。さらに重度になると思春期妄想症となります。対人不安が重くなると，人と会ったり人前に出たりすることが辛く感じられるようになり，消極逃避的な対人関係になりがちです。すると人との接触・交流機会がさらに減少し，対人的スキルの上達は阻害されてますます人と会うことの不安が高まるという悪循環に陥ってしまいます。

公的自己意識と私的自己意識
公的自己意識とは，自分が他者の視点からどう評価されているかを気にかける程度に関係します。自分の容姿や服装，所有物，相手への対応の適否など外面的な自己に関心が集まります。
　一方，私的自己意識とは，自分の内面を内省する程度に関係します。自分にしかわからない感情や価値観，行動基準などを見つめ直そうとします。

12.4.2.　対人不安の原因と対策

　対人不安のプロセスに関してシュレンカーとリアリー（Schlenker & Leary, 1982）の理論があります。この理論によると，対人不安の強い人は自分を良く見せたいという自己呈示の動機づけが高く，しかし自分の不適切な言動では望むような印象や評価を得られるだけの自信はありません。こうした自分の印象に対しては人から低い評価しか受けられないだろうと予測するときに対人不安が生じるというのです。
　このことから考えると，対人不安を軽減するには，過剰な自己呈示動機を

低めること，すなわち完璧な理想的自分を見せようとするのではなくありのままの自分を見てもらえばよいと考えることが1つでしょう。それとともに対人スキル向上を目指して人との交流に慣れていくことができればよいでしょう。

12.4.3. 自己標的バイアス

上に述べた対人不安とは少し異なりますが，教室内で体験される不安についてです。学生なら誰でも，授業中に先生から次に指名されるのは自分ではないだろうかと不安（ときに期待）に思った経験があるでしょう。じつはこのように思う学生の多いことがフェニグスタイン（Fenigstein, 1984）によって調べられました。担当の大学教授がある学生の答案はきわめて悪かったと否定的評価を述べ，別のクラスではある学生の答案はきわめて優れていたと肯定的評価を述べました。そして各クラスの学生たちにその答案が自分のものであると思う可能性をパーセントで評定させたのです。同時に答案が左隣の学生のものである可能性も評定させました。結果は，答案の評価が否定的および肯定的であるにかかわらず，自分がその該当者である可能性のほうが隣の学生であるとする可能性よりも高かったのです。

類似した実験で教授から指名される可能性についても調べられ，自分が指名されると思う可能性は隣の学生の場合よりずっと高く見積もられることがわかりました。こうした傾向は公的自己意識の強い学生に顕著に認められました。

第5節　社会的勢力

12.5.1. 家族の暴力

人はなぜ医師の指示どおりに薬を服用したり，警官に制止されれば立ち止まったり，恋人にねだられてプレゼントを買ったりするのでしょうか。彼らにはそれだけの「力」があるのでしょうか。フレンチとレイブン（French & Raven, 1959）は人が指示や命令に従うことを6つの社会的勢力（social power）として示しています。

①**強制的勢力**　相手に対する罰，拒絶，不承認などの脅威に基づいています。物理的な力関係，社会的な地位・権力・権限などの関係により成り立っています。罰，苦痛，不利益を被りたくないという恐怖心から従ってしまうのです。

②**報酬的勢力**　金銭や品物など有形の報酬，賞賛や名誉などの無形の報酬を授与する力に基づいています。物理的，社会的，心理的に何らかの利益を得たいという欲求に従います。

③**正当的勢力**　相手からの指示・命令・依頼が社会常識や規範に照らして正当であるとの認識に基づいています。従うことが当然であるとの判断によって従ってしまいます。

④**準拠的勢力**　相手に対する尊敬，好意・愛情，魅力などに基づいています。脅威や利益などは関与することなく相手に魅了されてしまいます。参照勢力，関係勢力ともいわれます。

⑤ **専門的勢力** 相手が専門的な知識・技能を有しているとの認識に基づいています。専門家からの正しく妥当な指示であると考えて従ってしまうのです。

⑥ **情報的勢力** 特に専門的でなくてもその状況で価値の高い情報をもっていることに基づいています。自分に有利となる情報を希求してしまいます。

あなたの周囲の人々との間にどのような勢力があるのか検討してみてください。

自分に勢力があると思っていても，相手がそのように感じ認めてくれなければ勢力としての効用はありません。力づくや脅しによるのではなく，尊敬や信頼，愛情に基づいた勢力による人間関係でありたいものです。

文　献

Anderson, N. H. (1968). Likableness ratings of 555 personality-trait words. *Journal of Personality and Social Psychology*, **9**, 272–279.
Argyle, M., & Dean, J. (1965). Eye contact, distance and affiliation. *Sociometry,* **28**, 289–304.
Argyle, M., & Henderson, M. (1985). *The anatomy of relationships.*（吉森　護 (編訳) (1992)．　人間関係のルールとスキル　北大路書房）
Aronson, E., & Linder, D. (1965). Gain and loss of esteem as determinants of interpersonal attractiveness. *Journal of Experimental Social Psychology*, **1**, 156–171.
Feningstein, A., & Levine, M. P. (1984). Self-attention, concept activation, and the causal self. *Journal of Experimental Social Psychology*, **20**, 231–245.
French, J. R. P., Jr., & Raven, B. (1959). The bases of social power. In D. Cartwright(Ed.), *Studies in social power.* Ann Arbor, MI: Research Center for Social Research, University of Michigan.
深田博巳（編著）(1998)．インターパーソナル・コミュニケーション―対人コミュニケーションの心理学― 北大路書房
Hall, E. T. (1966). *The hidden dimension.* New York: Doubleday & Company.（日高敏隆・佐藤信行（訳）(1970)．かくれた次元　みすず書房）
Heider, F. (1958). *The psychology of interpersonal relations.* New York: John Wiley.
Jones, E. E., & Pittman, T. S. (1982). Toward a general theory of strategic self-presentation. In J. Suls(Ed.), *Psychological perspectives on the self.* Vol.1. Hillsdale,NJ: Lawrence Erlbaum Associates.
松井　豊（編）(1996)．対人心理学の最前線　サイエンス社
Miller, L. C., Berg, J. H., & Archer, R. L. (1983). Openers: Individuals who elicit intimate self-disclosure. *Journal of Personality and Social Psychology*, **44**, 1234–1244.
宗方比佐子・佐野幸子・金井篤子（編著）(1996)．女性が学ぶ社会心理学　福村出版
Newcomb, T. M. (1960). The varieties of interpersonal attraction. In D. Cartwright, & A. Zander(Eds), *Group dynamics*(2nd ed.) . New York: Row, Peterson.
日本社会心理学会 (2009)．社会心理学事典　丸善
小口孝司 (1989)．自己開示の受け手に関する研究―オープナー・スケール，R-JS-DQ と SMI を用いて― 立教大学社会学部研究紀要応用社会学研究 , **31**, 49–64.
Rusbult, C. E. (1983). A longitudinal test of the investment model: The development (and deterioration) of satisfaction and commitment in heterosexual investment. *Journal of Personality and Social Psychology*, **45**, 101–117.
齊藤　勇（編）(1992)．対人社会心理学重要研究集 2　対人魅力と対人欲求の心理　誠信書房
齊藤　勇（編）(1995)．対人社会心理学重要研究集 3　対人コミュニケーションの心理　誠信書房
齊藤　勇（編著）(2006)．イラストレート恋愛心理学　誠信書房
佐藤綾子 (1995)．自分をどう表現するか　講談社
Schlenker, B. R., & Leary, M. R. (1982). Social anxiety and self-perception: A conceptualization and model. *Psychological Bulletin*, **92**, 641–669.
鈴木淳子　(1997)．性役割―比較文化の視点から　垣内出版
対人行動研究会（編）(1987)．対人行動の心理学　誠信書房

Walster, E., Aronson, V., Abrahams, D., & Rottman, L. (1966). Importance of physical attractiveness in dating behavior. *Journal of Personality and Social Psychology*, **4**, 508–516.

山岡重行　(2006). 異性に嫌われる欠点の分類と否定的恋愛指向性の検討．日本グループ・ダイナミックス学会第53回大会発表

柳原　光　(1992). ジョハリの窓―対人関係における気づきの図解式モデル―　津村俊充・山口真人（編）人間関係トレーニング―私を育てる教育への人間学的アプローチ―　ナカニシヤ出版

Zajonc, R. B. (1968). Attitudinal effects of mere exposure. *Journal of Personality and Social Psychology, Monograph Supplement*, **9**, 1–27.

人名索引

あ
アーガイル（Argyle, M.）　158
アイゼンク（Eysenck, H. J.）　93-95
アイブル＝アイベスフェルト（Eibl-Eibesfeldt, I.）　63
飛鳥井 望　113
アスペルガー（Asperger, H.）　124
東 洋　78
アトキンソン（Atkinson, R. C.）　56
アロンソン（Aronson, E.）　156-157
アンダーソン（Anderson, J. R.）　53
アンダーソン（Anderson, N. H.）　155
石王敦子　31
石川俊男　105-106
岩本隆茂　41
インガム（Ingham, H.）　158
ヴァリアント（Valliant, G. F.）　101
ウィング（Wing, L.）　124
ウェイソン（Wason, P. C.）　50-51
ヴェルトハイマー（Wertheimer, M.）　31, 36
ウォルスター（Walster, E.）　155
ウッドラフ（Woodruff, G.）　1
ヴント（Wundt, W.）　32
エイド（Eid, M.）　141
エインスワース（Ainsworth, M. D. S.）　85
エクマン（Ekman, P.）　63, 65
エビングハウス（Ebbinghaus, H.）　56
エリクソン（Erikson, E. H.）　76, 82-83
エリクソン（Erikson, J. M.）　82
大石史博　85
大村政男　55
オールズ（Olds, J.）　13
オールポート（Allport, G. W.）　92
岡市広成　44
岡野憲一郎　113
岡本祐子　76
小口孝司　153
苧阪直行（Osaka, N.）　34, 57
オズワルド（Oswald, A.）　141
小野次朗　129

か
カーク（Kirk, S. A.）　126
カーコフ（Kerckhoff, A. C.）　140
ガードナー（Gardner, J.）　141
カールソン（Carlson, N. R.）　11-12
柏木惠子　78, 144
カナー（Kanner, L.）　122
カニッツァ（Kanizsa, G.）　30-31
カンデル（Kandel, E. R.）　3
カント（Kant, I.）　21
キブニック（Kivnick, H. Q.）　82
キャッテル（Cattell, R. B.）　88, 93
キャノン（Cannon, W. B.）　65-66
切池信夫　115
草野直樹　55

く
クリューバー（Klüver, H.）　12
クレイク（Craik, F. I. M.）　59
クレッチマー（Kretschmer, E.）　92
クロニンジャー（Cloninger, C. R.）　94
ケーラー（Köhler, W.）　32
コーエン（Cohen, J. B.）　106
ゴールドバーグ（Goldberg, L. R.）　95
コールバーグ（Kohlberg, L.）　76
国分康孝　95
コスタ（Costa Jr., P. T.）　87, 95
児玉憲典　111
コバサ（Kobasa, S. C.）　108

さ
ザイアンス（Zajonc, R. B.）　140, 157
サイム（Syme, S. L.）　106
佐々木尚之　141, 146
佐藤綾子　160
ジエ（Xie, L）　16
ジェームズ（James, W.）　65-67
シェーラー（Scherer, K. R.）　64, 67
シェルドン（Sheldon, W.）　92
宍戸邦章　141
シフリン（Shiffrin, R. M.）　56
シャイエ（Schaie, K. W.）　89
シャクター（Schachter, K. R.）　66-67
ジャストロー（Jastrow, J.）　29, 31
シューマン（Schumann, F.）　30-31
シュナイダー（Schneider, K.）　98
シュプランガー（Spranger, E.）　93
シュレンカー（Schlenker, B. R.）　160
シュロスバーグ（Schlosberg, H.）　64-65
シュワルツ（Schwarz, N.）　58
ジョーンズ（Jones, E. E.）　154
ジョンソン＝レアード（Johnson-Laird, P. N.）　50
シンガー（Singer, J.）　66-67
スキナー（Skinner, B. F.）　40-41, 43, 45
杉山登志郎　120
杉山幸丸（Sugiyama, Y.）　26
スクワイア（Squire, L. R.）　3, 58
スタンバーグ（Sternberg, R. J.）　49
ストット（Stott, D. H.）　106
ストラウス（Strauss, A.）　125
関口茂久　44
セリェ（Selye, H.）　105
セリグマン（Seligman, M. E. P.）　46-47
ソーンダイク（Thorndike, E. L.）　21

た
ダウン（Down, J. L. H.）　122
タガート（Tagart, J.）　50
高橋惠子　78
高橋雅治　41
ダラード（Dollard, J.）　45
チャマーズ（Chalmers, D. J.）　2
チェン（Cheng, P. W.）　50

つ
ディーン（Dean, J.）　158
デイビス（Davis, K. E.）　140
ディンバーグ（Dimberg, U.）　65-66
ティンバーゲン（Tinbergen, N.）　18, 22
デカルト（Descartes, R.）　21, 61
デュセイ（Dusay, J. M.）　97
傅田健三　111
トイズ（Touyz, S. W.）　115
トーマス（Thomas, A.）　91
トノニ（Tononi, G.）　2

な
中島 実　53
縄田健悟　54
西川隆蔵　93
仁科義明　109
ニューカム（Newcomb, T. M.）　155-156
能見正比古　54

は
パーク（Park, D. C.）　58
バークマン（Berkman, L. F.）　106
バージェス（Burgess, A. W.）　111
バード（Bard, P.）　65-66
ハーマン（Herman, J. L.）　113
ハーロウ（Harlow, H. F.）　26
バーン（Berne, E.）　97
ハーン（Hann, N.）　108
ハイエス（Hayes, N.）　17
ハイダー（Heider, F.）　156
ハヴィガースト（Havighurst, R. J.）　78-79
パヴロフ（Pavlov, I. P.）　21, 40, 42
服部雅史　50
バドレー（Baddeley, A.）　57
バルテス（Baltes, P. B.）　77
バロン（Baron, R. A.）　46
バンデューラ（Bandura, A.）　45-46
ピアジェ（Piaget, J.）　76, 80-81
ピットマン（Pittman, T. S.）　154
ビューシー（Bucy, P. C.）　12
平野真理　109
平山順子　144
フェニグスタイン（Fenigstein, A.）　161
フォークマン（Folkman, S.）　107
フォン・ノイマン（von Neumann, J.）　53
フォン・フリッシュ（von Frisch, K. R.）　18
福島 章　98
フリーセン（Friesen, W. V.）　63
古川竹二　54
プレマック（Premack, D.）　1
フレンチ（French Jr., J. R. P.）　161
フロイト（Freud, A.）　101
フロイト（Freud, S.）　76, 82, 93, 95-96, 111
ブロードマン（Brodmann, K.）　7-9
ヘス（Hess, E. H.）　25
ヘッケル（Haeckel, E. H. P. A.）　19
ボウムリンド（Baumrind, D.）　144

ボウルビィ（Bowlby, J.） *84*
ホームズ（Holmes, T. H.） *106-107*
ボーリング（Boring, E. G.） *29*
ホール（Hall, E. T.） *159*
ホーン（Horn, J. L.） *88*
ホックシールド（Hochschild, A.） *146*
ホリオーク（Holyoak, K. J.） *50*
ホロウィッツ（Horowitz, M.） *115*

ま

マードック（Murdock, G. P.） *137*
マクレー（McCrae, R. R.） *87, 95*
松田 修 *58*
松永邦裕 *120*
松村暢隆 *49*
マレー（Marray, H. A.） *102*
宮本信也 *120*
ミュラー・リヤー（Müller-Lyer, F. C.） *30, 36*
ミラー（Miller, L. C.） *153*
ミラー（Miller, N. E.） *45*
ミルナー（Milner, P.） *13*
三輪和久 *49*
室岡 一 *107*

メイス（Mace, R.） *133*
メイソン（Mason, W. A.） *23*
メッツガー（Metzger, W.） *32, 37*
モーグリス（Morgulis, S.） *40*
森 茂起 *116*
モルゲンシュテルン（Morgenstern, O.） *53*

や

ヤーキーズ（Yerkes, R. M.） *40*
八木昭宏 *35*
柳原 光 *159*
山内光哉 *40*
山岡重行 *156*
山岸候彦 *54*
ヤング（Young, M.） *111*
ユング（Jung, C. G.） *93*
吉川 茂 *55*

ら

ラ・ボワ（La Voie, D.） *59*
ラーセン（Larsen, R. J.） *141*
ライト（Light, L. L.） *59*
ラザラス（Lazarus, R. S.） *67, 106-107*
ラス（Raz, N.） *58*

ラスバルト（Rusbult, C. E.） *156*
ラスレット（Laslett, P.） *87*
ラフト（Luft, J.） *158*
ランゲ（Lange, C. G.） *65-67*
リアリー（Leary, M. R.） *160*
リーゲル（Riegel, K. F.） *76*
リーバート（Liebert, R. M.） *46*
リープマン（Liepmann, H.） *10*
リンダー（Linder, D.） *156*
ルビン（Rubin, E.） *29-30*
レイ（Rahe, R. H.） *106-107*
レイナー（Rayner, R.） *42-43*
レイブン（Raven, B.） *161*
レーナー（Lehner, P. N.） *18*
ロウトン（Lawton, M. P.） *88*
ローゼンツァイク（Rosenzweig, S.） *102*
ロールシャッハ（Rorschach, H.） *30, 102*
ローレンツ（Lorenz, K.） *18, 24*
ロジャーズ（Rogers, C. R.） *95-96, 98*
ロス（Ross, S. A.） *45*

わ

ワトソン（Watson, J. B.） *21, 40-43, 76, 99*

事項索引

英数
16因子説⇒特性論　93
2因子説⇒特性論　93
2-4-6課題　51
4枚カード問題　50
5因子モデル⇒特性論　87, 95
DMS　120
EPSP　5, 11
IPSP　5
LD　128
PTSD　112, 114, 116
Quality of life（QOL）　87

ア行
アイ・コンタクト　158
愛着　26, 84-85
愛着対象　85
明るさの恒常性　34
アスペルガー障害　124
遊び心　83
アディクション　120
アニミズム　81
アルゴリズム　52-53
アルツハイマー病　15-16
アルファ（α）運動　36
アレキシサイミア　109
アンペイド・ワーク　146-148
イクメン　147
意思決定　53-54
いじめ　120
一次的動因　26, 69
一般世帯　138
一般適応症候群　105
意味記憶　11, 58-59
意味般化　43
インクルージョン教育　132
インプリンティング　24-25
ウェルビーイング　89
うつ病　111
運動残効　38
運動視差⇒奥行き感覚　35
エゴグラム　97
エス　100
エピソード記憶　11, 58-59
演繹　49-50
延髄　7
横断調査　142
横断的研究法　89
大きさの恒常性　33
奥行き感覚　34-36
オペラント条件づけ　40
音声表出（感情）　63

カ行
絵画主題統覚法　102
絵画的手がかり⇒奥行き感覚　35
絵画欲求不満テスト　102
外向型　93
階層的評価モデル　67
概念　52
海馬　6, 9, 11, 63
解発刺激　22
解発図式　22
外発的動機づけ　71-72
解離性障害　113
核家族　137-138
核家族世帯　138
学習　6, 9, 19, 22-26, 39-47, 56-57, 68-70, 76, 79, 99, 129
学習障害　119, 128-130
学習性無力感　46-47
確証バイアス　51
獲得的解発機制　22
過食症　114-115
家族　137-138
家族支援　150
家族システム論　150-151
家族の危機・葛藤　148-152
家族の暴力　148-150, 161-162
家族療法　150
形の恒常性　33
価値観　93
活動電位　4
活動理論⇒高齢期の心理的適応　88
感覚　29
感覚記憶　11
感覚運動段階　80
観察学習　45
感情　61-68
感情の2要因説　66-67
感情の中枢起源説　65
感性動機　72
間脳　7-8
ガンマ（γ）運動　36
記憶　11-15, 55-59
幾何学的錯視　31
気質　91
気質4因子説⇒特性論　94
基礎の環境整備　133
機能　19
帰納　51-52
機能の固着　53
基本の信頼（エリクソン）　83
橋　7-8
強化（古典的条件づけ）　41
強化（道具的条件づけ）　44
境界性パーソナリティ障害　114
強化子　41
強化スケジュール　44
共感　66
共感覚　123
強制の勢力　161
共鳴　65
拒食症　114-115
均衡化（ピアジェ）　80-81
勤勉性（エリクソン）　83
具体的操作段階　81
グリア細胞　6
クリューバー・ビューシー症候群　12
クレーン現象　124
群化　31-32
形式的操作段階　81
継次処理　130
系統発生　19, 21
仮現運動　36-37
ゲシュタルト心理学　31-32, 36
結晶性知能　88
原因　19
幻覚　72
言語障害　129
検索（記憶）　55
現象学　96
好奇動機　72
高機能自閉症　125
合計特殊出生率　139, 143
攻撃性　46
恒常性（生理）　2, 68-69
恒常性（知覚）　32-34
公的自己意識　160
行動主義　21, 39
行動主義宣言　40
行動主義理論（パーソナリティ）　95, 99
行動の喚起　68
行動の目標づけ　68
行動療法　41
校内委員会　133
広汎性発達障害　119, 122
幸福　87
興奮性シナプス後電位　5, 11
合理的配慮（特別支援教育）　133
交流分析　97
高齢期の心理的適応　87-89
コーピング（ストレス）　107
語音障害　129
子殺し　26-27
こころの理論　1
子育て　144-145
個体発生　19, 21, 24
古典的条件づけ　40-43
好み　62
コホート（cohort）効果　77, 89
孤立（エリクソン）　86
婚姻　140-142
コンプレックス　96

サ行
サードエイジ論　87
罪悪感（エリクソン）　83
サヴァン症候群　123
作業検査法　101
錯視　30-31

サクセスフル・エイジング　88
作動記憶　9, 11, 57-59, 129
座席行動　159
サブシステム　151-152
三歳児神話　148
三段論法　49
シェイピング　45
シェマ（ピアジェ）　80
ジェンダー　146-147
自我　100
自己　96, 153-155
自己愛　100
自己愛期　100
自己一致　98
思考スタイル　49
自己開示　153-154, 159
自己開示の返報性　153
自己概念　98
自己中心性　81
自己呈示　154-155
自己呈示の方略　154
自己標的バイアス　161
自己分析　96
自己誘導運動　37
自己理論　95-96
視床　8
自責感　116
自体愛期　100
実験神経症　44
失語　10
失行　10
実際運動　36
実在論　81
失認　9-10
質問紙法　101
私的自己意識　160
自伝的記憶　59
自動運動　37
児童虐待　149-151
シナプス　3-6
自発性（エリクソン）　83
自閉症スペクトラム　122-125
社会的学習　45-47
社会的勢力　161-162
社会的動機　70
縦断調査　142, 148
縦断的研究法　89
主観的輪郭　30-31
熟年離婚　144
準拠の勢力　161
生涯発達　75-76
消去（古典的条件づけ）　42
消去（道具的条件づけ）　44
条件刺激　41
条件反応　41
条件文推論　50
象徴遊び　80, 124
情緒障害　126-127
情動　11-13, 15-16, 61-62
衝動性　128
情動の末梢起源説　65
情念　61

小脳　7
情報的勢力　162
情報統合仮説　2
初期経験　26
ジョハリの窓　160-161
自律神経系　94
自律性（エリクソン）　83
進化　17-19, 61, 123
神経細胞　3
神経症　110-111
神経伝達物質　5, 94
信号刺激　22
心身症　109, 111
身体的虐待　149
身体の魅力　155
身体動作　158
身体の姿勢　158
親密性（エリクソン）　83
心理社会的危機　82-83
心理社会的発達段階論　76, 82
心理性的発達論　76, 82
心理的虐待　149
親和葛藤理論　158
親和動機　70-71
遂行機能　9
睡眠　13-16
推理　19
ステップファミリー　144
図と地　29-30
ストレス　105
ストレス性障害　109-111
ストレッサー　105
刷り込み　24-25
性格　91
性格的魅力　155
生活の質　87
性志向性　147
静止膜電位　3
精神分析理論（パーソナリティ）　95-96
性的虐待　149
正当の勢力　161
生得的解発機構　22
生得的行動　21
性別役割分業　145-146
性役割　147
性役割規範　147
生理学的手がかり⇒奥行き感覚　35
生理的動機づけ　69
世帯　138
世代継承性（エリクソン）　86
セックス　146-147
絶望（エリクソン）　86
セロトニン　94
宣言的記憶　11, 58
前操作段階　80
前頭連合野　9
専門の勢力　162
躁うつ病（双極性障害）　92
操作動機　72
走性　20
ソーシャル・サポート　106
側坐核　12-13

側頭連合野　9

タ行
対象愛期　100
対象喪失　111
対人距離　158-159
対人不安　160-161
対人魅力　155-157
大脳皮質　6-8
大脳辺縁系　9, 11, 13, 63
対比効果　34
タイプＡ行動パターン　110
ダウン症　122
多義図形　29
達成動機　70-71
多動性　128
単眼手がかり⇒奥行き感覚　34
短期記憶　11, 56, 116
短期目標　131
単純接触効果　140, 157
単独世帯　138
知覚　29
チック障害　119
知的好奇心　72
知的障害　121-122
知能　88
知能指数　121
チャンク　56
注意欠陥／多動性障害　119, 125-128
中脳　7
中機能自閉症　125
長期記憶　11, 57-58, 116
長期増強　11-12
長期目標　131
超自我　100
超正常刺激　22
調節（奥行き感覚）　36
調節（ピアジェ）　80
貯蔵（記憶）　55
直観像　123
陳述記憶⇒宣言的記憶　11
月の錯視　30
低機能自閉症　125
低出生体重児　129
停滞（エリクソン）　86
適応（ストレス）　105-106, 108-109
適応（パーソナリティ）　92, 98, 100
適応（発達障害）　119-120, 124
適応（発達心理）　79-80, 82, 87-88
適応（比較心理）　17-19, 22, 26, 61-62, 67
手続き的記憶　11, 58
同一性　84
同一性拡散　84
投影法　102
同化（ピアジェ）　80
動機づけ　68
道具的条件づけ　43-45
統合（エリクソン）　86
統合失調症　92, 112-113
同時処理　130
同情　66
頭頂連合野　10

道徳性発達段階説　76
同類婚　140
特性論　93
特別支援教育　132-134
特別支援教育コーディネーター　134
ドパミン　5, 13, 94, 113, 119
ドメスティック・バイオレンス　112, 149
トラウマ後ストレス障害　111-113
トラウマ性障害　111-116

ナ行

内向型　93
内発の動機づけ　71-72
ナルコレプシー　14
二次障害　120-121
二次的動因　26, 70
二重束縛的コミュニケーション　160
二重貯蔵モデル　56
日常ハッスル（ストレス）　106
認知発達論　76
認知モデル（感情）　67
ネグレクト　149
脳機能画像の方法　10
脳内報酬系　13
ノンレム（NREM）睡眠　13-14

ハ行

パーソナリティ　91-102
パーソナリティ障害　98-99
パーソナル・スペース　159
ハーディネス（ストレス）　108
バイオフィードバック　68-69
配偶者選択　140-141
恥・疑惑（エリクソン）　83
発達　19, 77-91, 119-122, 125-130, 142, 145, 150
発達課題　78-79
発達障害　119-120
発達段階　79
発達段階論　80-87
バランス理論　156
般化　42
反響言語　124
反射　20
反転図形　29

比較行動学　18
比較心理学　17-18
被虐待後遺症　120
非言語的コミュニケーション　157-160
皮膚電気反応　63
ヒューリスティクス　52-53
評価（感情）　62
表象　80
表情　158
表情表出（感情）　63-64
不安　110
夫婦関係　141
輻輳⇒奥行き感覚　36
符号化（記憶）　55
不信（エリクソン）　83
不注意　127
普通世帯　138
不登校　120
プライミング効果　10
フラッシュバック　114-115
フレーミング効果　54
プレグナンツの法則　31-32
プロダクティブ・エイジング　88
分化　42
分裂病（統合失調症）　92
ペイド・ワーク　146
ベータ（β）運動　36-37
ベトナム戦争帰還兵症候群　111
ベビーシェーマ　24
弁証法的発達論　76
扁桃体　9, 12-13, 16, 63
防衛機制　100-101, 107
忘却　56
報酬的勢力　161
母性本能　24
ホメオスタシス　26, 68-69
ホメオスタシス性動機　69
本能（フロイト）　96
本能行動　20-21

マ行

味覚嫌悪学習　43
身ぶり　158
耳塞ぎ現象　124
ミュラー・リヤー錯視　30, 36

無意識　96
ムード（雰囲気）　62
無条件刺激　41
無条件反応　41
メランコリー親和型性格　111
目的的行動　71
モチベーション　68
模倣学習　45-46
モラトリアム　85

ヤ行

誘因　69
有機体　96
誘導運動　37
ユニバーサルデザイン　133
夢　15
養育態度　144-145
幼児図式　24
抑制性シナプス後電位　5

ラ行

ライフ・イベント　77, 106-107, 146
ライフレビュー（人生回顧）　82, 87
離婚　140, 143-144
離脱理論⇒高齢期の心理的適応　88
リビドー　82
流動性知能　88
療育手帳　122
両眼視差⇒奥行き感覚　36
両眼手がかり⇒奥行き感覚　35
リリーサー　22
類型論　92
霊長類　23
レイプ・トラウマ症候群　111
レジリエンス（ストレス）　108
劣等感（エリクソン）　83
レミニセンス・バンプ　59
レム（REM）睡眠　13-15
レム睡眠行動障害　15
連合野　9, 13
連続理論⇒高齢期の心理的適応　88
ロールシャッハ・テスト　30, 102

ワ行

ワーキング・メモリ　9, 11, 57-59, 129

執筆者紹介（*編者）

清水徹男（秋田大学大学院医学系研究科教授）
　第1章，ボックス1
武田庄平（東京農工大学大学院准教授）
　第2章，第6章，ボックス2・6
大石史博*（大阪商業大学経済学部教授）
　第3章，第8章，第9章，第10章1–4節，ボックス3・7・9・10・11・12・13・14・16・17
吉川　茂（阪南大学国際コミュニケーション学部教授）
　第4章，第5章1–4節，第12章，ボックス4・5・18
日下菜穂子（同志社女子大学現代社会学部教授）
　第5章5節，第7章，ボックス8
新田展子（大阪YMCA総合教育センター発達相談員）
　第10章5-7節
佐々木尚之（大阪商業大学総合経営学部講師）
　第11章，ボックス15

テキスト心理学

2015年5月20日　初版第1刷発行　　定価はカヴァーに表示してあります。

　　　　編　者　大石史博
　　　　発行者　中西健夫
　　　　発行所　株式会社ナカニシヤ出版
　　　〒606-8161　京都市左京区一乗寺木ノ本町15番地
　　　　　　　　Telephone 075-723-0111
　　　　　　　　Facsimile 075-723-0095
　　　　　　Website http://www.nakanishiya.co.jp/
　　　　　　Email iihon-ippai@nakanishiya.co.jp
　　　　　　　　郵便振替 01030-0-13128

装幀＝白沢　正／印刷・製本＝ファインワークス
Copyright © 2015 by F. Ohishi.
Printed in Japan.
ISBN978-4-7795-0958-2 C3011

本書のコピー，スキャン，デジタル化等の無断複製は著作権法上での例外を除き禁じられています。本書を代行業者等の第三者に依頼してスキャンやデジタル化することはたとえ個人や家庭内の利用であっても著作権法上認められておりません。